从校本课程走向学校课程
——锡山高中课程探索之路

唐江澎 等 编著

CONG XIAOBEN KECHENG
ZOUXIANG XUEXIAO KECHENG
XISHAN GAOZHONG
KECHENG TANSUO ZHILU

江苏凤凰教育出版社
Phoenix Education Publishing, Ltd

图书在版编目（CIP）数据

从校本课程走向学校课程：锡山高中课程探索之路 / 唐江澎等编著． — 南京：江苏凤凰教育出版社，2015.9

ISBN 978-7-5499-3900-8

Ⅰ.①从… Ⅱ.①唐… Ⅲ.①课程－教学研究－高中 Ⅳ.①G632.3

中国版本图书馆CIP数据核字（2015）第226907号

书　　名	从校本课程走向学校课程——锡山高中课程探索之路
作　　者	唐江澎等
责任编辑	雷利军　张晓兰
出版发行	江苏凤凰教育出版社（南京市湖南路1号A楼　邮编210009）
苏教网址	http://www.1088.com.cn
照　　排	北京创艺涵文化发展有限公司
印　　刷	三河市九洲财鑫印刷有限公司
厂　　址	河北省三河市灵山大口
开　　本	787毫米×1092毫米　1/16
印　　张	15
字　　数	253千字
版　　次	2017年8月第1版　2017年8月第1次印刷
书　　号	ISBN 978-7-5499-3900-8
定　　价	35.00元
网店网址	http://jsfhjycbs.tmall.com
邮购电话	025-85406265、85400774　短信 02585420909
E-mall	jsep@vip.163.com
盗版举报	025-83658579

苏教版图书若有印装错误可向承印厂调换
提供盗版线索者给予重奖

锡山高中校本课程精品丛书

编委会

主编	唐江澎
副主编	夏雷震　钱桂荣　佟　柠　夏建新
编委	张江宁　袁纯洁　李兴群　梁国祥　胡晓军
	杨　梅　郑兴航　胡　臻　周　健　李茂林
	吴　健　王莉莉　许卫国　张广宏　王新福
	钱敏艳　杜　煜　徐　沂　刘　峰　秦洪敏
	邱　伟　黄　宏
本书作者	唐江澎　杨　梅　佟　柠　张克中

学校层面课程体系构建的价值取向与原则方法（代序）

唐江澎

我国高中课程实行两级（国家、学校）课程，三级（加上地方）体制，既意味着课程民主的推进，由"集权"走向"分权"；也意味着课程责任的多元，由"独荷"走向"分担"。学校一级，在享受课程权力的同时，必须承担相应的课程责任。高中新课程方案推进的困难，除评价体制改革滞后，课改受高考绑架之外，还有一个重要的原因，是学校一级未能切实肩负起应有责任，率先失责之后又把所有的问题归于高考制度。试想，要用高考落实艺术课程学分，保障高三开设艺术课程；要用高考落实研究性学习目标，促进学习方式转变；要用高考落实社区服务的开展，以培植善德与责任，有这种可能吗？不考就不教，不查就不开，学校一级的专业良知与教育责任，又在何处？

因此，学校一级课程体系的构建，应首先"忠实"原有基本的价值取向，忠诚于国家课程方案的价值追求，确保国家课程得到充分、有效的实施，尽力把承载民族未来希望与国家意志的课程方案，变成学校一级的生动实践。同时，应根植于学校文化情境，面对学生成长提供多样的、可选择的课程，让个体生命全面而充分地生长。

在一般的课程论著述中，受课程决策权的制约，"忠实"与"创生"分属不同的课程体系，是两种不同的价值取向。但在今天中国的课程体系中，两者都有一致指向，因而居于主导性、本体性的仍是国家课程，因此"忠实"取向必然是主导取向，而"创生"取向从某种意义上说，也要体现"忠实"取向的终极追求。

"忠实"不是照本宣科,"创生"也不是另起炉灶,其根本追求是把课程理想层面的国家课程方案变成让学生能感受到的现实课程,不走样,不变味,有成效,高质量。

在构建学校一级的课程体系方面,江苏省锡山高级中学(以下简称"锡山高中")首先对国家课程体系内每一个细分领域的开发与实施进行系统、扎实而且专业的研究,先易后难,先急后缓,渐次推进,即从个别到局部,最终由局部推进到整体建构。在形成"学校课程规划方案"及实施的过程中,锡山高中始终坚持顶层设计,遵循了以下基本的原则和方法。

一、价值统摄

锡山高中课程方案的整体构建,以"成全人"的育人目标统摄定位各类课程。把学校在20世纪20年代提出的"十大训育标准"与《普通高中课程方案(实验)》相比照,发现"十大训育标准"与"课程方案"提出的培养目标高度吻合:都强调"形成正确的世界观、人生观、价值观",都强调"国家意识""社会公德""传统美德"与"社会责任感",都强调"学习能力"与"实践能力"。因此,锡山高中在吸纳时代精神,考量当下社会对人的要求,并归理文化传统的基础上,概括出当下教育哲学,提出"生命旺盛、精神高贵、智慧卓越、情感丰满"的核心理念,以此作为教育的终极价值追求和课程方案"辐辏格局"的核心指向。

二、整体协同

学校课程改革是全面系统的改革。在设计学校课程方案的过程中,我们注重整体协同,既协同课程规划内部目标、结构、内容、实践间的相互关系,又协同课程规划、实施与保障机制、各类制度建设间的关系,最终形成整体协同的课程规划与创新实施机制。如构建了指向"培育生命旺盛的人"的巅峰体育课程,以"培育情感丰满的人"为主要指向的艺术课程体系等。在变革课堂教学的实践过程中,深入推进课程标准、教学目标、评价方案、教学过程、学习方式等要素之间的一致性和协同性,以基于标准的教学、促进学习的课堂评价、转变学习方式为三大实施重点。针对学校课程体系构建进程中,课程的多样化和选择性所必须带来的课程不确定性,持续建设与之相适应的、以分布式领导为特点的各级各类课程领导制度与机制。

三、关注技术

把技术路径和操作规范作为支持课程体系构建和实践的重要原则。2005年江苏省进入新课改之后，我们首先澄清国家课程与校本课程之间的关系，那就是校本课程即国家课程方案中的选修Ⅱ课程，然后，把课程创生的着力点首先放在选修Ⅱ的开发上，严格遵循课程开发的技术规范，以学校的教育哲学、学生的课程需求、地方课程期待和学校课程资源为规划基础来构建选修Ⅱ课程框架、设计课程门类，形成规划体系。其次，每一门具体课程的开发也严格遵循相关技术规范，如依据课程纲要编制技术来开发课程。与此同时，在国家课程的校本化实施过程中，深入探索了课程标准分解技术、教学目标叙写技术、评价方案设计技术、课堂观察技术等可操作的技术规范，以确保忠实实施国家课程的有效性。

四、调适整合

在我的理解中，课程就是"课+程"，"课"偏向内容选择，"程"则偏重机会安排。学生修习课程的时间和机会是有限的，如何在国家课程的框架内，为学生的个性化选择和深度学习腾挪出更多的时间和机会，则需要学校基于学校的育人目标和学生的个性化需求，来调适部分国家课程与选修Ⅱ课程的结构比例和实施方式。为此，我校尝试打破课程边界的藩篱状态，采取了课程整合策略，在研读了国家课程标准基础上提出：以学分制统整研究性学习、通用技术、信息技术、艺术课程和校本课程的修习，创造性地执行国家课程方案，把研究性学习与信息技术课程整合，开发了"基于IT的项目学习"课程；把艺术和校本课程整合，开发了"综合艺术"系列课程；把通用技术和研究性学习课程整合，开发了"技术创新"系列课程。这些课程在忠实执行和创生开发之间找到了平衡点，既通过达成课程标准做到忠实执行国家课程，又通过融合研究性学习的学习方式和选修Ⅱ课程的个性化选择特质而实现了对课程的二度创造，进一步发挥了校本课程特有的课程民主和转变学习方式的功能，也为学生的深度学习提供了更加开阔的空间和机会。

二十多年来，锡山高中坚持以上原则与方法，经过了个别化课程尝试阶段、局部课程实践阶段，持续探索构建学校整体的课程体系和实践创新路径，最终系统构建出了与国家课程方案相配套的学校一级的整体课程规划方案。

锡山高中所构建的课程体系力图具有这样的特征：育人目标与课程门类协同一致，每类课程都有清晰明确的育人指向；课程方案结构与功能的合理匹配，国家课程与选修Ⅱ课程比例适切并在功能上各有分担，做到了"各得其所"和"各得其宜"，既全面落实国家课程方案的价值取向，又充分满足学生个性成长需求，既体现一所学校为了学生的发展所坚守的课程责任，又体现一所学校对专业精神的持续追求。

前　言

　　从 20 世纪末至今,我们已在校本课程探索的道路上走过二十余载。校本课程探索的历程,是一个理论与实践探索相结合的过程,其中有枯燥的理论建构,也有有趣的实践故事。本书是对我校校本课程探索历程的回顾,我们试图以课程故事的形式,向读者描绘我们的探索历程、经验及教训,让读者在较为轻松的阅读中了解校本课程开发的理论、技术,让更多的基础教育者与我们一起,走在校本课程探索的道路上。

　　根据国家基础教育改革的政策和我校的实际情况,把我校课程建设的探索历程分为三个阶段:从选修课和活动课走向校本课程(1996—2003 年);新课程背景下的校本课程重建(2003—2008 年);从校本课程走向学校课程(2008 年至今。这里所说的学校课程,指把所有的国家课程进行系统的校本化开发后建构的学校一级的整体性课程体系)。

　　"从选修课和活动课走向校本课程"中,"校本课程是什么"是我校校本课程开发的缘起,通过三个课程故事——"课程体系改革初尝试""专家来了,但我们听不懂""初识校本课程:它与高考无关"来讲述校本课程的概念及我校为什么会开发校本课程。

　　"校本课程怎么开"讨论的是校本课程开发的技术问题。"校本课程要与墙上的标语挂钩""学生最讨厌自行车维修课""数学老师的根雕制作与欣赏课很受欢迎""家长期待的校本课程"依次讲述的是校本课程规划的四大依据:学校教育哲学,学生课程需求,学校课程资源,地方课程期待。"校本课程开发指南出炉了"讲述的是构建校本课程框架的故事。"垂钓技巧与实践课曲折开课""学生搭配'自助餐'""目的与目标不一样""原来这就是'成长记录袋'评价法""一定要关注课程内容安排和所需支持条件"则主要讨论的是课程实施阶段遇到的问题以及应对策略,分别是对课程审议、学生自主选课、《课程纲要》中的四大要素——课程目标叙写、课程评价、课程内容逻辑结构、所需支持条件的分析。

"校本课程开得怎样"总结了该阶段校本课程开发的成果及产生的影响。"校本课程全国现场会"描述了20世纪末我校校本课程在全国基础教育界产生的广泛影响;"被誉为'大陆校本课程的发源地'"具体分析了我校校本课程开发成果对国家课程政策的影响;"高考引发的风波"是在反思校本课程的课程价值;"校本课程遭遇质疑"回忆了校本课程实施过程中遭遇的重挫——高考失利,导致校本课程停开。

"新课程背景下的校本课程重建"中,"校本课程重建背景"主要介绍了我校校本课程进行第二轮规划的背景。"我们率先进入新课程改革"讲述了我校进行校本课程第二轮规划时的国家新课程改革背景;"《红楼梦》研究'不能开了"通过形象的课程故事说明了新课程背景下校本课程规划的范围;"新课程改革背景下,校本课程难道只能拾遗补阙"是在新课程背景下对校本课程课程价值的再次考量。

"校本课程的重新规划与实施"讲述了新课程背景下校本课程的重新规划与实施。"'90后'学生的课程需求""重视学校、社区教育资源"分别论述了新课程背景下,校本课程开发的依据,即学生课程需求、学校课程资源、地方课程期待;"新的校本课程规划形成了"呈现了新课程背景下的校本课程结构框架;"校本课程开发新形势——团队开发"列举了教师以团队合作的形式开发校本课程的成功案例;"设置系统的课程评价体系"则论述了校本课程借鉴学校承担的教育部重点课题的研究成果,对课程评价方式进行的变革。

"学生意识的体现"是从学生的角度剖析二轮开发中校本课程的变革。"校本课程的网络化管理"讲述了学生利用网络进行选课的故事;"为学生开发丰富的校本课程"是课堂扫描,呈现了部分校本课程的精彩教学片段;"让学生开发校本课程"讲述了学生深度参与课程开发,深化课程民主的故事;"关注学生的体验式学习"则叙述了二轮校本课程开发中学生学习方式的转变。

"从校本课程走向学校课程"中,"形成新的教育哲学"以"悟读百年校史,感悟学校教育哲学"和"制订新的学校育人目标"两个小节,论述了学校在传承百年优秀教育文化的基础上,结合时代背景形成新的教育哲学的历程。

"国家课程校本化,整体构建学校课程体系"主要介绍了校本课程与国家课程整合,及国家课程校本化实施的经历。"学校课程体系构建的价值取向和原则"主要讲述了学校课程体系构建中的"忠实"和"创生"原则,以及学校教育哲学统摄课程的情况;"校本课程开设现状和面临的问题"呈现了当时校本课程品质不高、难以让学生实现深度学习等问题;"艺术课程与校本课程的整合""通用技术与研究性学习课程、校本课程的整合""信息技术课程与研究性学习课程的整合"分别论述了校本课程与艺术课程、通用技术课程、研究性学习课程及信息技术课程进行整合而形成新的课程体系的具体情况;"大学先修课程"则描述了在校本课程中引进哈佛辩论证书课程和北京大学先修课程的详细情景;"启动课程基地建设"介绍了我校以省级课程基地建设为契机,构建课程基地课程群的情况;"选科组班与选课走班"描述了新的教学组织形式之下,每位学生都拥有一张"私人订制"课表的生动局面;"江苏省校本课程开发研究所"讲述了江苏省首批9所教育科研特色项目研究所之一——江苏省校本课程开发研究所在我校成立的情况及其在校本课程开发中发挥的重要作用;"基础教育发展的新样本"概述了我校学校课程体系的整体构建在全国基础教育界产生的影响;"江苏省锡山高级中学学校课程体系的整体构建与实践创新成果报告"以报告的形式展示获得2014年国家级教学成果一等奖的我校研究成果。

"精品课程展示"是对我校一些精品课程的介绍。

"我们的校本课程故事"讲述了教师在开发、实施校本课程过程中的个人体验。

"未来的路在哪里"通过"反思校本课程探索之路"总结了校本课程二十多年来遇到的问题和取得的经验,通过"展望校本课程的美好未来"罗列了当下校本课程开发仍然存在的问题,描述了未来的发展方向。

校本课程开发并非一帆风顺,我们试图通过这些原生态的课程故事,呈现二十多年来我校探索校本课程的曲折历程,希望读者能在分享我们的故事的同时更真实地触摸校本课程并有所获。

目　录
Contents

导　语　从百年文化中汲取改革的力量 ⋯⋯⋯⋯⋯ 1

从选修课和活动课走向校本课程（1996—2003年）

一、校本课程是什么 ⋯⋯⋯⋯⋯⋯⋯⋯⋯⋯⋯⋯⋯ 3
　　1. 课程体系改革初尝试 ⋯⋯⋯⋯⋯⋯⋯⋯⋯⋯ 3
　　2. 专家来了，但我们听不懂 ⋯⋯⋯⋯⋯⋯⋯⋯ 5
　　3. 初识校本课程：它与高考无关 ⋯⋯⋯⋯⋯⋯ 6

二、校本课程怎么开 ⋯⋯⋯⋯⋯⋯⋯⋯⋯⋯⋯⋯⋯ 9
　　1. 校本课程要与墙上的标语挂钩 ⋯⋯⋯⋯⋯⋯ 9
　　2. 学生最讨厌自行车维修课 ⋯⋯⋯⋯⋯⋯⋯⋯ 10
　　3. 数学老师的根雕制作与欣赏课很受欢迎 ⋯⋯ 13
　　4. 家长期待的校本课程 ⋯⋯⋯⋯⋯⋯⋯⋯⋯⋯ 13
　　5. 校本课程开发指南出炉了 ⋯⋯⋯⋯⋯⋯⋯⋯ 14
　　6. 垂钓技巧与实践课曲折开课 ⋯⋯⋯⋯⋯⋯⋯ 15
　　7. 学生搭配"自助餐" ⋯⋯⋯⋯⋯⋯⋯⋯⋯⋯ 16
　　8. 目的与目标不一样 ⋯⋯⋯⋯⋯⋯⋯⋯⋯⋯⋯ 18
　　9. 原来这就是"成长记录袋"评价法 ⋯⋯⋯⋯ 20
　　10. 一定要关注课程内容安排和所需支持条件 ⋯ 22

三、校本课程开得怎样 ⋯⋯⋯⋯⋯⋯⋯⋯⋯⋯⋯⋯ 23
　　1. 校本课程全国现场会 ⋯⋯⋯⋯⋯⋯⋯⋯⋯⋯ 23
　　2. 被誉为"大陆校本课程的发源地" ⋯⋯⋯⋯ 25
　　3. 高考引发的风波 ⋯⋯⋯⋯⋯⋯⋯⋯⋯⋯⋯⋯ 27
　　4. 校本课程遭遇质疑 ⋯⋯⋯⋯⋯⋯⋯⋯⋯⋯⋯ 28

新课程背景下的校本课程重建（2003—2008年）

一、校本课程重建背景 ································· 59
   1. 我们率先进入新课程改革 ······················· 59
   2. "《红楼梦》研究"不能开了 ····················· 60
   3. 新课程背景下，校本课程难道只能拾遗补阙 ········ 61

二、校本课程的重新规划与实施 ······················· 62
   1. "90后"学生的课程需求 ························ 62
   2. 重视学校、社区教育资源 ························ 63
   3. 新的校本课程规划形成了 ························ 64
   4. 校本课程开发新形势——团队开发 ················ 65
   5. 设置系统的课程评价体系 ························ 67

三、学生的课程参与 ································· 70
   1. 校本课程的网络化管理 ·························· 70
   2. 为学生开发丰富的校本课程 ······················ 71
   3. 让学生开发校本课程 ···························· 74
   4. 关注学生的体验式学习 ·························· 76

从校本课程走向学校课程（2008年至今）

一、形成新的教育哲学 ······························· 91
   1. 悟读百年校史，梳理学校教育哲学 ················ 91
   2. 制订新的学校育人目标 ·························· 92

二、国家课程校本化，整体构建学校课程体系 ·········· 93
   1. 学校课程体系构建的价值取向和原则 ·············· 93
   2. 校本课程开设现状和面临的问题 ·················· 95
   3. 艺术课程与校本课程的整合 ······················ 97
   4. 通用技术课程与研究性学习课程、校本课程的整合
                                                          99

5. 信息技术课程与研究性学习课程的整合 …………… 100
6. 大学先修课程 …………………………………… 102
7. 启动课程基地建设 ……………………………… 105
8. 选科组班与选课走班 …………………………… 107
9. 江苏省校本课程开发研究所 …………………… 107
10. 基础教育发展的新样本 ………………………… 109
11. 江苏省锡山高级中学学校课程体系的整体构建
    与实践创新成果报告 …………………………… 111

精品课程展示

校园微电影课程 …………………………………… 133
大家来做口述史课程 ……………………………… 144
英美戏剧表演课程 ………………………………… 156
领导者演说课程 …………………………………… 163
交互式网站设计与制作课程 ……………………… 172

我们的校本课程故事

小细节推动下的校本课程 ………………………… 183
从课程消费者到课程开发者 ……………………… 184
让学生学得精彩——"时事沙龙"十年 ………… 190
泪眼婆娑中聆听家族往事——"我的口述史"课程故事 …… 194
校本课程本质上是"生"本课程 ………………… 201
因学生而生的网络新闻与报纸新闻的编写课程 ………… 204

未来的路在哪里

一、反思校本课程探索之路 ……………………… 209
二、展望校本课程的美好未来 …………………… 211
后　记 ……………………………………………… 213

导 语

从百年文化中汲取改革的力量

从1907年第一声钟响起至今，江苏省锡山高级中学（以下简称"锡山高中"）已经静静地走过了一个多世纪。回顾一个世纪的风雨沧桑，我们看到了一代又一代人默默奉献的身影，看到了一所农村中学是如何在探索、改革中成为具有现代品性与内涵的学校。

1907年春，无锡私立匡村初等小学堂（锡山高中前身）由著名实业家匡仲谋先生在杨墅园捐资兴办，正是他启智救国的义举，让江南一隅的乡村有了一所现代意义上的学校。当时匡仲谋先生以优裕的待遇延揽鸿儒名师来校执教，聚集了一批留学海外、学贯中西的专家。以殷芝龄校长为首的学者们，给匡村初级中学（1927年创办匡村初级中学，以原来小学为附属小学）带来了国外先进的教育理念，他们理顺了课程设置，推行双语教学，让一个偏僻乡村中学的教育与大城市乃至发达国家教育同进步。他们依照政府颁布的课程标准，从学校实际出发实施"课程剪裁"，使课程尽可能地适合本校学生发展的需求，增进了课程的针对性与有效性；他们将培养学生的自主研究能力作为教学的主要目标，并专设"研究科"课程，以农桑研究、工商研究、社情研究来落实课程标准；高中理科（1941年学校增设高中班）主要学科均选用国际一流水准的原版教材。我们无法断言当年的"课程剪裁"就是今天"校本课程"的雏形，当年的"农桑研究、工商研究、社情研究"的"研究科"就是今天"研究性学习"的滥觞，但是先贤的实践与经验无疑给了我们无限启发。在课程改革实践中，当我们困惑的目光与先贤的作为相遇时，我们获得了极大的鼓舞。

1952年，匡村初级中学转为公办，更名为"无锡县中学"。无锡县中学的教育者勤俭办学，经过八年的努力，将无锡县中学打造成了"江苏省重点中学"。1963年，无锡县中学又获得了"江苏省示范学校"的殊荣。然而，"文化大革命"的到来使无锡县中学不再拥有一流的师资，也少了对生源的吸引力。但无锡县中学的教育人并未失去志气，他们骨子里铭刻着"坚毅奋进"的情怀，在祁士清、朱士雄等几任校长的带领下，无锡县中学于1993年恢复了省重点中学的称号。无锡县中学教育人那种"艰苦创业，忠诚奉献"的精神，也铭刻于我们后人心中，我们以这样的精神开创锡山高中的美好明天。

1996年，我校更名为"江苏省锡山高级中学"。锡山高中人并没有停下探索的脚步，学校发生了日新月异的变化。"教育现代化"成为20世纪90年代锡山高中一个鲜明的主题。几代人的梦想，几代人的追求，终于一步步实现。在杨墅校园我们不仅拥有了体育馆、游泳池、国际交流中心、艺术馆、国际一流的中学校园网、信息中心、计算机中心等现代化的教学设施，在教育理念、师资建设、课程改革方面也走向了现代化。我们相信科学的力量，我们沿着前人的探索足迹，一路向前，积极地探索如何在中国的农村中学开设校本课程。2004年，无锡市惠山区政府投资在惠山新城兴建了占地27.67万平方米的锡山高中新校区，一座设计独特、功能分区合理恢宏大气的现代化校园屹立于无锡市城北，成为一道亮丽的风景线。一流的教学设施为教育创新发展提供了肥沃的土壤，我们的课程改革取得了新的进展，我们的课堂悄悄地发生着变化，我们在这片新的热土上传承着优秀的教育文化，向着新的目标扬帆起航。

没有奢华，只有本色；没有浮躁，只有稳重；没有虚妄，只有学养。百年的文化浸润，让锡山高中的校园散发着浓郁的田园书香。从百年文化积淀里，我们获得了探索变革的无限力量。

从选修课和活动课走向校本课程
（1996—2003 年）

1996 年，位于无锡杨市的锡山高中

"常用应用软件简介"课程

20 世纪 90 年代的学校教育哲学"做站直了的现代中国人"

"垂钓技巧与实践"课程

一、校本课程是什么

1. 课程体系改革初尝试

20世纪90年代初,我校恢复为省重点中学,办学水平迈上了一个新台阶。但是,面对不断发展的形势,对于一所青年教师比例高达78.3%的老校,我们必须进一步深化改革。是进行办学机制改革还是进行课程改革呢?怎样进一步促进教师的专业发展呢?怎样进一步提高办学质量,推动学校的持续发展,办出特色呢?

面对种种问题,在原国家教育委员会颁布的《关于在普通高中开设选修课的意见(1991年)》及各级教育主管部门颁布的课程改革文件的指导下,我校从1992年开始进行课程体系改革的探索,尝试开设选修课和活动课。

1992年9月,我校试图在必修课进行分层教学的基础上,增设选修课和活动课,改变以往单一的必修课教学模式。经过两年多的努力,我校仍没有完全实现所有必修课的分层教学,仅在英语学科取得了一些成就。同时,我们还尝试开设了18门选修或活动课程。虽然选修课、活动课门类少,体系杂乱,但它们的开设标志着"三大板块"课程体系的基本确立,打破了原先单一的必修课教学模式,是一种标志性进步:为学生提供了更多的学习机会,兼顾了学生的不同发展需求,满足了教师参与课程决策的意愿。

在此基础上,1995年至1996年,针对学校的学生有98%来自农村,教师有93%出生于农村,学校的文化、信息、观念相对滞后这一特点,为提高学生及教师的人文素养,促进学生全面发展,切实加强学校体育、美育,实现教育的"强身健体""修心养性""育德益智"功能,学校将培养学生阅读习惯的语文阅览课与培养学生体育意识和健身能力的课程改革作为重点研究课题,开始进行选修课和活动课开发研究的试验,并取得了初步的课程体系改革经验。

在这几年的课程改革探索中,我校遇到了许多凭借自身经验无法解决的理论或实践方面的难题。下面通过我校1996—1997学年第一学期高一年级设置的选修课与活动课,来看当时在课程改革中我们所面临的困局。

表1 江苏省锡山高级中学选修课安排（高一）

类别	科目	培养目标
体育课程	男排、女排、男足、男篮、女篮、乒乓球、武术、围棋	在完成体育教学大纲规定的必修课程后，能熟练掌握一二门健身技能
学科课程	英语听说、语文阅读、数学分层选修、物理分层选修、化学分层选修	培养语文阅读能力与英语交际能力，培养学习数、理、化的兴趣
微型课程	法律常识、学法指导、心理讲座、科技音像、理化实验录像	增强科技和法律意识，掌握正确的学习方法，培养良好的心理素质

表2 江苏省锡山高级中学活动课安排（高一）

类别	科目	培养目标
艺术类	铜管乐演奏、竖笛、民乐演奏、声乐合唱、摄影技术、实用美术、国画	培养音乐、美术兴趣，提高艺术鉴赏力，发挥艺术特长
体育类	乒乓球、男篮、女篮、男排、女排、武术、足球	增强体育意识，提高健身能力，在高中阶段掌握一二门健身技能
技能类	物理实验、化学实验、英语语音、英语视听阅读、机械识图、计算机	提高理化实验操作能力，英语交际能力，初步学会计算机操作与无线电安装
学科类	数学竞赛辅导、化学竞赛辅导、物理竞赛辅导、英语阅读竞赛辅导	通过课外活动，培养一批学科尖子生

通过上面两个表格我们可以看出，选修课、活动课体系混乱且缺乏逻辑，足球课既是选修课又是活动课，学科类课程既被纳入了选修课又被纳入了活动课。虽然与四年前相比，我们开设的课程门类丰富了，但存在着许多难以解决的问题，如开设这些课程到底要解决什么问题，为什么开这门课，必修课、选修课和活动课之间到底应该是怎样的关系，等等。总而言之，就是我们该如何规范、科学地开设好这些课程？

除此之外，还有一个非常棘手的问题，就是课程评价的问题。当时我校已经实施了给教师发课时津贴的制度。在给教师发课时津贴时，如将一节艺术课定义为一个标准课时，那么一节数学课需要加上批改作业等工作量，要乘以 1.3。但对这些选修课、活动课的课时津贴，教师们意见不一。没开设这些课程的教师认为，这种带着学生玩的课不应该发课时津贴。而开设这些课程的教师却说，这也是工作，为什么不能发课时津贴？面对教师之间的争论，学校应该做出怎样的决定呢？如果要发这些课的课时津贴，又该怎么发呢？发放课时津贴涉及课程质量评估的问题，该怎样对选修课、活动课的课程质量进行评价呢？

面对选修课与活动课的规范化、课程质量评价等这些依靠自身经验与素养不能解决的问题,时任校长朱士雄请来了华东师范大学的施良方、崔允漷等课程专家。与专家合作,让锡山高中和华东师范大学的专家团队结合起来,从而引入校本课程概念,使校本课程这一西方舶来品在中国的乡村学校落地萌芽。

2. 专家来了,但我们听不懂

乘着绿皮火车,从上海两小时到无锡,再转一小时汽车到杨市。施良方教授与刚从加拿大留学回来的崔允漷博士,一起来到我校。校本课程的概念就在这个时候进入了我们的视野。当时学校教师们听说要开设校本课程,都很激动,认为校本课程的开设会全面提升我们的教育质量,所以非常期待。

施良方教授、崔允漷博士来到我校后,先对学校正在开设的课程进行了详细的调查。调查后发现,虽然我校选修课、活动课的开设缺乏逻辑,问题重重,但为课程改革奠定了一个很好的基础;虽然我校是一所农村中学,但我校有民主开放的组织结构,有一定的课程改革经验,有较强的课程意识等校本课程开发的必要条件。

既然专家和本校教师都认为开发校本课程具有可行性,我校的校本课程开发与研究便迅速拉开了序幕。起初,崔允漷博士先对全体中层人员进行培训,以使大家对校本课程有基本的了解。培训整整进行了一天。这一天,我们大家都觉得很痛苦。因为崔博士的话,我们听不懂,不是因为他讲了方言,也不是因为他讲了外语,而是因为他讲的学术用语,我们实在听不明白。比如,他讲课程目的和课程目标,认为二者有着本质的区别。但我们觉得目的就是目标,目标就是目的,于是便和他就此进行了争论。我们说在古文字典中,"的"解释为靶子,"标"也解释为靶子,因此目的就是目标。但崔博士坚持说二者不同。为此我们争论了好久,直到后来学习深入后,我们才明白二者确实不是一回事。但是当时我们只能从汉语词义的角度来理解这些课程论里的术语。不仅如此,因为课程素养的差异,崔博士和很多教师都无法顺利地进行沟通。崔博士问一位教师:"请谈谈你开发选修课或活动课的经验。"教师说:"我没有经验。""你开设活动课几年了?""三年了。""三年了怎么会没有经验?""可我实在没经验。"崔博士与教师展开对话时,总是遇到这样的问题。其实,问题还是出在话语体系上。崔博士说的经验是经历和体验,教师所说的经验是通过实践概括出来的、能指导别人的一些方法与规则,所以这位教师认为自己虽然开设了三年选修课或活动课,但并没有总结出经验来。崔博士讲的是专业话语体系,教师讲的是实践话语体系,所以在对话时,彼此很难听明白。20世纪90年代,一个从国外回来的教育学博士,对着一群连什么是课、什么是课名、什么是课程等都分不清楚的教师,去讲课程决策权、课程分享、课程开发、课程消费,是何其困难!而这样的对话就在我校艰难地进行着。

3. 初识校本课程:它与高考无关

一天,培训结束后,一位教师表示,他总算听明白了一点。于是大家问他听明白了什么。他说:"其他的我还不太明白,但有一点我听明白了,即专家讲的这些与高考一点关系都没有!"听了他的话,大家对这样的培训、对这项研究产生了质疑:让大家花费大量的时间和精力研究一件与高考这一教学"指挥棒"一点关系都没有的事,是否有意义?我们还要不要继续下去?大家就此展开了激烈的争论。朱校长对此提出了三点看法:第一,不论怎样,专家能把我们的课程规范化;第二,这样的课程开发能帮我们学校树立品牌;第三,课程体系改革科研,肯定会提高一部分教师的科研水平和科研能力。最后,大家达成一致意见,继续跟着专家开发课程——也许这与高考没有关系,但与学校整体实力的提升有关,与教育有关!

既然决定要继续前行,我们首先要努力在培训中弄明白什么是校本课程。1973年7月,欧洲经济合作与发展组织的所辖机构"教育研究革新中心"在爱尔兰阿尔斯特大学举办了一场关于校本课程开发的国际研讨会,在研讨会上,菲吕马克和麦克米伦两人对校本课程开发的内涵与意义做了最早的界定。菲吕马克认为:校本课程开发意指参与学校教育工作的有关成员,如教师、行政人员、家长与学生,为改善学校的教育品质所计划、指导的各种活动。麦克米伦认为:校本课程开发是以学校为基地的课程开发工作,该课程开发工作大部分依赖学校教职员及学校的现有资源进行。1979年,经济合作与发展组织对这一概念给出了意义界定:校本课程开发是基于学校课程需要的自发的行动，促使地方和中央教育主管部门之间的权力和责任重新分配，使得学校获得法律、行政和专业的自主权，进而得以从事自身的课程开发的过程。从各方给出的意义界定可以看出，校本课程的开发是以学校为基地（本位）的课程开发模式。

20世纪80年代，科学、经济及文化的迅速发展向学校教育体制结构提出了新的要求，中央集权制教育体制与地方分权制教育体制都在顺应时代要求进行着变革。原来，地方分权制国家的大多数公立学校，由该校董事会负责管理学校和课程，校长和教师的课程自主权很大，校本课程大量存在，而且是学校课程的主体。20世纪80年代以来，一些地方分权制国家开始实行全国统一的核心课程，在国家规定的核心课程之外才是校本课程开发，出现了"地方自治加中央调控"的趋势。中央集权制国家原先有统一的国家课程，通过国家课程计划实现国家教育目标，学校在课程问题上没有自主权，学校的自主性仅仅表现为学校与学校之间自发的合作。然而20世纪80年代以来，随着社会的发展，那些一开始在国家课程开发中做得很好的国家发现集中制课程开发已不像从前那样成功了，而开始意识到需要提供地方和学校层次在课程事务上的主动权，在一定范围内补充国家课程或替代部分国家课程。于是这些国家纷纷出台了课程决策权限从中央向下分配至地方和学校的课程政策，出现了"中央调控加地方自治"的趋势。

就我国的教育而言，显然属于后一种变革趋势。20世纪90年代初，我国的课程决策权力分配逐渐由中央集权走向"中央调控加地方自治"。在《关于在普通高中开设选修课的意见（1991年）》等文件的指导下，我校尝试开设了选修课和活动课。1996年，原国家教育委员会颁布的《全日制普通高级中学课程计划（试验）》规定：

普通高中课程由学科类课程和活动类课程组成。

普通高中学科类课程分为必修、限定选修和任意选修三种方式。

……

限定选修学科是学生在学习必修学科的基础上，侧重接受升学预备教育或接受就业预备教育所必需进一步学习的课程，设有语文、数学、外语、物理、化学、生物、历史、地理、劳动技术等学科。学生可根据自己的志向、爱好和需要，在教师的指导下选择修习。

任意选修学科是为发展学生兴趣爱好、拓宽和加深知识、培养特长、提高某方面能力而设置的。学生根据个人的兴趣和志向，在教师的指导下，从学校可能提供的任意选修学科科目中自主选择修习。

活动类课程包括校会、班会，社会实践，体育锻炼，科技、艺术等活动。校会班会、社会实践和体育锻炼是全体学生必须参加的活动课程，科技、艺术等活动是学生自愿选择参加的活动课程。

社会实践活动可集中安排，其他活动宜分散安排。

同时，还规定：

学校应根据国家教育委员会和本省（自治区、直辖市）课程计划的有关规定，从实际出发，对必修学科和限选学科做出具体安排，合理设置本学校的任选课和活动课，并报上级教育行政部门批准。

因而，我们的校本课程开发主要集中在国家课程计划中的任意选修课和活动课上。据此，我们形成了基础教育三级课程体系的构想：国家课程、地方课程、校本课程。

国家课程集中体现一个国家的意志。它是专门为培养未来的国家公民，并依据这些公民所要达到的共同素质而设计、开发的课程，即根据不同阶段教育的性质与基本任务，制订各个学科的课程标准或编写教科书。它是一个国家基础教育课程的主体部分，也是衡量一个国家基础教育质量的重要标志。

地方课程是在国家规定的各个教育阶段的课程计划内，省一级的教育行政部门或其授权的教育部门依据当地的政治、经济、文化、民族等发展需要，在国家规定的课时范围内设计并开发的课程。

校本课程是在具体实施上述两类课程的前提下，通过对本校学生的需求进行科学的评估，充分利用当地社区资源和学校的课程资源而开发的多样的、可供学生选择的课程。校本课程的开发主要以党的教育方针、国家或地方的课程计划、学校教育哲学、学生需求及学校的课程资源为依据。校本课程开发强调以学校为基地（本位），重视与外部力量的合作，强调要充分利用学校内外的课程资源。因此，它是国家基础教育课程体系中不可或缺的组成部分。它能强化课程的适应性，迅速回应社会、技术和经济变革的挑战，有利于全面落实党的教育方针，有利于学校办出特色，能满足学生的个性发展需要，同时有利于教师自身的专业发展。

二、校本课程怎么开

1. 校本课程要与墙上的标语挂钩

在明白了校本课程在基础教育课程体系中的位置及作用，确定了前进的方向之后，我们迅速健全组织机构，成立了由领导、教师、学生、课程专家组成的校本课程开发委员会，并成立了课题组，开始了规范化的校本课程探索。我们与课程专家一起，从学校教育哲学、学生课程需求、地方课程期待、学校课程资源四个方面入手，根据调查和研究形成了立足于学校、以学生为本的科学的校本课程总体规划。

20世纪90年代，走入锡山高中，映入眼帘的是白色墙体上棕红色的大字：做站直了的现代中国人。这是我校明确的育人目标。我们就是要培养这样的人，培养"站直了的现代中国人"。施良方教授、崔允漷博士看到"做站直了的现代中国人"标语后，问："既然这是你们的育人目标，你们将怎样实现这个目标？"我们回答："我们会努力培养我们的学生做'站直了的现代中国人'。"崔博士又问："难道把这几个字写到学校的墙上，只要努力，就能培养'站直了的现代中国人'了？如果把这个标语写在其他学校的墙上，其他学校也可以培养'站直了的现代中国人'了？怎能体现这是你们的育人目标呢？我觉得它就是一个口号，只不过表述形式新颖一点而已。"我们被说得哑口无言，因为我们没办法解释这醒目的大字与我们的实际教育行为有什么关系。最后，还是专家帮我们解答了这个问题："其实这就是你们的教育哲学！一旦提出了育人目标，就是想把学生朝这个方向培养。"同时，崔博士向我们具体阐释了什么是教育哲学。哲学是对根本问题的回答，教育哲学就是对学校根本问题（"培养什么人"和"怎样培养"）的回答。

但作为学校的教育哲学，"站直了的现代中国人"究竟应该具备哪些显著的个性特征呢？学生怎样才能成为"站直了的现代中国人"呢？施良方教授、崔允漷博士指引我们去分解"站直了的现代中国人"的内涵。为了解决这一难题，课题组写出了35个能体现"站直了的现代中国人"特征的词语，如自尊、有责任心、爱国等，然后让全体教师从中选择几个最能表现"站直了的现代中国人"内涵的词语，最后几个认可度高的词语被选出：民族性、现代化、健康、自信心、创新、坚毅。这些词语真正体现了全校师生的意志，更容易被转化成实实在在的课程目标。不过，当时我们只是按照课程专家的意思去做，并没有意识到这一过程的深刻意义。后来，课程专家说，这就是校本课程开发，因为这是教师的一种意识，是教师的教育目标，教师的课程开发会指向这样的明晰以后的目标。

没有清晰的育人目标，课程的开设将会变得无据、无序；没有课程的承载，育人目标将沦为口号或标签。与专门为培养未来的国家公民而设计的统一的国家课程相比，自主开发的校本课程更能体现培养"站直了的现代中国人"这一富有鲜明特色与个性的教育哲学。这就是为什么我们开发校本课程前要先明晰学校的教育哲学。经由全体教师分析"站直了的现代中国人"内涵而得出的词语——民族性、现代化、健康、自信心、创新、坚毅，被确定为我校校本课程必须体现的目标。有了明确的目标，有了教育理念内化、明晰的过程，我们的教育哲学再也不是挂在墙上的口号了，而是学校的发展方向所在。

2. 学生最讨厌自行车维修课

明晰学校教育哲学，厘清教育哲学与校本课程的关系后，接下来要做的是调查学生的课程需求。关于学生课程需求的调查，我们在以前开设的活动课"自行车维修"中得到了深刻的教训。当时，我校非常关注对学生动手能力、实践能力的培养，而选修课、活动课无疑是培养学生动手能力、实践能力的重要途径。在开设选修课、活动课之前，朱士雄校长曾经带领我们到常州市的一所学校去考察学习。去学习的路上，我们一直在讨论怎样培养学生的动手能力。有的教师说让学生学烹饪，有的教师说让学生学做衣服，有的教师说让学生学做木工，等等，设想的科目非常多。但到目的地——常州市北郊的一所初中参观后，大家顿然无声了。因为我们所设想的那些自认为精彩甚至暗暗引以为豪的课程，那所学校都有，而且已经开设得比较完美、成熟了。比如，该校开设有烹饪课，在课堂上教师带领学生非常认真地做面包，教室内设备齐全，跟专业的操作间一样。看到这些，我们的西点烹饪课程设想顿时黯然失色：其一，要把选修课、活动课开设成这样，投资非常大；其二，我们设想的课程人家都有，毫无创新之处。这其实是一个非常大的误区，我们总是把学校特色的创建建立在"我校特有、他校没有"的基础上，其实在学生成长过程中，很多东西都是必须让他们经历的，校本课程开发强调的是对特定学生的适切性，而不是为了突出某个学校的独特性。然而当时的我们，并不明白这个道理。

一段时间的沉默之后，有人提出，我们可以开设自行车维修课。现在想来，自行车维修课从设想到实施走的完全是一条追求独特化的路。从宣传的角度来衡量自行车维修课，我们觉得非常棒——把自行车翻过来拍张照片做宣传还是很吸引人的，而且大家普遍认为开设自行车维修课这个设想很好。学习回来后，我们就立即着手开设这门课程，腾出两间教室，找来多辆自行车，自行车维修课就这样开展起来了。这门课程是创新之举，不仅容易推广经验，还能培养学生的动手能力，俨然成了周边学校学习的重点，教育局也发文重点推广了包括这门课程的开设在内的我们的一些课程开发经验。但它体现了学校的教育哲学吗？它受学生欢迎吗？

在课程开设了一段时间后，我们就进入了与专家合作的校本课程开发阶段。在调查研究过程中，我们让学生从原来所开设的选修课、活动课中进行选择：想继续学哪些课程？不想学哪些课程？调查发现，居然没有一个学生想继续上自行车维修课。有的学生说学了没用；有的学生说他家没人骑自行车；有的学生说，自行车维修点非常多，随便走到哪里都有人修，用不着学；还有学生说，即使学会了，也不能把维修工具天天带在身边，自行车坏了还是要找人修……无用论居上。

这使我们陷入了一种非常尴尬的境地，被当作典型推广的自行车维修课居然是学生最不想学的课程。怎么办？校本课程应该满足学生的学习需求，若学生没有这方面的学习需求，该课程肯定不能继续开，这是一个常识问题。当时，施良方教授讲了一句让我们记忆深刻的话："对学生的强迫，使其陷于被动状态，实际上是对学生的一种体罚。"他又说，在学习中，对学生体罚最严重的课程是体育课。数学课学生不想听，可以闭上眼睛休息；语文课学生不想听，可以开小差；体育课上，老师让学生向右转，学生就必须向右转，让学生伸胳膊，学生就必须伸胳膊……这是对学生意志强迫最严重的一门课程。最终，我们决定给予学生选择的自由，撤销了自行车维修课——

还有比学生不喜欢、认为它没必要开设更重要的理由吗？

这次教训使我们不得不正视校本课程开设中对学生需求的考察。从1997年5月至1998年5月，我们进行了第一次全面调查，先后在我校进行过4次访谈，举行了5次座谈会，设计了6套问卷：初中教师问卷、初中学生问卷、高中教师问卷、高中学生问卷、毕业生问卷和社会人士问卷，并采用前4套问卷，对328名学生、44名教师进行了调查（调查问卷及问卷分析见附录1）。在发给学生的调查问卷中，专家设计了这样一个问题：你还想学哪些类型的课程？我们本以为这个问题不用调查，我们自己就能判断出来，但课程专家说必须进行调查，那才是学生真实的想法。当时，课程专家和我们约定，各写三门学生想学的课程，然后与调查结果进行比较，看看我们是否真的了解学生。于是我们写了：学习方法指导、体育活动、电脑。我们认为高中生遇到的最大障碍就是学习方法方面的，所以需要学习方法指导；学习结束之后，他们肯定想活动活动，因此我们写下了体育活动；另外，学生喜欢接触新事物，希望通过电脑学习更多知识，所以电脑课程也在其中。专家也写了三个。第一个是生涯设计。当时"生涯设计"对我们来说是一个陌生的词汇。专家解释说，学生对大学选择的专业和人生路径的设计就叫生涯设计。专家们居然把生涯设计放在第一位，这与我们的想法不同，我们都认为学生是不会选择这类课程的。第二个是闲暇课程，据专家解释，这是当时在国际上最受欢迎的课程类型。第三个是现代技术，这与我们写的第三个"电脑"不谋而合。但对学生进行调查的结果却让我们大吃一惊——我们都错了。调查结果显示：排在第一位的是与人交往和相处的能力；第二位是承受挫折的心理素质；第三位是学习方法；第四位是从事专门职业所需的知识与技能；第五位是自然科学和新技术；第六位是关于社会的过去、现在和未来。一切是这样的出人意料，我们这些整天和学生密切接触的人，居然无法准确判断他们的需求；一切又是这样的在情理之中，因为这样的学习需求完全合乎青少年成长的规律。

这次调查经历又给我们上了一课，给我们带来无限启迪。它告诉我们，学校的课程绝对不能走向校长本位、教师本位，而应该以学生为本位，应满足学生的个性化成长需求。

3. 数学老师的根雕制作与欣赏课很受欢迎

校本课程的设置还必须基于社区和学校的现有课程资源，这是校本课程开发的保障。没有这种保障，再好的课程也只能是一种设想。要进行校本课程开发就必须对社区的公共教育资源、人力资源，学校的师资、经费、器材、场地等进行合理的分析与评估，进而扬长避短，设置可行的校本课程。对我校而言，由于地处农村，学校就是社区的最高教育机构，因此，校本课程的开发主要基于学校自身课程资源的合理、充分利用，如对图书馆、计算机中心、科技馆、艺术馆、体育馆等的利用。此外，教师的兴趣、爱好也是巨大的课程资源，我们要努力将教师的生活经验、特长、爱好转化为课程。

教数学的李老师，在教学之余喜欢做根雕。经过校本课程开发培训，他意识到可以充分利用自己的这一业余爱好，开发根雕课程。他把这一想法告诉了我们，我们非常赞同。得到肯定后，李老师立刻行动起来，设计课程，买教具，根雕制作与欣赏课就这样开展起来了。学生对这门课程的热情也很高。李老师在课程反思里写道："每一所学校，都应充分发挥本校教师的潜能，进而开设一些具有特色的校本课程，使素质教育真正落到实处。只有这样，我们的学生、我们民族的综合素质才能得到全面的提高。"在李老师的带动下，围棋下得很棒的地理老师开设了围棋课；喜欢摄影的政治老师开设了摄影课；爱好钓鱼的体育老师开设了垂钓技巧与实践课；等等。

不仅如此，职工的专业特长也被我们挖掘出来，变成了课程资源。在课题组的支持下，学校两名负责养花草的职工利用他们在园艺花卉方面的专业知识和手艺开设了插花艺术和园艺课。学校食堂有位厨师，在校工作期间不断进修，取得了二级厨师证书，并在全国比赛中获奖，我们鼓励他利用自己的厨艺开设烹饪课，果然开课效果非常好，该课程很受学生欢迎。

4. 家长期待的校本课程

虽然我校地处发达的长江三角洲地区，但只是一所普通的农村中学。近一半学生的母亲是初中及以下学历，87.4%以上学生的父亲没有读过大学，这是在2003年一次大规模调查中得出的数据，可以想见，在此之前的情况肯定更差。学生家长受限于个人的受教育程度，对高中教育缺少了解。基于对我校的信任，家长都认为学校无论做什么，开设什么课程，都是为学生好，培养出来的学生都会是有多方面才能的人。所以无论我们开设什么样的课程，家长总会给予支持和信任。这和城市里的家长不一样。城市里家长的文化程度普遍较高，对教育有着自己的理解，能对学校的教育做出各种评价，如学校开设的课程对高考有没有帮助等，他们总会不同程度地干涉学校的教育。而我校家长的信任，给校本课程开发以广阔的空间。

1996年，我们通过访谈的方法，对家长、毕业生、社会成功人士等的课程期待做了一些了解。结果显示让学生学会做人是大家的第一教育期待，无锡市处于经济发达的长江三角洲地区，是乡镇企业的发祥地，在我们开始开设校本课程的时候，有一部分家长也开始关注孩子的幸福了。基于学会做人和成就幸福的教育期待，他们对学校教育持这样的观点：孩子在完成文化课的同时，可以多学一点其他知识，多掌握一点技能。家长们的想法开始由只需孩子成绩好转向希望孩子多元发展。

5. 校本课程开发指南出炉了

这期间，课题组异常忙碌，处理问卷，召开座谈会，旨在通过调查、讨论获取校本课程设计与编制方面的信息，然后根据学校教育哲学、学生课程需求、地方课程期待、学校课程资源等，将原有的选修课、活动课整合起来，利用现有社区、学校课程资源开发新的课程，制订适合我校实际的校本课程方案。

1997年，在课程专家的帮助下，我们终于形成了比较完备的课程框架，研制出了《江苏省锡山高级中学校本课程开发指南（1997年）》（以下简称《指南》）（见附录2）。它依据国家、地方教育主管部门的指导性文件和学校教育哲学、学生课程需要，提出了我校校本课程的总体目标：（1）学会交往，在合作中学习；（2）培养自信心、自我认同感和坚毅的品质；（3）学会探究，至少学习一门综合或探索性课程；（4）掌握一项健身技能和一项闲暇技能；（5）具有现代中国人的意识。

同时，明确了限定选修、任意选修两类课程的框架，阅读技能、英语会话等课程被列入限定选修类，而任意选修课则分四类列出了建议菜单：

人文素养类：美学初步、逻辑学基础、法制教育、西方政治体制评价、科技发展史、中国文化选讲、文学欣赏、新闻采访与写作、演讲与辩论、英语阅读、科技英语、无锡地方文化等。

科学素养类：环境与资源、生命科学、学习策略、计算机应用、创造技术、医学初步、现代农业科技、广告制作、物理定律与研究方法、牛顿定律的应用、电路分析、新能源等。

身心健康类：心理辅导、男排、女排、男足、男篮、女篮、乒乓球、武术、围棋、轮滑等。

生活职业技能类：铜管乐、民乐、声乐、摄影、书法、实用美术、国画、制图、舞蹈、烹饪、插花艺术、科学栽培、园艺等。

在两类课程框架的基础上，又拟定了高中阶段三年的校本课程计划。

6. 垂钓技巧与实践课曲折开课

1997年，《指南》制订后，校本课程正式进入实施阶段。校本课程开发委员会下发《指南》及《江苏省锡山高级中学校本课程示例》（见附录3），教师根据课程框架与建议的课程目录，开始重新思考：我能够开设什么课程？怎样开设学生喜欢的课程？教师既可以选目录中的课程，也可根据《指南》中的目标、框架、原则，自主开发，进行课程创新。教师可以突破年级及自身专业的限制，申报两门校本课程。如可以申报一门人文素养类课程，还可以申报一门生活职业技能类课程；语文老师可以开设摄影课，也可以开设棋类课；数学老师可以开设根雕艺术课，也可以开设社交礼仪课。

申报校本课程的教师填写《江苏省锡山高级中学校本课程申报表》（以下简称《申报表》）（见附录4）及简要的《江苏省锡山高级中学校本课程纲要》（以下简称《课程纲要》）（见附录5）递交到校本课程开发委员会，校本课程开发委员会则根据课程目标是否指向《指南》的要求，申报教师是否具备开课条件，学校资源能否满足开课需求等进行审议。在充分审议的基础上，校本课程开发委员会委员按《江苏省锡山高级中学校本课程评审表》（以下简称《评审表》）（见附录6）所列内容对课程进行评估，半数以上委员通过的课程才予以批准公布。当时，教生物的薛老师申报的垂钓技巧与实践课引起了很大的争议。初看其课程说明，委员们觉得不太合适：重点中学怎能开设这样的课程？上课将教授什么？但薛老师坚持认为这门课符合《指南》中列出的校本课程的基本要求：目标指向"闲暇技能"，垂钓是现代人的高雅休闲方式；具有地方特色，适合江南农村中学开设；课程资源丰富，江南水乡，河湖密布；申报者订阅了十年的《中国钓鱼》杂志，并具有十余年的垂钓经验，有开发该课程必备的知识与技能。再看薛老师《课程纲要》中的课程内容安排，也非常规范、严密，从鱼竿的选择、鱼饵的制作、各种钓法到最后鱼拓的制作等，由易到难，符合教学逻辑，确实能让学生学习技术、陶冶性情。经过考察与辩论，薛老师的垂钓技巧与实践课最终获得通过。但这仅仅是对课程的设置资格进行了认定，能否开设，还必须到学生那里接受"课程市场"严格的考查。

出人意料的是，一个年级居然有78名学生在第一志愿选择了这门课程，远远超过了课程设计的30人左右的规模。由于人数较多，校本课程开发委员会先对一些学生进行了调剂，然后开始了编班上课，学生兴高采烈地扛着钓鱼竿去钓鱼了。但是，我们一直有这样的担心，如果我们的教学质量出现波动，该课肯定会受到质疑与指责。但无论如何，我们还是尊重了师生的选择，开设了这门课程。

7. 学生搭配"自助餐"

经校本课程开发委员会审定后，获得通过的课程被列入校本课程目录。然后，由校本课程开发委员会编制《江苏省锡山高级中学校本课程选课指导书》（以下简称《选课指导书》）（见附录7，以高二年级校本课程任意选修类课程选课指导书为例），向学生发布，以指导学生根据自己的意愿选择课程。学生正式坐到"餐桌"前，拿起编有学分和课程介绍的《选课指导书》，看看有哪些"菜"对自己的胃口，当然不能"偏食"，荤素搭配才能修满各类课程的学分。为控制班级规模，学生可以同时填报三个志愿，如果选同一门课程的人数超过限制，便根据学生的第二、第三志愿进行调剂。

选课的流程，现在看起来非常简单，但当时也摸索了很长时间。先给学生发《选课志愿表》，学生填写三个志愿，学校根据学生的志愿进行编班。第一次让学生进行选课时，第一、第二、第三志愿是在同一张纸上的，后期在进行调剂的时候便出了问题，因三个志愿在一张纸上，把第一志愿拿出来后，第二、第三志愿也跟着"走"了，这给调剂增加了困难。经历过一次失败后，我们重新设计了《选课志愿表》，上面依次是姓名、班级、第一志愿、虚线、第二志愿、虚线、第三志愿。大家想，这下总算可以分开统计第一、第二、第三志愿了吧。这时，有老师提出，沿虚线剪开后，姓名、班级都跟着第一志愿"走"了，第二、第三志愿是谁的呢？所以我们又重新设计了《选课志愿表》：姓名、班级、第一志愿、虚线；姓名、班级、第二志愿、虚线；姓名、班级、第三志愿。这样剪开后，每个志愿上都会有姓名和班级。

  总算把志愿填报的问题解决了，接下来就是统计、调剂和编班了。当时我们是手工进行统计的，教师先把学生选课表上的三个志愿分别裁开，将第一志愿分给各位教师，然后进行统计：你负责统计选演讲课的学生，他负责统计选根雕制作与欣赏课的学生……比如，新闻写作课共有 35 人选了，35 个人符合初定的班级规模，那么这门课就可以开设了。接下来把选择这门课的 35 名学生的第二、第三志愿统统抽掉。第一志愿统计结束后，才开始统计第二志愿，如垂钓技巧与实践课，第一志愿有 78 人选择，超过了 30 人左右的班级规模，所以要根据第二志愿和其他课程的选课情况进行手工调剂。最终未能如愿的学生在之后的学期中还有机会选报。如果选择某课程的人数没达到班级限额下限，经第二、第三志愿调剂还是达不到，该课程将会被淘汰。在这样的自主选课过程中，学生又一次参与了课程决策。统计结果显示，学生的课程选择与当初学生课程需求调查的结果高度一致，这进一步论证了我校校本课程开发的规范性和科学性。

  在开设校本课程之前，我们开设选修课、活动课时，并没有这样让学生来选择课程，而是由班主任负责填报选课志愿。班主任会按照学习成绩、能力水平等标准搭配选课的学生。这样的选修课、活动课，实际上并没有尊重学生的意愿，直到我们开设校本课程，才真正尊重了学生的选择权。

  选课结束后，学校综合协调时间、空间、人员，编制本学期《江苏省锡山高级中学校本课程安排总表》（见附录 8），然后进入开课阶段。在课程确定、学生分流、师资调配、空间配置等完成后，学校形成了一份完整的学期《校本课程开发方案》。与必修课程不同，校本课程以一学期为时限，以学生的志愿为依据组建新的班级，实行走班制。到校本课程上课时间，学生便从各自的教室走出来，或扛着钓鱼竿，或拿着摄像机，或夹着画板，如此等等，在校园里穿梭，兴高采烈地奔向教室、实验室、画室、操场，奔向自己的选择。

8. 目的与目标不一样

《课程纲要》是教师对自己任教课程的一种设计，主要内容包括课程目标、课程内容或活动安排、课程评价方案、支持条件等。在进入开课阶段后，任课教师需完善《课程纲要》，形成一份详细的《课程纲要》。撰写《课程纲要》的难点是目标叙写、内容安排与评价方案设计。目标总领内容安排和评价方案，所以明晰课程目标，并清晰、科学地表达课程目标是《课程纲要》撰写的关键。

开设电子制作课的李老师，在《课程纲要》里列出了三个课程目标：(1)培养学生的探究能力；(2)提高学生的动手能力；(3)提高学生的创造能力。崔允漷博士看过他的《课程纲要》后说："中国教育所要解决的问题，通过你这门课程都解决了。那是不是所有学校开一门电子制作课，学生的探究能力、动手能力、创造能力就都能培养出来了？"崔博士指出，这位老师所制订的是课程目的，而不是课程目标。目的，往往与教育者的主观愿望等同，是指针和方向，是应然状态的理想；目标，是教学活动实施的方向和预期达到的结果，体现着用预期的教育结果支配教育行动的思想，目标是目的的具体化，是可观察、可定义、可测量、可评价的，是实然状态的实践。

就此，我们与崔博士进行了辩论，我们认为目的和目标是一样的，因为它们的意思相同。于是崔博士向我们解释了教学目的与教学目标的不同之处。解释后我们还是似懂非懂。直到后来我们看到了一本书，书上提到了香港地区中学"电子与电学科"课程纲要，看完"电子与电学科"课程纲要中撰写的教学目的与目标，我们才明白在教育学中，目的和目标确实存在着很大差异。

"电子与电学科"课程纲要

序言

本课程纲要乃为香港地区中学电子与电学科而设的一个教学指引。作为香港地区中学会考科目之一，该课程适合在中四（相当于高一）至中五（相当于高二）教授。

由于电子与电力在我们日常生活中所扮演的角色越来越重要，现今人类活动实在很难避免电子与电力直接或间接的介入，如电视、收音机及很多的家庭电器，其主要部分都是由一些电子电路组成，而电脑控制工业生产过程更是越来越普遍。本课程除希望提高学生对电子与电力在日常生活和工作上的应用的认识外，更希望能培养学生对电子与电学作为一实用科目的兴趣。但要强调的是本课程的主要目标并非训练电器技工，不过，学生完成本课程后，一般都能运用在课堂上学到的知识解决一般电子与电器的简单设计问题。

目的与目标

目的

透过电子与电学科课程的学习，旨在：

1. 提高学生对电子与电学科在日常生活和工业上的应用的认识。

2. 培养学生对电子与电学科作为一实用科目的兴趣。

3. 鼓励学生在电子与电学科上发展有关技能及提高学生在日常生活中的用电安全意识。

4. 提供给学生电子与电学科的基本知识，以备其将来在有关科目上进修。

目标

完成此课程后，学生能够：

1. 描述课程提及的电子器件和元件的特性。

2. 描述电子器件和元件在简单电子线路上的功用。

3. 运用在课程中学到的知识去解决设计问题。

4. 设计、制造及测试简单电子或电器装置，报告该装置的制作过程，选择适当的电子或电器元件和仪器来有效及安全地完成设计。

5. 遵守电子和电器装置的操作安全守则。

深入学习研究后，我们逐步了解到要设定教学目标还有一个目标叙写的技术问题。而近30年来，教学目标的分类与陈述一直被西方教育心理学作为重要课题来研究，其成果被视为心理学对教育科学化最重要的贡献。严格意义上的教学目标，应包括行为主体、行为动词、行为条件和表现程度四要素，有一套规范的陈述方式。首先，以学生为行为主体描述学生的行为。在书面表达上可以不必按照规范在目标开头写上"学生应该如何"，但在思想上必须明确目标要指向特定的学习者。其次，行为动词要选用那些描述学生所形成的、可观察、可测量的具体行为的词语，如写出、说出、辨出、比较等，而不是掌握、领会、理解这样的描述内部心理变化的词语。再次，应叙写影响学生学习结果的限制条件与范围，包括允许使用的辅助手段、时间限制、完成行为的情景等。最后，要说明学生对目标所达到的最低表现水准。概而言之，现代教学目标的叙写应确立"学生是学习主体"这一理念，应主要选用反映外部行为变化的词语来陈述，说清学生通过参与一定的学习活动后，内在的能力或情感的变化，并尽量使这种变化可观察、可测量。

  学习以后，我们发现传统课程目标叙写总是站在"教师本位"的立场上，选用描述内部心理的词语来陈述，只说清了"教师做什么"，至于学生的能力是否因之切实发生变化及能否测量则没有设定，因而这样的课程目标是含糊的。更进一步说，我们像李震老师一样，设定的只是整体的目的，而不是具体明晰的目标。

  经过一段时间的培训、实践，教师的目标叙写基本达到了要求，能以学生为主体，描述学生学习后的变化。如电视节目制作课程的目标陈述：（1）了解电视制作的基本知识，掌握部分重要内容；（2）可以运用所学知识进行播音采访；（3）熟悉摄像机的操作方法，可以用摄像机进行拍摄；（4）每组能策划制作一个5分钟以上的电视节目；（5）能合作制作较大型校园电视节目。

  我国传统教学在目标叙写方面的要求比较模糊，要改变过来并不容易，所以我们对教师提出的要求是"尽量说清楚"。虽然是目标叙写这一技术问题，但实际反映的是教师教学观念的转变，经过几年的培训与实践，我校大部分教师已彻底转变了教学观念。在校本课程的开发中，他们用新的教学理念指导自己的课程开发实践、指导自己的学科教学，大大提升了自身的专业素养。

9. 原来这就是"成长记录袋"评价法

  我们在校本课程开发的过程中，坚持通过多元评价管理课程。我们坚持评价主体多元化，把教师评价、同学评价、自我评价等结合了起来；坚持评价方式多样化，把结果评价与过程评价、定性评价与定量评价结合了起来。

对学生的评价，我们强调并坚持三个基本原则：一是评价的功能由侧重甄别转向侧重发展；二是促使学生在评价中学会合作；三是评价不仅要重视学生学习的最终成果，而且要重视学生学习过程的参与情况。如新闻采访与写作课的评价方案：出勤及上课表现占30%，采访实践及成果占30%，新闻稿写作占40%，根据这几个方面给出综合等第。

从教体育的罗老师开设校本课程的故事中，我们更能感受到我校校本课程评价方式的转变。罗老师是摄影"发烧友"，看过许多摄影类书籍，研究过各类相机，拍过不少唯美的照片。他利用自己的这一特长，开设了摄影课。刚开始开设这门课程的时候，对学生的评价他采用的是结果性评价，即学期结束时每个学生上交一至二张本学期的摄影作品，教师对学生的摄影作品做出评价。一学期结束后，学生上交了摄影作品。但有件事让他感到非常困惑：班里有一个学生平时学得非常认真，另一个学生没认真学过，但最后的摄影作品却是那个没认真学的学生的好，用单一的结果性评价方式对二人进行评价，反而是没认真学的学生得到了更好的评价。罗老师意识到这样的评价方式对认真学习的学生不公平，其学习态度、学习过程都没有得到应有的肯定。是什么原因造成了这样的结果？为此，罗老师反复思考，最终认识到问题出在两个学生的基础不同和单一的评价方式上。两个学生的摄影基础不一样，认真学的学生基础较差，没认真学的学生基础较好，一学期只有16节摄影课，在有限的课时里，基础差的学生想赶超基础好的学生何其难？何况摄影就是要靠多实践、多体悟、多积累。罗老师认识到，要想对学生的学习态度、学习过程、学习结果等有更公平的评价，就必须改变评价方式。于是再次开课的时候，罗老师在第一节课就要求学生每人先交一张摄影作品，经过一段时间的学习后要求每人再交一张摄影作品，一学期下来每个学生需要交四五张摄影作品。学期末评价的时候既看学生绝对的水平高度，又看其相对的发展度，即通过横向对比（学生之间的对比）和纵向对比（学生自己不同阶段的对比）的方式，对学生进行综合评价。这样的评价方式解决了罗老师在教学中遇到的评价不公平的问题。后来全国掀起了新课程改革大潮，有一次罗老师去参加培训，听完教授讲如何用成长记录袋对学生进行发展性评价后，说道："这不就是我在开设校本课程'摄影'时用到的评价方法吗？原来我早就尝试过成长记录袋评价法了。"

多元评价模式在校本课程开发的过程中起到了至关重要的作用,它不仅推动了教师的专业化发展,而且极大地提高了学生学习的积极性,从而最大限度地促进了校本课程的发展。

10. 一定要关注课程内容安排和所需支持条件

课程内容安排的逻辑顺序、所需支持条件和上文已经分析过的课程目标、评价方式一起,构成了《课程纲要》撰写的四大重要内容。下面,我们来看在《课程纲要》撰写过程中,我校对内容安排的逻辑顺序及所需支持条件方面的探究。

没有开设校本课程之前,我校教师普遍没有课程意识。教什么内容、按照什么顺序来教、哪部分内容花多长时间来教,这些我们是不会考虑的,我们只需要按照教材内在的知识逻辑顺序来上课即可。当我们要独立开发一门课程的时候,我们就必须考虑,在有限的课时中,我们需要安排哪些教学内容?教学内容的安排要根据学生的知识基础、能力背景、学习需求及这门课程的目标等进行精心筛选。精心筛选出的教学内容通过什么样的顺序来编组也是我们需要重点考虑的问题。我们在设置课程内容的时候,主要采用逻辑结构和心理结构相结合的方式进行。逻辑结构指根据学科本身的系统和内在的联系来组织课程内容,强调学科本身的逻辑顺序。心理结构指按照学生心理发展特点来组织课程内容,强调依据学生认知规律、兴趣、需要和能力安排课程内容。事实上,每门学科各部分内容之间都有其内在的逻辑关系,某一部分内容总是既以另一部分内容为基础,又作为其他部分内容之基础。只有把握其逻辑关系,才能对这一领域有系统的了解。同时,课程内容是为学生服务的,如果不符合他们的心理发展特点,那么再科学的内容于学生也是无效的。因此,我们采取逻辑结构和心理结构相结合的方式来安排课程内容。

如薛老师垂钓技巧与实践课的内容安排:先是鱼竿的选择,然后是现场打窝,接着是各种钓法,最后是鱼拓片的制作。课程内容是按照技能形成的顺序和学生学习技能的认知心理安排的。又如,罗老师摄影课的内容安排:风景照、人物照、暗室技术。当时用的是胶卷相机,所以拍照后还涉及冲洗问题。在学习了拍照技能后安排暗室技术,就能使学生掌握一套完整的从拍摄到冲洗的知识技能。再如,柴老师开设的新闻采访与写作课的内容安排:从新闻史到新闻的价值到新闻的采写,是按照由宏观知识到技能应用的顺序设计的,这符合学生的学习心理,而且其课程的时间安排重点放在了新闻采写实践上。在思考如何进行课程内容选择、如何进行逻辑顺序安排、如何进行时间安排的过程中,教师们的课程意识也提高了。

在《课程纲要》中,教师还要说明所需支持条件,即说明开设这门课程需要学校提供什么样的技术或物质保障。这也是非常重要的一点。比如,演讲与辩论课,在普通教室上课的效果就没有在专用的演讲厅、辩论厅或是报告厅好。开设演讲与辩论课的杨老师在所需支持条件里写道:(1)希望能在报告厅上课,需要提供基本的灯光、音响等设施;(2)提供摄像设备。我们在课程审核的时候都觉得很奇怪,演讲与辩论课为什么需要摄像设备,这又不是电视制作与采访课。杨老师解释说,他希望把同学们演讲的过程拍摄下来,以帮助学生对照视频找出自己演讲的优缺点。听完杨老师的解释,我们觉得这样的条件提得非常有道理,能使教学达到事半功倍的效果。刚开始,一些教师并没有关注"所需支持条件"这一项,没有填写或忘记填写某一项所需支持条件,在教学中造成了不小的麻烦。如开设插花艺术课的于老师,每次上课都要准备各类花,但每一类花要的数量又不多,去批发市场买,由于量少卖家都不愿意开发票,没有发票老师只能自己出钱,随着课时的增多,买花的花销也在增多,真是为难;写意花鸟课,也涉及绘画用的宣纸、丹青的购买。于是,我们要求教师一定要在"所需支持条件"中写清楚需要学校提供的物品,并填写申购单,由学校统一采购,教师上课之前过来领取就可以了。教师们后来感叹说,"所需支持条件"千万不能忘记,否则就麻烦了。

三、校本课程开得怎样

1. 校本课程全国现场会

1997年,全国高中工作会议在江苏召开,会议结束后,与会人员来我校参观,其中包括全国各高中学校的校长,借此机会我们把校本课程的概念推介了出去,而且产生了较大影响。

从校本课程走向学校课程　锡山高中课程探索之路

1999年10月26日至27日，为贯彻实施《中共中央国务院关于深化教育改革全面推进素质教育的决定（中发〔1999〕9号）》，教育部基础教育司在我校召开了普通高中教学课程改革研讨会，全面推介了我校校本课程的探索实践和经验。会议期间，教育部基础教育司朱慕菊同志、教育部体育卫生与艺术教育司杨贵仁同志率领全国基础教育教学研究机构、各高中代表到我校实地考察校本课程开发流程与规范。我校校本课程开发在全国产生了很大的影响。

教育部于2000年颁布的《全日制普通高级中学课程计划（试验修订稿）》中第一次明确提出了三级课程概念，规定各中学要开设我校早已实施的校本课程。

普通高中课程实行国家、地方和学校三级管理体制。

教育部规定普通高中教育的培养目标、课程设置及课时安排，颁布各学科教学大纲（或课程标准）和《普通高中研究性学习指南》。

省级教育行政部门应按照本课程计划的精神，结合实际情况，制订本省（自治区、直辖市）的课程计划，并报教育部基础教育司备案。各级教育主管部门应结合当地经济、社会、文化教育发展实际，积极创造条件，努力开发、完善地方课程，并对综合实践活动和由学校安排的选修课的开发与实施给予全面的指导。

学校应根据教育部和本省（自治区、直辖市）课程方案的有关规定，从实际出发，认真实施国家规定的必修课和选修课以及地方课程，积极开发综合实践活动资源以及由学校安排的选修课资源，办出学校特色。学校对课程的具体安排需上一级教育行政部门批准后实施。

至此，校本课程概念开始普遍被提及，但人们对此了解并不多，得知校本课程是我校最先开发的，前来参观学习的人越来越多。2000年恰是高考改革年，第一次实行综合考试，很多学校还不知道综合考试是怎么回事，而那一年我校高考成绩特别好。因此我校的校本课程成了教育界关注的焦点。

在全国高中还不知道校本课程是什么的时候，我校已经开发了校本课程；在全国高中还不知道"综合"是什么的时候，我校在高考中"小综合"的成绩特别好。基于这两点原因，我校参观来访者络绎不绝。《中国教育报》《江苏教育报》《新华日报》等多家媒体前来采访报道。《中国教育报》记者也在我校进行了为期一周的采访,写出了专题报道《个性在校本课程中发展——江苏省锡山高级中学开发校本课程纪实》。

2. 被誉为"大陆校本课程的发源地"

1996—2000年期间,我校开发了满足学生需求的校本课程,促进了学生的个性发展,提高了教师的课程意识与专业能力,打造了鲜明的学校特色。我校形成的校本课程开发的基本流程、操作规范、管理举措等,受到教育界的广泛关注。我校被誉为"大陆校本课程的发源地"。

我校之所以被誉为"大陆校本课程的发源地"主要基于以下几点原因。首先,崔允漷等课程专家参加国家课程改革小组之后,校本课程概念才从西方引入中国,而他们在参加课程改革小组之前,就已在我校系统推进校本课程;其次,当各所学校开发的课程还停留在活动课或选修课层面时,我校已经形成了完整的校本课程体系,并总结出了可供借鉴的开发流程、管理经验等;最后,我们的实践经验作为教育部重大课题"学校课程管理指南"研究成果的实践依据,对完善基础教育三级课程管理体系发挥了积极作用。我们对照原国家教育委员会于1996年颁布的《全日制普通高级中学课程计划(试验)》和教育部于2000年颁布的《全日制普通高级中学课程计划(试验修订稿)》,可以发现,2000年颁布的课程计划首次明确提出了三级课程概念,规定学校要开设校本课程,而这样的国家政策就是在吸纳我校于1999年至2000年间的校本课程开发理论与实践研究成果的基础上形成的。2001年,我们的实践经验又被写入《基础教育课程改革纲要(试行)》。其在"课程管理"部分又一次明确提出了三级课程概念。

为保障和促进课程对不同地区、学校、学生的要求,实行国家、地方和学校三级课程管理。

教育部总体规划基础教育课程,制订基础教育课程管理政策,确定国家课程门类和课时。制订国家课程标准,积极试行新的课程评价制度。

省级教育行政部门依据国家课程管理政策和本地实际情况,制订本省(自治区、直辖市)实施国家课程的计划,规划地方课程,报教育部备案并组织实施。经教育部批准,省级教育行政部门可单独制订本省(自治区、直辖市)范围内使用的课程计划和课程标准。

从校本课程走向学校课程 锡山高中课程探索之路

学校在执行国家课程和地方课程的同时，应视当地社会、经济发展的具体情况，结合本校的传统和优势、学生的兴趣和需要，开发或选用适合本校的课程。各级教育行政部门要对课程的实施和开发进行指导和监督，学校有权力和责任反映在实施国家课程和地方课程中所遇到的问题。

2001年8月，钟启泉、崔允漷、张华等课程专家编写了《为了中华民族的复兴 为了每位学生的发展——〈基础教育课程改革纲要（试行）〉解读》一书，及时地解读了《基础教育课程改革纲要（试行）》。本书的第六部分"课程管理与课程资源"之"学校一级的课程管理"一节，就是在我校校本课程开发实践的基础上总结出来的。作者在本节的注中写道："参与本文讨论和修改的有胡惠闵、唐江澎、朱士雄、陈志光、顾万春、夏惠贤、陈建华、沈兰、林一钢等人。"如书中"校本课程开发的程序"中的"组织与实施"部分："组织与实施是学校为实现校本课程目标开展的一系列活动。根据校本课程的总体目标与课程结构，制订《校本课程开发指南》，对教师进行培训，让教师自主申报课程。学校课程审议委员会根据校本课程的总体目标与教师的课程开发能力，对教师申报的课程进行审议。审议通过后，编入《学生选修课程目录与课程介绍》。学生根据自己的志愿选课，选课人数达到一定的数量后，才准许开课。在此基础上，学校形成一份完整的《校本课程开发方案》；教师在课程实施之前或过程中，撰写自己承担的课程的《课程纲要》（教师用的材料）。"这其中的每一句话都是在我校校本课程开发实践的基础上总结出来的，这就是说我校的校本课程实践为国家提供了政策依据，这个规范程序就是在我校的基础上形成的。校本课程开发的源头在我校，我校建立了基本的开发程序、开发模式，使三级课程落到了实处，后来各学校都是照我校的模式开发校本课程的。而且，最初一些教育专家在著作中每每谈到校本课程实践，都会以我校为例子。比如，吴刚平教授在《校本课程开发》、崔允漷教授在《校本课程开发：理论与实践》中，谈及校本课程时，都以我校为例，并从我校编写的《校本课程开发研究与实验报告（部分）》这本关于我校校本课程开发的资料汇编中引用材料。我国学者在国际会议上进行交流，向芬兰介绍课程建设经验时，也以我们学校的校本课程开发为例。《台湾"教育部"委托研究计划》将大陆普通高中课程计划、上海市课改经验、我校课程方案称为"大陆经验",并以此确认我校为"大陆校本课程的发源地。"

我校从刚开始对校本课程完全陌生,到有序、科学地开发,再到被誉为"大陆校本课程的发源地",得益于教育理论者和实践者的密切合作。如果没有华东师范大学施良方教授、崔允漷教授的教育学理论支撑和具体指导,或许我们的选修课、活动课还处于混乱、无序的状态,我们也不会去思考课程权力、三级课程体系这样的问题,甚至仍然搞不清什么叫课程、什么叫课。如果没有朱士雄校长的坚持和许多教师的创造性参与,"校本课程"这一崭新的概念,也不会在我们这样一所地处边陲小镇的农村中学里开出美丽的花朵,结出丰硕的果实。与教育专家合作,是我校课程体系改革、发展的法宝。

3. 高考引发的风波

我校系统开设校本课程后的第一年高考是在2000年,这一年我校高考成绩特别好,这一年江苏省高考第一次实行"3+小综合"模式,这一年江苏省的文科第一名便出自我校,同时江苏省高考文科综合成绩高分段考生中我校学生占了十三分之一,我校理科综合考试平均成绩也为全省最高。这在全省引起了轰动,来我校参观学习的人络绎不绝,大家都认为我校高考成绩突出得益于校本课程的开发。

事实上,当时,我校与国家教育部考试中心合作研究了课题"高考命题与中学教学关系研究",在其他学校还不知道综合考试是怎么回事的时候,考试中心的专家已经到我校为我校教师指导命题实践了,我们已经明白了综合考试是怎么回事,因此,我校的高考成绩才特别好。但其他人并不知道这个原因,所以他们都将我校高考成绩的辉煌归因于校本课程的开发。在种种原因与背景之下,大家就有了一个错误的结论:我校因大力开发校本课程促进了教育质量的全面提高,从而提高了高考成绩。

当时,各级媒体的记者纷纷前来采访报道。记者在我校采访时,翻看选修校本课程的学生名单,发现总有考上清华大学或北京大学的学生。记者便查看了选修篮球课的学生的高考情况——成绩不错;又查看了选修足球课的学生的高考情况——成绩也不错。看到垂钓技巧与实践课,记者觉得这门课程更是与高考无关,于是就询问选修垂钓技巧与实践课的学生高考成绩如何,选修垂钓技巧与实践课的学生也都考得不错。记者觉得很诧异,选修垂钓技巧与实践课居然也能提高学习成绩?于是对选修该课的一名女生进行了采访。记者问:"你认为,学钓鱼对你的学习有哪些影响?"该学生回答:"对我学习有很大帮助,我以前学习不专心,学了钓鱼后,专注度提高了,学习效率也提高了。"

也许学生说的是真话,但她是极个别的案例。假如我们对校本课程都做出这样的解释,隐约证明校本课程的价值与功能都指向高考的话,其实是错误的归因。高考仅仅是纸笔测验,只能测出学生的知识掌握程度、掌握广度等,而学生的探究、实践、动手能力及情感态度价值观等,根本没办法通过纸笔测验体现出来。所以,校本课程也可以说高考无关。

但在这样的宣传中,我们在总结经验时,难免失去了开发校本课程原有的那分理智,其他教育者难免不把我校高考的成功归因于校本课程的开发。但当时我们也预感到这样证明课程价值的风险:一旦把高考成功归因于校本课程的开发,如果哪天高考失利了,是不是也会归咎于校本课程的开发呢?

4. 校本课程遭遇质疑

我校校本课程门类丰富,在学校整体课程体系中占的比例比较大,在不断的宣传中,我们也开始认为,校本课程似乎确实与高考有关,校本课程的开展促使我校高考获得大丰收,我们渐渐忘记了出发的原点。对校本课程的功能、价值的认识似乎不那么理性了。

2003年高考时,我们考得很不好,从高考数据中我们找不到任何宣传亮点。

这使学校面临着巨大的压力,也在江苏省教育界引起了极大的反响,大家都认为是校本课程使得我校高考没考好。有领导也讲:"人家在做题,他们玩钓鱼,怎么能考过人家呢?"而校内也有一种声音把责任推在校本课程身上——其他学校学生整天都忙着上课、应考,而我们却在开设这些"乱七八糟"的课,学生的考试成绩能不受影响吗?当时,一些中学的主科课时都已经达到每周 7～8 节了，而我校每周也只安排 5 节课而已，物理、化学学科到高三每周只安排了 3 节课。各种舆论使得学校做出了一个决定——停开校本课程。从 2003 年秋天开始，校本课程在我校的课程序列中消失了，我们全盘否定了校本课程，开始专心应对高考。校本课程的消失一直持续到 2005 年。

也许，只有经历了这样的挫折，我们才会加深对校本课程的价值的认识。从最初的与高考无关，到后来的有益于高考，再到不利于高考，我们仍然不能清晰地判断校本课程的价值，困惑、挫败感像乌云一样笼罩在我们周围。

附录1

高中开设选修课和活动课调查问卷（部分）及问卷分析

高中开设选修课和活动课教师问卷

年龄_____   性别_____   学历_____

所教的选修课或活动课_____

各位教师：

您好！为了对我们已做的或正在做的校本课程开发工作进行总结，同时为了给我们今后的工作指明方向，我们设计了本问卷。本问卷采用不记名的方式，因此请您如实地表达自己的想法，以使我们的结论更加合理、客观，更加符合实际。

谢谢您的合作！

课题组全体成员

1. 关于下列课程目标：

A. 政治信念　B. 社会公德　C. 合作精神　D. 自信心　E. 自主与创新精神　F. 积极的人生态度　G. 收集、利用信息的能力　H. 基础知识与技能　I. 运用知识分析、解决问题的能力　J. 动手能力　K. 健康　L. 对美的体验与表现　M. 劳动态度与习惯

（1）您认为在本校学生身上实现得较好的目标是（　　　）。

（2）您认为在本校学生身上实现得较差的目标是（　　　）。

（3）您认为在您所开设的这门选修课（或活动课）上体现较好的目标是（　　　）。

（4）您认为今后应该特别强调的目标是（　　　）。

（均为多项选择）

2. 您认为选修课（或活动课）是否起到了必修课难以起到的作用？这些作用主要表现在哪些方面？

_____

3. 您所任教的选修课（或活动课）的课程目标是什么？（写2～5个目标）

_____

4. 关于您所任教的选修课（或活动课）的教学：

（1）您是从哪些地方得到本课程的教学材料的？（　　　）

　A. 学校图书馆　　　B. 自编　　　C. 购买　　　D. 其他

（2）您是按照什么顺序把这些材料组织起来的？（　　　）

　A. 按学生的兴趣　　　B. 按知识点

　C. 按自己的想法　　　D. 其他

5. 您是采取什么方式考核这门选修课（或活动课）的学习结果的？

_____

6. 您在开设选修课（或活动课）时，遇到的主要困难有（　　　）。

　A. 课时少

　B. 课程目标不清楚

　C. 缺少适用的教材，自己又难以编写教材

　D. 不知道如何评价教学结果

　E. 学生不愿意学

　F. 缺少场地、仪器等硬件设施

7. 您认为开设选修课（或活动课）有没有增加学生的负担？（　　　）

　A. 有　　　B. 没有　　　C. 不知道

8. 您认为开设选修课（或活动课）对学生的高考（　　　）。

　A. 有积极影响　　　B. 无影响　　　C. 有消极影响

9. 我校已经开设了下面这些选修课（或活动课）：

　男排　女排　男足　男篮　女篮　乒乓球　武术　围棋　语文阅读　数学分层选修　物理分层选修　化学分层选修　学法指导　心理讲座　科技音像理化实验录像

　根据您的了解与体会，您认为：

　（1）需要增设的课程有_____

　（2）可以删减的课程有_____

　（3）可以合并的课程有_____

10. 您认为我校已经开设的选修课（或活动课）从总体上说（　　　）。

　A. 有很好的效果　　　B. 有较好的效果　　　C. 没有效果

11. 假如您是任教选修课（或活动课）的老师，请根据您的体会回答下面几个问题。

（1）选修课（或活动课）的内容与学生的生活经验接近程度（　　）。

A. 很接近　　B. 接近　　C. 一般　　D. 相差较远　　E. 相差很远

（2）您上课的方式与必修课有区别吗？（　　）

A. 有　　　　B. 没有　　　　C. 没考虑过

假如您选择A，请您具体说明二者的区别。

_____

_____

（3）您认为选修课（或活动课）能解决什么问题？

_____

12. 您认为锡山高中的学生的独特品质是什么？

_____

13. 您认为锡山高中若要更好地适应本地经济、文化建设的需要，为本地的发展做贡献，需要做哪些方面的努力？

_____

调查问卷分析

1. 教师心目中的课程目标

教师对课程、教学目标的理解，尤其是对学校教育目标实现程度的认识，直接影响学校开设选修课与活动课的质量。为此，我们设计了调查问卷，请教师对所列课程目标（大多为国家教育政策文件中规定学校应当实现的或学校应该重点培养的目标）进行评论。结果列表如下。

教师认为实现得较好的目标

目标类别	基础知识与技能	健康	合作精神	收集、利用信息的能力	劳动态度与习惯	社会公德
比例（%）	48	41	30	22	22	22

教师认为实现得较差的目标

目标类别	自主与创新精神	对美的体验与表现	合作精神	劳动态度与习惯	运用知识分析、解决问题的能力
比例（%）	33	22	19	19	15

教师认为今后应该特别强调的目标

目标类别	自主与创新精神	对美的体验与表现	合作精神	运用知识分析、解决问题的能力	劳动态度与习惯
比例（％）	44	33	22	22	19

据此可知，教师对我校课程目标的达成程度是有共识的。如44%的教师认为对学生"自主与创新精神"的培养有待加强。

2. 教师对选修课（或活动课）作用的期望

教师对选修课（或活动课）作用的理解，体现着教师对所教课程之教育潜能的定位，直接影响着教师对课程内容的选择、组织和评价。我们在调查问卷中设计了问题2，以了解教师对自己所执教的选修课（或活动课）的作用是否有清晰的认识。调查显示，大部分教师对自己所执教的选修课（或活动课）的作用有独到的见解，归结起来，大致如下：

是必修课的补充和扩展，可激发学生的潜能，培养学生的兴趣、能力、特长。

能根据不同学生的不同基础因材施教，使学生在某一方面获得提高。

能培养学生的自主与创新精神。

能使学生学会一二种基本技能，增强学生的专修意识。

能拓宽学生的知识面，增强学生的适应能力和生存能力。

能培养学生的艺术素质和鉴赏能力，提高学生的整体素养，使学生获得全面发展。

能激发部分必修课成绩不好的学生的自信心。

由此可以看出，教师对选修课（或活动课）作用的认识是比较清晰的，且与前面提到的课程目标比较一致。

3. 学生需求评估

为调查学生的兴趣与需求，我们列举了12项知识—体验领域，要求学生（高二和高三的学生）就哪些是自己最欠缺的或最需要学校提供帮助的领域做出选择，允许多项选择。统计结果如下：

学生选择比例最高的前6项（多项选择，单位：%）

项目 年级	与人交往和相处的能力	学习方法	承受挫折的心理素质	从事专门职业所需要的知识与技能	自然科学和新技术	关于社会的过去、现在和未来
高二	58.8	38.2	43.1	43.1	34.3	35.3
高三	54.3	46.6	45.5	36.4	35.2	25.0
总体	56.3	42.1	44.2	40.0	35.3	30.5

根据统计结果不难看出，高中学生在对知识—体验领域的需要方面，有相当的统一性。"与人交往和相处的能力""学习方法""承受挫折的心理素质""从事专门职业所需要的知识与技能"4项都为两个年级需求的前4名，虽然高二、高三学生在"关于社会的过去、现在和未来"上略有分歧，但总体上是比较统一的。

4.现有校本课程分析

目前，我校已经开设的校本课程有以下这些。

高中活动类课程

艺术类：铜管乐演奏 竖笛 民乐演奏 声乐合唱 摄影技术 实用美术 国画

体育类：男排 女排 足球 男篮 女篮 乒乓球 武术

技能类：英语语音 物理实验 化学实验 机械识图 计算机 英语视听阅读

学科类：数学竞赛辅导 物理竞赛辅导 化学竞赛辅导 英语阅读竞赛辅导

高中选修类课程

体育类：男排 女排 男足 男篮 女篮 乒乓球 武术 围棋

学科类：语文阅读 英语听说 数学分层选修 物理分层选修 化学分层选修

微型课程：科技音像 理化实验录像 法律常识 学法指导 心理讲座

参照教师对本校应该加强的课程目标（自主与创新精神，对美的体验与表现，合作精神，运用知识分析、解决问题的能力，劳动态度与习惯），以及教师对本校选修课和活动课作用的认识，可以看出本校已经开设的选修课和活动课与教师们的期望尚无太大距离，如果实施得当，基本能实现教师的期望。

与学生的需求相比，就学校现已开设的选修课和活动课来看，与"与人交往和相处的能力"有直接关系的课程有所欠缺，有点关系的是心理讲座课；培养"学习方法"方面的课程开设有学法指导课；在"自然科学和新技术"领域，开设科目较多，如数、理、化分层选修课和理化实验录像课，以及科技音像课。

我校在培养学生"与人交往和相处的能力""学习方法""承受挫折的心理素质"方面做出了一定努力，虽然不太系统，但经常会组织一些交流活动，力图促进学生之间的交往，并使之在交往中共同进步。针对"学习方法"和"承受挫折的心理素质"两方面，除有相应的讲座外，任课教师、班主任也会在自己的课堂上进行一些指导或培养。不过"学习方法"的教育缺少针对性，实效不大；"承受挫折的心理素质"的教育则针对性太强，基本上只围绕考试时的心理素质问题进行训练，其他方面涉及不多。

我校为学生开设选修课和活动课旨在促进学生全面发展，即促使学生在运动技能与健康、艺术素养与技能、实用技艺等方面有所发展，使学有余力又有兴趣的学生有更多的学习机会。

从访谈中得知，大多数开设选修课或活动课的教师，对选修课或活动课有一定的认识，但部分教师对其意义的认识还不够深刻，甚至认为开设选修课或活动课是在浪费时间。学生对这些课程的意义的认识也有偏差，大部分学生参加选修课或活动课，主要是为了放松，由于高考的压力，往往是高三学生的积极性不如高二学生高，高二学生的积极性不如高一学生。

附录2

江苏省锡山高级中学校本课程开发指南
（1997年）

一、校本课程开发的意义

1. 校本课程是学校课程中不可或缺的一部分

国家基础教育课程体系是由国家课程、地方课程和校本课程三大部分组成的。可见，校本课程开发本来就是学校教育中的一项任务，它是全面贯彻党的教育方针，严格执行国家课程计划的重要措施。

2. 校本课程开发能够更好地体现学校的办学特色

校本课程开发的前提条件之一就是学校必须具有明确的教育哲学，即学校培养目标或办学宗旨。学校的培养目标是通过国家课程、地方课程与校本课程来实现的，但国家课程和地方课程的制订主要考虑"一般"的学校，都不同程度地追求共同、统一，以确保年轻一代共同的素质，难以照顾不同学校的差异，而校本课程是以学校为本位，由学校自己确定的课程，它更适合本校学生，因此校本课程能应对不同地区、不同学校客观存在的差异，能促进学校的发展，提高办学效能。

3. 校本课程开发能够更好地满足学生的兴趣与需要

学校的办学特色是针对学校的差异而言的，其实还有更具体的学生的差异。国家课程主要是为培养特定年龄段儿童的共同素质而设计的，无法照顾具体学校的学生的差异，但这种差异又是客观存在的，学校教育必须面对这种差异，这一责任客观上需要校本课程来承担。

4. 校本课程开发是促进教师专业发展的一条重要途径

校本课程开发需要教师具备一定的专业知识与技能，需要教师不仅会"教"书，还会"编"书，也就是说，需要教师具有课程开发的能力。对教师而言，这既是一种挑战，又是一种机遇。校本课程开发要求学校成为吸引教师的工作场所，要求学校形成支持、激励和合作的氛围。这些条件的创设也是提高教师素质，特别是提高教师研究能力、创新能力的一个有效途径。在传统教学中，教师讲授的主要是别人编写的教科书，其能动性很难体现出来，专业能力发展受到极大限制。校本课程开发可使教师有机会全面了解课程编制的过程，把握课程的纵向与横向结构，使教师更加深刻地理解国家教育方针和学校办学宗旨，同时为教师提供了发挥自己教育智慧的空间。

二、校本课程设置的依据

1. 国家或地方教育主管部门的指导性文件

国家教育委员会基础教育司颁布的《全日制普通高级中学课程计划（试验）》和江苏省教育委员会颁布的《普通高级中学的课程计划（1999—2000学年）》是我们目前开设校本课程的主要依据。《全日制普通高级中学课程计划（试验）》中规定：

普通高中课程由学科类课程和活动类课程组成。

普通高中学科类课程分为必修、限定选修和任意选修三种方式。

……

限定选修学科是学生在学习必修学科的基础上，侧重接受升学预备教育或接受就业预备教育所必需进一步学习的课程，设有语文、数学、外语、物理、化学、生物、历史、地理、劳动技术等学科。学生可根据自己的志向、爱好和需要，在教师的指导下选择修习。

任意选修学科是为发展学生兴趣爱好、拓宽和加深知识、培养特长、提高某方面能力而设置的。学生可根据个人的兴趣和志向，在教师的指导下，从学校可能提供的任意选修学科科目中自主选择修习。

活动类课程包括校会、班会，社会实践，体育锻炼，科技、艺术等活动。校会班会、社会实践和体育锻炼是全体学生必须参加的活动课程，科技、艺术等活动是学生自愿选择参加的活动课程。

社会实践活动可集中安排，其他活动宜分散安排。

同时，还规定：

学校应根据国家教育委员会和本省（自治区、直辖市）课程计划的有关规定，从实际出发，对必修学科和限选学科做出具体安排，合理设置本学校的任选课和活动课，并报上级教育行政部门批准。

因此，从目前来看，我国的校本课程主要集中在国家课程计划中的任选课和活动课上。学校要制订《校本课程方案》离不开国家和地方的课程计划。

2. 学校的教育哲学或办学宗旨

任何一所学校都有一种教育哲学在支配着，只不过有的已经概念化，且被明确地表达出来了；有的已经被意识到，但还没有明朗化；有的可能还没有被意识到。校本课程开发的前提条件之一就是需要有明确的学校教育哲学，通常用培养目标或办学宗旨等来表示。我校的办学宗旨早已提出，即培养站直了的现代中国人。但是，我们感觉其过于抽象，不够明朗。经过对全体教师的调查发现，大家基本上达成共识，"站直了的现代中国人"可以具体化为下列这些品质：民族性、现代化、健康、自信心、创新、坚毅。

3. 对学生课程需求的评估

校本课程的设置必须充分考虑学生的需求、兴趣，这是校本课程开发的重要依据。因此，进行校本课程开发首先必须对学生的课程需求进行评估。为此，我们设计了6套问卷，采用其中的2套对学生进行调查，并形成了一份调研报告（发表在《课程·教材·教法》1999年第2期）。调查结果显示，高中学生对课程的需求具有一致性，主要集中在这样几个方面（按需求程度排列）：与人交往和相处的能力、承受挫折的心理素质、学习方法。

4. 对社区、学校课程资源的评估

校本课程的设置还必须基于社区和学校的现有课程资源，这是校本课程开发的保障。没有这些保障，再好的课程也只能是一种设想。要进行校本课程开发就必须对社区的公共教育资源、人力资源，学校的师资、经费、器材、场地等进行合理的分析与评估。我校地处郊区农村，学校就是社区的最高学府，社区的课程资源不是很理想，因此，校本课程开发主要基于学校自身的课程资源的合理、充分利用。

三、校本课程的总体目标

综合上述研究，经与校外专家集体讨论、审议，我校校本课程的总体目标制订如下：

（1）学会交往，在合作中学习。

（2）培养自信心、自我认同感和坚毅的品质。

（3）学会探究，至少学习一门综合或探索性课程。

（4）掌握一项健身技能和一项闲暇技能。

（5）具有现代中国人的意识。

四、校本课程开发的原则

我校开发校本课程主要依据下列原则。

1. 方向性。校本课程开发的基本原则是必须符合校本课程的总体目标，以学生发展为本。

2. 综合化。要特别重视学科知识或跨学科知识的综合，提高校本课程的学术性，弥补国家课程以分科为主带来的不足。

3. 探索性。校本课程侧重的是学生学习方式的改变，强调学习的自主性、探索性和实践性，如课题研究、社会调查、社会服务、志愿者活动等。

4. 校本化。考虑到学校所处的地理位置与农村学生的特点，校本课程会优先考虑人文素养教育、英语与计算机教育、现代化农业教育等。

5. 参与性。参与是校本课程开发的一个重要因素，因此需要学校中的每位教师和学生都参与其中，让每位教师参与开发，让每位学生参与学习。

五、校本课程的总体结构

根据江苏省教育委员会颁布的《普通高级中学的课程计划（1999—2000学年）》的规定与要求，结合本校的实际情况，我们制定了我校高中阶段三年的课程计划（如下所示）。

江苏省锡山高级中学（高中）课程计划（简图）

			高一	高二	高三
国家、地方本位课程		必修课	32	34	34
校本课程	限选课	阅读技能	1	1	任选课
		英语会话	1	1	
		心理辅导	0.5	任选课	
		研究性学习方法	0.5		
	任选课	人文素养类	任选课	任选课	任选课
		科学素养类			
		身心健康类			
		生活职业技能类			
周课时总量			40	40	40

说明：

1. 每周按5天安排教学，周活动量为40课时，每课时40分钟。

2. 劳动技术教育采用分散或渗透的方式进行，主要体现在校本课程上。

3. 每位高中毕业生所学的校本课程的最低总学分为35学分。其中，限选课为10学分，任选课为25学分。任选课学分中人文素养类为7学分；科学素养类为9学分；身心健康类为6学分；生活职业技能类为3学分。

附录3

江苏省锡山高级中学校本课程示例

（任意选修类，1999年8月）

类别	课程示例	学分	总课时	拟开设时间					
				一上	一下	二上	二下	三上	三下
科学素养类（应修够9学分）	数学竞赛辅导	4	64	√	√	√	√		
	物理竞赛辅导	4	64	√	√	√	√		
	化学竞赛辅导	4	64	√	√	√	√		
	生物竞赛辅导	2	32			√	√		
	物理实验	2	32	√	√	√			
	化学实验	2	32	√	√	√			
	计算机技术	2	32	√	√	√			
	科学技术史	1	16		√	√			
	创造技术	1	16		√	√			
	生命科学	1	16			√	√		
	人口资源环境	0.5	8	√	√				
	生物实验	0.5	8			√	√	√	
	国防科技	0.5	8		√				
	现代农业	0.5	8	√	√	√			
	数学思想方法	2	32	√	√	√			
	应用物理	1	16	√	√	√	√		
其余类（略）									

说明：拟开设时间中的"一上""一下"，分别指高一上学期、高一下学期，二上、二下、三上、三下同。

附录4

江苏省锡山高级中学校本课程申报表

申报教师		专业				职称		
毕业学校						教龄		
有何特长								
申报课程的类别	课程名称	学分	总课时	拟开设时间				开课地点
				一上	一下	二上	二下	三上
课程说明								

说明:拟开设时间中的"一上""一下"分别指高一上学期、高一下学期,二上、二下、三上同。

《申报表》填写的重点是撰写课程说明,若同时申报两门课程,应分别撰写。课程说明应实事求是、简明扼要地介绍课程的内容及组织形式,回答该课程针对什么人群开设等基本情况,以200~300字为宜。

撰写课程说明应注意以下要点:准确把握学生实际,针对课程特点说明基本要求;介绍课程目标、内容及课程价值、意义;根据需要,适当介绍开课教师的背景;语言力求简明,突出主要信息;语言风格可以多样,但要具有一定的吸引力、感召力。

"课程说明"示例如下:

青少年心理健康辅导课程

主讲教师:谢鸿瑾

有这样一个故事:一头毛驴站在两捆草中间,不知该吃哪一捆,最后饿死了。我们的生活是由一系列的机会和选择组成的,关键是如何把握机会,怎样进行选择,但当我们身处某种情景时,机会或选择却不止一个,我们天天面临着许多选择。于是,我们常感到迷惘、困惑,甚至感到手足无措。面对内心世界中种种的冲突,我们该怎么办呢?

很多时候我们在问自己："我究竟是个什么样的人？""我的个性是怎样的？""我如何才能处理好与周围人的关系？""为什么考试时我总是那么焦虑、紧张？其实我可以发挥得再好一些！"……面对种种疑问，青少年心理健康辅导课将会为你做出解答，与你携手走出花季、雨季的迷惘与困惑。

垂钓技巧与实践课程

主讲教师：薛耀东

自古以来，垂钓就是一项有益身心健康、深受人们喜爱的休闲活动。为了促进大家对垂钓活动的认识，促使大家提高垂钓技术，特开设这门课程。

为提高课程质量，我们将聘请江苏省著名垂钓大师朱家明先生来主讲流行的"台湾钓鱼技法"，并由薛耀东老师（劳技教研组组长）、顾慰曾老师（物理教研组组长）和顾海平老师（教学处副主任）做现场指导。

本课程教学以理论技术讲解和室外实践相结合的方式进行，实践训练的时间安排在每个星期天下午。

"重要的不是胜利，而是参与！"来吧，同学们，加入到这行列中来吧！

附录5

江苏省锡山高级中学校本课程纲要

申请开设校本课程的教师，必须按照规定的格式，编写一份简要的《课程纲要》，交于学校校本课程开发委员会初审。格式如下。

一、一般项目

课程名称、课程类型、教学材料、授课课时、主讲教师、授课对象。

二、具体内容

1. 课程目标陈述（写4～6个目标；目标必须全面，恰当，清晰；涉及目标的三个维度与学生的学习水平）。

2. 课程内容或活动安排（要求重点明确，按从易到难排序；涉及选择什么样的内容与怎样组织这些内容，或安排什么样的活动）。

3. 课程实施（含方法、组织形式、课时安排、场地、设备、班级规模等）。

4. 课程评价（主要是对学生学业成绩的评定，涉及评定方式、记分方式、成绩来源等）。

三、现有条件分析

1. 已有课程成品形式（是否有合适的教材和可选用的参考书等）。

2. 课程开发有什么困难？需要学校提供什么帮助？

开设校本课程的教师，还应撰写所开课程的详尽的《课程纲要》，具体撰写要求在"精品课程展示"中介绍。

简要《课程纲要》示例

"成功与心理学"课程纲要

一、一般项目

课程名称：成功与心理学　　　课程类型：身心健康类

教学材料：自编教材　　　　　授课课时：16课时

主讲教师：谢鸿瑾　　　　　　授课对象：高一学生

二、具体内容

1. 目标陈述

（1）理解心理学中的一些基本概念和理论。

（2）掌握了解人心理活动的一些方法、技巧和策略。

（3）把所学的知识运用到实际生活中。

（4）通过学习，保持一种持久愉快的情绪。

2. 内容安排

课序	周次	具体内容安排
1	第3周	活动课"请你认识我，请你记住我"
2	第4周	基本概念、原理的学习
3	第5周	国庆节放假
4	第6周	智能训练——记忆力训练课程（记忆力知识点的学习及个人记忆力评价问卷调查）
5	第7周	智能训练——记忆力训练课程（记忆方法、记忆技巧的训练及学习）
6	第8周	智能训练——思维能力训练课程（关于思维的知识点的学习，激发学生思考问题的兴趣）
7	第9周	智能训练——思维能力训练课程（培养学生的思考能力和洞察力，培养学生思维的灵活性和创造性，使学生掌握正确的思维方法，增强自信心）
8	第10周	智能训练——创造力训练课程（学习相关知识点，并接受相关心理测试）
9	第11周	智能训练——创造力训练课程（激发学生的创造动机，通过作业训练学生的创造能力）
10	第12周	认识自我与悦纳自我——自我意象（学习有关自我意象的知识，学习认识自我的途径）
11	第13周	认识自我与悦纳自我——我的外貌（正确看待自己的外貌）
12	第14周	认识自我与悦纳自我——我的能力（学习相关知识点，接受相关心理测试）
13	第15周	认识自我与悦纳自我——我的性格（学习相关知识点，接受相关心理测试）
14	第16周	认识自我与悦纳自我——我的情绪（学习相关知识点，接受相关心理测试）
15	第17周	认识自我与悦纳自我——我的理想与人生观（培养积极的人生态度与适当的自我理想）
16	第18周	元旦放假

3.课程实施

教学方法:认知法、操作法、集体讨论法、角色扮演法

班级规模:40人

课时安排:每周一节课

场地:高一(6)班

设备:投影仪

4.课程评价

评价方法:百分制——出勤占20%、心理测试占20%、期末考试成绩占60%。

三、现有条件分析

1.已有课程成品形式(已有教材和可用参考书)

参考书目

(1)郑雪,王玲,宇斌.中小学心理教育课程设计.广州:暨南大学出版社,1997.

(2)李丹.儿童发展心理学.上海:华东师范大学出版社,1987.

(3)郑召利.人际关系艺术.银川:宁夏人民出版社,1995.

(4)王建平.开启心灵的钥匙——中小学生心理健康教育指导百例.北京:首都师范大学出版社,1996.

(5)郭丽.心路展痕——大学生适应与发展心理个案解析.广州:华南理工大学出版社,1999.

(6)叶奕乾,何存道,梁宁建.普通心理学.上海:华东师范大学出版社,1991.

2.需要学校提供的帮助

(1)心理测试卷(如记忆力评估问卷)的复印(需人手一份)。

(2)购买参考书。

附录6

江苏省锡山高级中学校本课程评审表

课程类别：_____　　　课程名称：_____

授课对象：_____　　　申报人：_____

评审人：_____

项目 \ 等第	评估指标体系				得分
	A（1）	B（0.8）	C（0.6）	D（0.4）	
课程目标（30%）					
开发能力（30%）					
教学条件（20%）					
学生需求（20%）					
课程成熟程度	成熟，近期开设	基本成熟，中期开设	暂不成熟，准备充分后开设	不具备开课条件，不开设	
评估结论					
意见建议					

说明：校本课程开发委员会委员对照评估细则逐项打分，成熟度在相应栏内打"√"。总分为100分，如果课程目标得"A"，其最后得分就是100×1×30%；得"B"，其最后得分就是100×0.8×30%；得"C"，其最后得分就是100×0.6×30%；得"D"，其最后得分就是100×0.4×30%。余下项目依此类推，该课程的总得分为四项得分的总和。

年　　月　　日

江苏省锡山高级中学校本课程开发委员会

附录 7

高二年级校本课程任意选修类课程选课指导书

一、填报方法说明

为了认真实施教育部新课程计划，切实有效地推进素质教育，开阔同学们的视野，发展同学们的个性，本学期在高一学年的基础上开设校本课程。现就任意选修类课程志愿填报方法做如下说明。

1. 校本课程实行学分制，高二学生本学期必须在人文素养类、科学素养类和生活职业技能类校本课程中分别完成一门课程的修习，以取得相应的学分。身心健康类属于长周期跨学年选修课程，仍按高一选定的课程学习，获得相应学分。

2. 有的课程在一个学期内即可完成教学内容，若在高一时已修满该课程规定的课时并取得相应学分，本学期就不能再选修这门课程。例如，在上学期，你已完成生活职业技能类课程中的电视节目制作课程的修习，并取得了相应的学分，这学期就不能再选电视节目制作课。

3. 每位同学可以在人文素养类、科学素养类和生活职业技能类中，分别选择三门课作为第一、第二、第三志愿，第一、第二志愿必须填报，第三志愿可以不填。学校将根据大家的志愿申报情况和课程开设情况进行调剂，调剂将充分考虑你的个人志愿。

4. 在确定选修课程后，应按要求学习该门课程，不得擅自调换或中途弃学，否则将无法获得相应的学分。

5. 原高一数学、物理、化学、生物竞赛辅导班的同学，在科学素养类第一志愿内，必须继续填报高一所选择的竞赛辅导课程。

6. 本学期校本课程的安排初定在周一第 7 节课、周三第 8 节课及周四第 7 节课，请同学们提前做好统筹安排。

二、2001—2002 学年上学期高二年级任意选修类校本课程目录（部分）

类别	课程代码	课程名称	人数限额	学分	课时	任课教师
科学素养类	XRK301	数学学法指导与交流	54	1	16	戴静君　冯其鸣
	XRK303	化学竞赛辅导	40	4	64	薛青峰

(续表)

类别	课程代码	课程名称	人数限额	学分	课时	任课教师
科学素养类	XRK309	物理在生活中的应用		1	16	沈建清　张广宏
	XRK311	生物实验		1	16	石　燕　赵海龙
	XRK319	人口资源与环境		1	16	曹列文
人文素养类	XRW301	英语口语	30	1	16	戴安娜·芭芭拉
	XRW303	历史名人与性格		1	16	李兴群
	XRW304	军事史话		1	16	唐黎明
	XRW315	走遍五大洲		1	16	曹列文
	XRW317	中国古代儒道音乐美学思想研究		1	16	谢明刚
	XRW328	现当代小说鉴赏		1	16	朱晓芳
生活职业技能类	XRY301	网页制作	50	1	16	吴竹慧
	XRY305	曲艺表演	30	1	16	李　晴
	XRY306	形体与舞蹈	30	1	16	吕玲燕
	XRY309	电脑平面设计	50	1	16	吴文鸿
	XRY310	电视节目制作	20	1	16	申宝光　高巍巍

三、课程简介（节选）

科学素养类

物理基础知识及技能训练课程

申高文　袁寿根

本课程面向高二学生开设，旨在通过对物理基本知识及基本技能的教学，帮助学有困难的同学加深对物理相关概念、规律的理解，提高大家运用知识分析问题、解决问题的能力，进而激发大家学习物理的兴趣，使同学们的物理学习走向良性发展。本课程有以下特点。

1. 针对性强，注重实效。

2. 与教学同步，及时解决学习中遇到的问题。

3. 注重学法指导，使同学们在获取知识的同时，掌握科学的学习方法。

物理在生活中的应用课程

沈建清　张广宏

本课程将与同学们共同探讨物理学科的学习方法。在近两年的高考中，物理考查方式发生了很大的变化，许多考题都建立在"生活模型"之上，考查学生对"现象"的观察和分析能力，考查学生能否构建物理模型，并应用物理知识解决生活中的问题。在本课程的教学中，我们将通过大量的生活现象和同学们共同研究如何构建物理模型、应用物理知识解决生活中的问题。在本课程的教学中，我们还会对同学们的物理学习习惯和解题习惯进行指导，以帮助同学们解决物理学习中的困难，提高综合学习能力。

生物竞赛课程
石　燕　赵海龙

在这一年的时间里，我们主要针对第二年5月份江苏省中学生生物学奥林匹克竞赛进行培训，教学方式为教师辅导、学生自学。通过这几年的探索和研究，我们已有了一些竞赛经验，能有针对性地对同学们进行培训，我们一定会努力提高同学们的竞赛能力，希望同学们踊跃报名。

生物实验课程
石　燕　赵海龙

生物学是一门以实验为基础的自然科学，许多生物现象只有通过实验才能得到解释，生物学的理论也是人们在实验的基础上总结出来的，所以实验在生物学中占有非常重要的地位。将来立志在生物学方面有所发展的学生，现在就必须掌握一些基本的生物学实验技能和探索生物学的方法。希望对生物学感兴趣的同学踊跃报名。

人文素养类

时事沙龙课程
周宏斌

家事、国事、天下事，事事关心，这是任何时代的青少年都应该具有的良好品质。当今世界形势错综复杂，我们的祖国日新月异，我们身边不断有新闻发生，有探究其背景、原因、结果兴趣的同学，请来时事沙龙，在课堂上我们将一起讨论、分析、评述天下大事。

军事史话课程
唐黎明

在人类历史发展的长河中，战争始终有着深远的影响。本课程就兵器、兵家、兵事三大要素对中国战争史的发展展开描述，具体内容：介绍生产力的发展对武器变革产生的影响以及由此导致的作战方式、作战理念的变化；介绍一些著名的军事家及军事思想、作战理论在战争进程和国防建设中所起到的重大作用；对一些有代表性、有影响力的战争进行全景式的再现，阐释战争的结果给当时的政治、经济、文化、国际关系等各方面所带来的重大影响，以提高学生辩证地评价、分析战争的能力，使学生增强国防意识。同时，本课程将针对高考重点介绍中国近现代史中的历史事件及人物。

人与地理课程

何捷

本课程是在高中地理必修课的基础上开设的，课程目标有以下几点。

1. 学习人文地理基础知识，提高适应生活的能力。

2. 加深对地理区域研究的认识，特别是加深对中国国土整治与区域发展所面临的问题的认识。

3. 锻炼运用政治、历史、生物、化学等各科知识综合分析地理问题的能力。

中国古代儒道音乐美学思想研究课程

谢明刚

儒家、道家的音乐美学思想产生于先秦，影响于后世，贯穿两千多年的历史。儒家重视音乐的政治作用、教化作用，将其发展为系统的"礼乐思想"；道家追求音乐与自然的和谐统一，人与宇宙的和谐一致，将其发展为"自然乐论"。

对本课程的学习，可以增加你的古文阅读量，提高你的古文阅读能力，使你在了解中国古代音乐美学思想的同时，了解儒家、道家思想对中国文化所起的作用和对当今社会产生的深远影响。

散文鉴赏课程

曹菊华

读精美的散文，如品香茗，似饮醇酒。散文中强烈的感情、优美的文笔、精巧的构思、蕴含的哲理时常打动我们。但我们常有这样的感觉：有时偶得佳作，玩味品咂，却总是琢磨不透。本课程中的选文贴近学生情感，学生在鉴赏中慢慢品味、细细琢磨，可以得到心灵的愉悦，并逐步提高审美情趣和文化品位。学习本课程既是一种享受又具有实用性，能使你在享受名品佳作的同时提高阅读能力，积累大量作文材料。

现当代小说鉴赏课程
朱晓芳

一方书桌、一杯清茗、一本心爱的小说，于是乎，你沉浸在小说的情节中。我想，这肯定是你有过的读书体验，但或许你的阅读仅仅停留于此，你触摸不到作者的心灵，了解不了文章中的社会内涵，更缺乏对文章精妙之处的涵泳与咀嚼。

来吧，让我们一起走入现当代小说鉴赏吧！在这儿，我们将介绍现当代小说的主要流派及其特点，在你有了感性的认识后，我们再进行小说鉴赏方法的讲解，为你鉴赏同类作品引路导航。我们还会选择有代表性的作品进行分析、鉴赏，切实提高你的赏析能力。

相信通过我们的努力，会使你觉得阅读小说是一种享受。

生活职业技能类

网页制作课程
吴竹慧

开设这门课程的主要目的是使学习者通过学习如何在网页中加入文字、图片、声音、动画、链接等，较系统地掌握网络知识，学会网页制作的一般方法和技巧，进而培养自学能力、创新能力和动手实践能力。

笛子演奏课程
邓建峰

笛子是我国一种较普遍的乐器，它小巧轻便，音色优美、丰富，深受广大音乐爱好者的喜爱。本课程将把民族音乐介绍给大家，让大家也能亲身感受我国民族音乐的美妙。

我们将采取以学生的自我探索为主、教师点拨为辅的教学方式进行教学，兼顾整体的同时注重个性发展。非常欢迎有音乐基础及兴趣的同学报名参加。

工笔国画课程

安萍萍

你想拥有自己的绘画作品吗？在这里，你将实现自己的梦想。即使你没有任何绘画基础及技能，但通过我们的努力，你的创意、个性也能在画面中得以体现。

心理辅导课程

宋喜霞

当你觉得自己不能真正了解自己时，当你希望在人际交往中游刃有余时，当你希望在考试中镇定自若时，当你希望在挫折面前毫不畏惧时，当你希望认识自己、调节自己、提高自己时，请来参加心理辅导课。

合唱课程

谢明刚

诗言志，歌咏言。歌曲，是人们表达思想、抒发情感的重要途径，也是振奋民族精神、陶冶情操、提高审美情趣、丰富文化生活、引导人们追求真善美的重要途径。如果你想表达自己的心声，如果你想放松心情……请来合唱班。

附录 8

江苏省锡山高级中学校本课程安排总表（1990—2000学年度上学期）

人文素养类

课程代码	开设科目	执教教师	学生人数	上课地点	上课时间
XRW101	英语竞赛辅导（1）	李 瑶	48	高一（1）班	周三第7节课
XRW101	英语竞赛辅导（2）	姜富恩	47	高一（2）班	
XRW102	英语会话（1）	朱一平	45	高一（3）班	
XRW102	英语会话（2）	阚志红	43	高一（4）班	
XRW103	英语阅读指导	孙可佳	51	高一（10）班	
XRW104	英语视听	王 萍	40	图书楼视听室	
XRW105	演讲与辩论	杨步义	47	行政楼报告厅	
XRW107	新时期文学鉴赏	柏俊荣	45	高一（5）班	
XRW109	唐宋诗词鉴赏	顾黎艳	30	高一（6）班	
XRW110	外国文学名著选读	柴 莹	54	高一（7）班	
XRW111	公民与法律	贾 军	54	高一（8）班	
XRW112	贾平凹散文作品欣赏与研究	唐江澎	31	高一（9）班	

科学素养类

课程代码	开设科目	执教教师	学生人数	上课地点	上课时间
XRK101	数学竞赛辅导	曹东辉	54	高一（1）班	周四第8节课
XRK102	数学学习方法指导（1）	高爱玲	50	高一（2）班	
XRK102	数学学习方法指导（2）	钱桂荣 李 灿	54	高一（3）班	
XRK103	物理竞赛辅导	张广宏	53	高一（4）班	
XRK104	物理学习方法指导	李 震	27	高一（5）班	
XRK105	中学物理思维方法指导	顾慰曾	50	高一（6）班	
XRK108	因特网网页制作	郑东红	46	高一（10）班	
XRK109	常用应用软件简介	卞恒俊	45	电化教室106	
XRK111	化学竞赛辅导	钱 再	54	高一（8）班	
XRK112	化学实验改进与创作（1）	马啸波	26	实验楼	
XRK112	化学实验改进与创作（2）	王新福	25	实验楼	
XRK113	化学学习方法指导	朱 炜	47	高一（7）班	

身心健康类

课程代码	开设科目	执教教师	学生人数	上课地点	上课时间
XRT101	男篮	赵显强 薛 松	37（1～5班） 37（6～10班）	东区篮球场	周五第7节 周五第8节
XRT102	女篮	秦洪敏 季金桃	19（1～5班） 19（6～10班）	西区篮球场	周五第7节 周五第8节
XRT103	男排	蒋 鑫	19（1～5班） 16（6～10班）	东区排球场	周五第7节 周五第8节
XRT104	女排	郑耀琴 陈德献	16（1～5班） 16（6～10班）	西区排球场	周五第7节 周五第8节
XRT105	足球	王九成 邱 伟	37（1～5班） 36（6～10班）	足球场	周五第7节 周五第8节
XRT106	乒乓球	奚敏其	22（1～5班） 22（6～10班）	体育馆 乒乓房	周五第7节 周五第8节
XRT107	羽毛球	程雨观	26（1～5班） 22（6～10班）	体育馆 篮球场	周五第7节 周五第8节
XRT108	武术	杨振华 张树超	20（1～5班） 21（6～10班）	体育馆 体操房（2）	周五第7节 周五第8节
XRT109	健美操	柳香英	21（1～5班） 20（6～10班）	体育馆 体操房（1）	周五第7节 周五第8节
XRT110	围棋	甘亦农	22（1～5班） 28（6～10班）	体育馆 围棋室	周五第7节 周五第8节
XRT111	溜冰	罗 华	25（1～5班） 25（6～10班）	溜冰场	周五第7节 周五第8节

说明："学生人数"栏（1～5班）(6～10班）均表示该年级1～5班的学生,6～10班的学生。

生活职业技能类

课程代码	开设科目	执教教师	学生人数	上课地点	上课时间
XRY101	社交与礼仪（1）	张峰均	51	高一（1）班	周二第6节课
XRY101	社交与礼仪（2）	吕玲燕	46	高一（2）班	
XRY102	摄影	魏安彬	36	高一（3）班	
XRY103	垂钓技巧与实践	薛耀东	43	高一（4）班	
XRY104	集邮小天地	浦其伦	36	高一（5）班	
XRY105	插花艺术	于友成	36	行政楼报告厅	
XRY106	成功与心理学（1）	宋喜霞	39	高一（7）班	
XRY106	成功与心理学（2）	谢鸿瑾	40	高一（6）班	
XRY107	拼盘制作	杨建良	31	学生餐厅	
XRY108	电视制作与采访	曹承慧	23	电视台演播室	

（续表）

课程代码	开设科目	执教教师	学生人数	上课地点	上课时间
XRY109	摄像与摄影	申宝光	34	行政楼三楼会议室	周二第6节课
XRY110	民乐演奏	蔡圣莲	15	艺术楼206	
XRY111	管乐演奏	谢明刚	26	体育馆三楼	
XRY114	写意花鸟	吴文鸿	20	艺术楼	
XRY117	新闻采访与写作	柴莹	24	高一（9）	
XRY118	电子制作（1）	曾宣飞	20	高一（10）	
XRY118	电子制作（2）	李震	17	实验楼三楼	

新课程背景下的校本课程重建
（2003—2008年）

⦿ 一群背着吉他的孩子在校园里穿梭（器乐演奏课程）

⦿ 研究团队讨论课程目标

⦿ 学生走上讲台，为自己的同学开设武术课程

⦿ 学校搬迁至惠山新城

一、校本课程重建背景

1. 我们率先进入新课程改革

2001年，教育部颁布《基础教育课程改革纲要（试行）》，在全国中小学推行基础教育新课程改革。2003年，教育部颁布《普通高中课程方案（实验）》，对普通高中教育的培养目标、课程结构、课程内容、课程实施与评价做出了具体的规定。其中对普通高中三年的课程设置做了如下规定和说明。

普通高中学制为三年。课程由必修和选修两部分构成，并通过学分描述学生的课程修习状况。具体设置如下：

学习领域	科目	必修学分（共计116学分）	选修学分Ⅰ	选修学分Ⅱ
语言与文学	语文	10	根据社会对人才多样化的需求，适应学生不同潜能和发展的需要，在共同必修的基础上，各科课程标准分类别、分层次设置若干选修模块，供学生选择。	学校根据当地社会、经济、科技、文化发展的需要和学生的兴趣，开设若干选修模块，供学生选择。
	外语	10		
数学	数学	10		
人文与社会	思想政治	8		
	历史	6		
	地理	6		
科学	物理	6		
	化学	6		
	生物	6		
技术	技术（含信息技术和通用技术）	8		
艺术	艺术或音乐、美术	6		
体育与健康	体育与健康	11		
综合实践活动	研究性学习活动	15		
	社区服务	2		
	社会实践	6		

说明：

（1）每学年52周，其中教学时间40周，社会实践1周，假期（包括寒暑假、节假日和农忙假）11周。

（2）每学期分两段安排课程，每段10周，其中9周授课，1周复习考试。每个模块通常为36学时，一般按周4学时安排，可在一个学段内完成。

（3）学生学习一个模块并通过考核，可获得2学分（其中体育与健康、艺术、音乐、美术每个模块原则上为18学时，相当于1学分），学分由学校认定。技术的8个必修学分中，信息技术和通用技术各4学分。

（4）研究性学习活动是每个学生的必修课程，三年共计15学分。设置研究性学习活动旨在引导学生关注社会、经济、科技和生活中的问题，通过自主探究、亲身实践的过程综合地运用已有知识和经验解决问题，学会学习，培养学生的人文精神和科学素养。

此外，学生每学年必须参加1周的社会实践，获得2学分。三年中学生必须参加不少于10个工作日的社区服务，获得2学分。

（5）学生毕业的学分要求：学生每学年在每个学习领域都必须获得一定学分，三年中获得116个必修学分（包括研究性学习活动15学分，社区服务2学分，社会实践6学分），在选修Ⅱ中至少获得6学分，总学分达到144方可毕业。

从2004年9月开始，山东、广东、海南3省及宁夏回族自治区率先进行普通高中新课程实验，从而拉开了我国普通高中新课程改革的帷幕。之后的几年里又有26个省、市、自治区分7个批次开始新课程改革。2005年江苏省，2006年辽宁省、天津市、安徽省、浙江省、福建省，2007年黑龙江省、吉林省、北京市、湖南省、陕西省，2008年河南省、新疆维吾尔自治区、山西省、江西省，2009年河北省、湖北省、内蒙古自治区、云南省，2010年四川省、重庆市、甘肃省、青海省、贵州省、西藏自治区，2012年广西壮族自治区也加入了这一行列。全国所有省份都陆续开始了普通高中新课程改革。江苏省是2005年9月整体进入新课程改革实验的，我校担任实验工作，所以提前一年即2004年便开始进行新课程改革实验。面对普通高中课程结构的巨大变化，停开的校本课程需要恢复开设，但开设前需要重新厘清校本课程的概念，并重新进行规划、调整。

2."《红楼梦》研究"不能开了

在校本课程停开的两年里，我校重点抓教学质量，但也没有特别明显的提高。大家开始怀念开设校本课程的日子，那时候学生都很幸福，学生的素质发展也很全面。于是在江苏省2005年整体开始新课程改革的时候，我校恢复了校本课程的开设，但这个时候开设的校本课程与原来的不一样了，因为许多情况都发生了变化，我们又开始重新系统地规划校本课程。

《普通高中课程方案（实验）》中，将课程分为必修、选修Ⅰ、选修Ⅱ，实施新课程之后，我校建立在原课程计划框架下的校本课程体系最先遭遇冲击，内容多样、类型丰富的选修Ⅰ序列课程，取代了我校原有的大部分校本课程。例如，人文素养类的校本课程"《红楼梦》管窥"已被选修Ⅰ序列中的《〈红楼梦〉选读》取代，生活职业技能类的校本课程"服装设计"已被列入选修Ⅰ序列的通用技术中。

2006年，一位新入职的教师向校本课程开发委员会提交了《申报表》，她想开设的校本课程是"《红楼梦》研究"。通过课程说明，可以看出她具备开设这门课程的优势。她是中国古代文学专业（元明清方向）的研究生，对《红楼梦》颇有研究。显然，刚入职的她，对全国正在推进的新课程改革及我校的校本课程还不太了解。虽然我们也觉得很可惜，但是不得不告诉她："如果在几年前，《红楼梦》研究完全可以作为校本课程开设，但是现在这门课不能在校本课程序列里开设了，因为它已经被归入选修Ⅰ序列，苏教版高中语文选修教材中，就有《〈红楼梦〉选读》教材。"因此，在新课程改革背景下，校本课程只能在高中选修Ⅱ序列中重新进行整体规划。我校停开了几年的校本课程，进入了新的规划阶段。

3. 新课程背景下，校本课程难道只能拾遗补阙

实际上，当下的校本课程就是高中选修Ⅱ序列课程。既然如此，校本课程的功能定位只能在高中新课程方案的总体架构里来明晰，其功能应该指向高中教育目标的实现，同时应与必修课程及选修Ⅰ课程各有侧重、各有分担，以免造成体系上的混乱、功能上的重叠或缺漏。

这样说来，校本课程似乎只能拾遗补阙了，但近十年的校本课程开发经验告诉我们，让学生自主选择校本课程充分彰显了学生的主体地位。自主选择课程，是教育文化的转型；选择，使得教育与课程俯下身来为学生的发展服务。说到底，选择是教育民主的体现。在校本课程中，自主、体验、实践的学习方式让学生充分感受到学习的幸福。我们应该关注学生的生命状态，关注学生的活力与创造力，使学生的活力与创造力在校本课程中生动地

展现出来。学生参与校本课程开发，真正从课程的消费者变成了课程的开发者。

因此，对学生发展、新课程有序实施来说，重新规划属于选修Ⅱ序列的校本课程非常必要。而且，2004年，我校新校区（惠山新城校区）建成并投入使用，学校的教育资源发生了变化——崭新的图书馆、实验室、体育馆、艺术楼、心理咨询室等均已启用，硬件设施日趋现代化。此外，社区资源也发生了变化——新校区地处无锡市北部，是惠山区政府所在地，这使得我校拥有一定的区位优势，与我校毗邻的区政府、经济开发区、软件外包园等都有着可供开发的课程资源。虽然我校学生主要来自农村，但随着城乡建设的快速发展，与20世纪90年代相比，学生的生活环境发生了很大变化，"90后"中学生与"80后"中学生相比，人生追求、教育需求等都有了很大变化。基于以上种种原因，我校更需要重新梳理学校教育哲学、学生课程需求、地方课程期待、学校课程资源等，重新规划校本课程。在全国新课程改革的大潮下，在学校区位变革的前提下，我校依托原有的基础，在课程专家的指导下，对属于选修Ⅱ序列的校本课程进行了新一轮的开发和探索。几年来止步不前的校本课程开发研究，又踏上了新的征程。

二、校本课程的重新规划与实施

1. "90后"学生的课程需求

校本课程开发，首先应该考虑学生的需求。

时代在不断发展变化，学生也在不断发展变化，他们的教育需求也会改变。为构建新的校本课程框架，我们制订《江苏省锡山高级中学校本课程开发调查问卷》（见附录9）对学生的课程需求进行系统调查，以期新的校本课程体系能更适合当下学生的需求，能更好地为学生的个性发展服务。我们重点调查了学生对当前校本课程内容、教学方法、课程评价的感受和建议，以及其最关注的校本课程开发领域。根据《江苏省锡山高级中学校本课程开发学生需求调查报告》（见附录10）可以看出，学生最关注的领域是创新能力（63.1%）、特长爱好（59.5%）、学会交往（59.0%）、生活技能（57.3%）、耐挫心理素质（40.2%）、团队领导能力（37.9%），最不关注的领域是认识学校

（5.3%）、地方文化（8.5%）、学科竞赛（9.5%）。这一结果较20世纪90年代学生的课程需求已经发生了很大的变化，我们在构建新的校本课程框架时应做出相应的回应。创新能力、团队领导能力都是新出现的领域，生活技能原来根本没有多少学生关注，而现在却排在了第四位。可见，学生的自我意识增强了。

在这里，还想坦诚我们的教训，评估学生课程需求要防止"过分自信"。在十余年的校本课程开发中，两度系统评估学生的课程需求之前，我们都曾对学生的课程需求做过预测，结果都与学生的实际需求相去甚远。20世纪90年代，我们引以为豪的自行车维修课无人问津；21世纪初，在我校临近百年校庆之时，想开发一门让学生走进校史的校本课程，在征集学生意愿时，我们发现大多数学生对该课程没有兴趣，这门课排在学生需求的最后一位；我们也询问过学生对水乡特色文化课程的态度，不料学生对此也没有多大的兴趣……这些现象提醒我们，在进行课程规划时绝不可以忽略学生的课程需求。在一次江苏省基础教育教学工作会议上，一位校长播放了他们学校学生上校本课程时的视频——以年级为单位，一年级学生舞狮，二年级学生二胡演奏，等等。一年级的学生都喜欢舞狮吗？当把这种本来是指向学生个性发展的课程，按照校长或教师的想法去实施的时候，就完全忽视了校本课程的价值。假如有100个学生想学二胡，你只选90个，对另外10个学生就是一种漠视；假如只有90个学生想学二胡，你偏要凑到100个，对这10个学生就是一种强迫。校本课程的最大价值，就是在统一的课程模式下，努力使学生享受一些为他们量身定做、他们可以自主选择的课程服务，所以不要想当然地去安排校本课程，而要充分考虑学生的课程需求。

2. 重视学校、社区教育资源

校本课程对地方社会、经济、文化发展的回应，是从社会发展对人的素质要求的角度来体现的，并不是东北地区的学校就要开设二人转课程，陕西省的学校就要开设腰鼓课程那么简单。我校地处无锡市，这里是"苏南模式"的发源地之一，经济发展的总体水平接近中等发达国家，家庭收入普遍较高，人们的教育观念也随之发生了转变。家长关注更多的是孩子的素质、品位、视野及能力，是孩子的全面发展。我校的校本课程设置就应该尽量满足当地人们的殷殷期待,把他们的需求作为校本课程规划的重要依据。

没有课程资源的支持,再好的课程也只是一种设想。校本课程的规划,要立足师资、经费、器材、场地等资源,并对其进行充分的挖掘和利用。

教师是校本课程开发中最重要的资源。我校一直坚持让教师自愿、自主地申报校本课程,努力将教师的特长、爱好转化为课程资源。为鼓励教师将自己开设的校本课程打造成精品课程,以不断提升校本课程的总体质量,我校在每学期结束时会开展"精品校本课程"评选活动,主要从课程受欢迎程度、课程实施的规范性、课程目标的达成情况等方面对校本课程进行评价,选出精品校本课程。我们将校本课程看作提升教师专业素养的渠道,希望教师从课程的被动传授者转变为课程的主动开发者和研究者,并在实践与反思中,提升自身的专业知识、专业能力等。

我们努力完善校本课程开设条件。比如,扩建惠山新城校区,使学校从原来28个班的规模,发展成50多个班的规模,同时加强各类硬件设施建设,为校本课程的开发奠定基础。如兴建图书馆,每学期购入大量书籍,订购中国知网的部分电子期刊资料,为校本课程的开发与实施提供充足、丰富的资源。图书馆全天开放,如有需要,教师甚至可以将校本课程的上课地点设在图书馆。另外,还在体育馆添设了体操房、瑜伽室、台球室等,为校本课程的开设提供保障。我们加强了与工商局、税务局、法院等政府机关的联系,为"维权3·15""模拟法庭"等课程的开设提供资源保障。我们还与中国人民大学合作共建"江南国学教育实验基地",探索国学教育进入高中选修课程的途径。

有了这些保障,校本课程的规划才具有可行性,才能更科学。校本课程规划必须建立在对学校、社区教育资源的充分考察基础上。

3. 新的校本课程规划形成了

在调查学生课程需求,关注学校、社区教育资源的基础上,我们制订了新的校本课程规划方案,明确了新的课程目标,构建了包括限定选修类、任意选修类的新课程框架。

江苏省锡山高级中学2005—2007学年度校本课程规划

一、校本课程的规划基础

学校教育哲学：体貌谦恭，学养厚重，胸襟旷达，志趣高远

学生课程需求：创新能力，特长爱好，学会交往，生活技能，耐挫心理素质，团队领导能力

地方课程期待：融入时代精神，体现区域特征

学校课程资源：教师课程意识较强、课程开发技能较高，教学设施比较完善，课程开发经费比较充足

二、校本课程的目标

1. 学会交往，提升团队领导能力。
2. 体验探究，增强创新精神。
3. 尝试选择，开展生涯规划。
4. 热爱生活，培养健康的闲暇爱好。
5. 认同自我，拥有坚毅的心理品质。

三、校本课程的框架

限定选修类（共6类课程，需获得3学分）：团队领导能力、创业设计、合唱、演说、形体、国学基础

任意选修类（共7类课程，至少获得3学分）：心理教育、生活技能、特长爱好、科技前沿、社会纵横、文化讲坛、大学先修课

我们根据新的校本课程规划制订了《江苏省锡山高级中学校本课程开发指南（修订）》(以下简称《指南（修订）》)（见附录11）。

4. 校本课程开发新形势——团队开发

与第一轮校本课程开发中的单打独斗不同，在第二轮校本课程开发中，有不少教师开始尝试团队合作。在第一轮校本课程开发中，大部分教师开设的校本课程都与自己的专业相关，多是对本学科的补充和延伸，如语文老师顾黎艳开设的唐宋诗词鉴赏课、体育老师程雨观开设的羽毛球课、音乐老师谢明刚开设的管乐演奏课等，这些课程在第二轮校本课程开发的时候都被归入了选修Ⅰ，不再属于选修Ⅱ校本课程序列。可见，第二轮校本课程开发对教师提出了更高的要求，教师们需要开设跨学科的综合类、实践类课程。这

类课程仅依靠一位教师的力量是很难完成的，而且难以提升校本课程的开发水平与实施水平。因此，教师们开始尝试以团队合作的形式开发校本课程。

动手实践类课程内容比较多，且选课的学生较多，一位教师难以全面地指导学生，尤其是在学生分组活动的时候，如果没有几位教师分别进行跟踪指导，学生活动的质量、活动推进的速度难免会受到影响。所以教师们在开设这些课程时，往往选择团队合作的形式。如"美食每刻"课程由是明艳、刘峰、张明子、孙锦媛四位老师合作开设，礼仪大学堂课程由张雁鸣和陈燕两位老师合作开设，生物科学与生活课程由钱敏艳、万凤肖两位老师合作开设等。有些课程的内容要随着教学进展适时调整，或其后一节课的内容要根据前一节课的上课效果决定，这类课程创新性、现场生成性比较强，如果由一位教师开设的话，实施起来难免困难了些，而且一个人的创新能力也难抵一个团队的创新能力，所以采用团队合作开发的形式更好。比如，社团领袖课程由诸小龙、郑菲菲、王洪涛三位老师合作开设；创业设计之第一桶金课程由倪仲、刘仲夏、胡臻三位老师共同开设；生涯规划课程由佟柠、杜煜两位老师一起开设。还有一些课程，涉及多门学科知识，所以由来自不同学科的教师组成开发团队共同开设。比如，校园微电影课程由美术老师黄宏和通用技术老师戴君合作开设，因为该课程既涉及美术编辑知识又涉及摄像知识。又如，众口说文化课程由语文老师杨梅和虞晓月、胡晓军、昌荣三位计算机老师共同开设。

下面我们以创业设计之第一桶金课程为例，说说教师们是如何在团队合作中开发、实施校本课程的。创业设计之第一桶金课程创新性、实践性比较强，其主要内容包括教师介绍创业要素、教师设计小游戏增强学生团队合作精神、师生共同想创业点子、学生分组进行自主创业等。想创业点子和自主创业这部分实践内容占全部课程内容的90%，而且这部分内容是现场生成的。在教学过程中，有许多无法预测的难题，依靠一位教师的力量是很难规划、实施好这门课程的。开设这门课程的倪仲、刘仲夏、胡臻三位老师都来自高一历史备课组，在同一间办公室办公极大地方便了他们的智慧碰撞。每次上课之前，他们都要开一个小型教学研讨会，梳理上一节课学生的实践结果，再据此制订接下来的教学内容。

在该课程中，每个学生都要经历两次创业实践，一次是全员参与的体育节经营服务活动（在运动会期间采购矿泉水等能量补给品销售给同学），另外一次是分组创业实践。体育节经营服务活动是一个较为复杂的需全员参与的创业活动，创业点子由一位女同学提出。大家通过市场调查、数据分析等对这一创业点子的可行性进行了反复论证，论证通过后进入实践阶段。49个学生分为宣传组、销售组、市场调查组、采购组、结算组、搬运组六个组，刚开始由三位老师共同指导，到了分组阶段，三位老师也进行了指导分工。善于策划宣传的胡臻老师负责指导宣传组和市场调查组，较有生意头脑的刘仲夏老师负责指导销售组和采购组，孔武有力的倪仲老师则负责指导结算组和搬运组，这样，一个老师指导十几个学生，每个学生遇到问题都能得到快速有效的解决。由于每个组都有老师的指导与跟进，所以也不会出现有的组认真踏实，有的组偷懒敷衍的现象。在"销售旺季"，搬运组来不及输送货源的时候，倪仲老师便加入了搬运工作中，胡臻老师把宣传组、市场调查组的同学也临时调到搬运组。销售组总遇到零钱不够的难题，刚开始刘仲夏老师建议学生去学校财务室兑换，后来财务室的零钱也不够了，刘仲夏老师就找来其他两位老师商量，最后三位老师达成一致意见，由刘仲夏老师负责去附近的银行兑换零钱（因为我们是寄宿制学校，学生上学期间不能随意进出校门，所以这项工作不能由学生来完成）。

在分组自主创业阶段，学生自由分组，自己想创业点子，自己进行论证和实施，最后形成了废瓶回收组、盆景销售组、周末影院组、冬暖用品组、篮球场服务组五个组。三位老师也进行了指导分工，盆景销售组的工作比较复杂，人数也较多，由胡臻老师负责，废瓶回收组和冬暖用品组由刘仲夏老师负责，周末影院组和篮球场服务组由倪仲老师负责。创业的过程并非一帆风顺，冬暖用品组、篮球场服务组在实践中受挫，在其他组已经进行到实施阶段时，他们需要重新想创业点子，重新论证。各组进度不同，活动地点也不同，如果只有一位老师指导的话，一定会降低指导的质量，而团队合作开发很好地解决了这一问题。

5. 设置系统的课程评价体系

与第一轮校本课程开发中侧重学生对教师教学的评价、校本课程开发委员会对教师课程方案的评价、教师对学生学习结果的评价不同，教师们在第二轮校本课程开发中引入课题"促进学习的课堂评价"的研究成果，积极探索对学生表现的评价，设计多样的评价方案，最终形成了系统的能激发学生学习兴趣、促进学生学习的课程评价体系。

在校本课程教学中，在知识和观点、推理能力、表现性技能、产生成果的能力、情感倾向五大目标中更侧重表现性技能、产生成果的能力这两大目标，因此，学生的学业成就、学习目标达成度很难用纸笔测验的方式来评价。于是，教师们尝试运用表现性评价、交流式评价等方式，来评价学生学习目标的达成情况，进而促进学生的后续学习。

在表现性评价中，让被评价者进行特定的活动，评价者观察被评价者的表现，然后对他们的表现做出评价。表现性评价既可以评价学生某种技能的掌握程度，也可以评价学生的学习成果。表现性评价包括两部分内容：一个是表现性任务或作业，一个是评分标准。我们以黄宏老师开设的陶艺课程为例，来看看教师是怎样在课堂中运用表现性评价来促进学生学习的。

黄宏老师根据课程目标在每一节课上都设计了不同的表现性任务，并在课堂上和学生一起制订评分标准，然后引导学生依据评分标准进行自评和互评。同时，黄老师利用评分标准对学生的表现性任务完成情况进行评价，并将评价反馈给学生，让学生根据评价改进学习方法。如在第一单元第四课时"笔筒的制作"的教学中，师生根据课程目标"（1）能积极参与陶艺创作活动，并能认真细致地完成陶艺作品；（2）能够展开想象创作陶艺作品"，针对"制作一个笔筒"这一表现性任务，共同设计了如下评价表。

笔筒的制作			
贴图区			
评价内容	制作工艺 （用A、B、C分别代表非常精细、一般精细、粗糙来进行评价）	新颖程度 （用A、B、C分别代表非常新颖、一般新颖、没有创意来进行评价）	综合评价 （用描述性的语言谈谈你对这件作品的看法和建议）
学生自评			
学生互评			
教师综合评价			

黄老师在学生评价后进行了统计，发现大部分学生能够客观地评价他人的作品，只有20%的学生不能客观地评价他人的作品。

再如，在第三单元第十课时"有感情的鱼"的教学中，师生根据课程目标"（3）学会使用简单的陶艺语言，通过借物抒情的方式创作出寄托情感和具有个性的作品"，针对"制作一个鱼的造型，展示个性，投射情感"这一表现性任务，共同设计了如下评价表。

有感情的鱼			
贴图区			
评价内容	制作工艺 （用A、B、C分别代表非常精细、一般精细、粗糙来进行评价）	新知识的运用 （列举作者表达情感的主要方法）	综合评价 （用描述性的语言说说作者表达了怎样的情感）
学生互评			
学生自评			
教师综合评价			

通过评价可以看出：①描述性语言的运用在一定程度上避免了"互相吹捧"现象的发生；②只有50%的学生能够运用陶艺语言，这说明这部分内容的教学还需要重新设计；③很多学生其实不仅仅是在做一条鱼，而是在表达自己的个性，这和我们的初衷是一致的。

如今，表现性评价方式被教师广泛运用于课堂中。比如，于友成和王九成老师在他们开设的园艺课程中，对学生完成插花、蔬菜种植等表现性任务的情况进行评价；曾宣飞老师在自己开设的航空模型制作课程中，对学生完成航空模型设计、组装等表现性任务的情况进行评价，等等。

交流式评价的评价方法包括课堂提问、面谈、倾听课堂讨论和口头测验等。评价者通过被评价者的回答对被评价者做出评价。比如，在创业设计之第一桶金课程的创业设计实践环节，教师主要用表现性评价方式对学生进行评价，而在论证创业方案的可行性环节，则通过倾听学生的课堂讨论来收集信息，获取评价的依据。再如，在时事沙龙课程的时事评论环节，教师通过提问、倾听课堂讨论等考查学生的学习效果，进而对学生做出评价。

三、学生的课程参与

1. 校本课程的网络化管理

每次开学初,编制《选课指导书》,根据学生选课的情况进行课程调剂,组建班级。这需要耗费课程教学处大量的人力和时间,从下发校本课程开发指南到给学生上第一节课,大概需要一周的时间,光调剂志愿就需要至少三天的时间,课程教学处的老师们每次都要加班。学期末,进行课程评价、统计时,也颇费时间,同一个行政班的学生选修了不同的校本课程,怎样快速地统计学分与等第?校本课程开设十几年了,我们是不是应该建立一个课程库,以使课程资源共享,同时记录校本课程前进的足迹?

2007 年,在全国信息化办公迅速发展的背景下,我校的信息化水平也有了大幅提高。我校网站能及时发布校内教育信息;课程视频库使教师能坐在办公室听课;会议登记、工作分配等也实现了网络化,各部门可以通过网络上传或浏览工作计划……在这样的背景下,我们是不是可以利用计算机及网络来解决校本课程开发中遇到的问题呢?我们咨询信息技术组的老师,得到了肯定的回答:我们可以尝试开发校本课程管理软件,实现校本课程的网络化管理。

2008 年初,信息技术组的郑兴航、虞晓月、胡晓军、昌荣 4 位老师,开始了校本课程管理系统的开发。经过一个学期的努力,"校本课程管理系统"被成功研发出来。通过该系统可以进行课程的申报、审核、选择、管理与评价。在课程申报阶段,学生可以通过该系统进入校本课程论坛,提出开课建议;教师可以通过该系统浏览校本课程库,了解以往的开课情况,了解学生的开课建议,填写《申报表》,上传图片、视频等课程资料;课程教学处可以通过该系统上传课程辅导资料、修改学生的基本信息。在课程审核阶段,校本课程开发委员会可以通过该系统对教师申报的课程给出指导意见;教师可以通过该系统查看校本课程开发委员会的指导意见,修改《课程纲要》、课程素材,查看课程教学处的相关审核信息;课程教学处可以通过该系统浏览课程申报信息,并根据校本课程开发委员会的指导意见及教师的修改情况对课程进行审核,审核通过的校本课程则进入校本课程池,供学生选择。在课程选择阶段,学生可以通过该系统浏览已通过审核的课程,并在论坛中与同学或高年级学生交流选课意见，填写《选课志愿表》。为尽量满足学生的选课需求，保证选课机会均等，我们设计了这样的选课程序：提供一定时间的选课窗口期，所有学生必须在窗口期内完成选课，然后关闭"选课"功能；随后进行分班后台操作，采用优先满足第一志愿的原则，为每位报名者提供一个随机数，按随机数大小确定选修某一课程的学生；第一志愿未能实现的学生，其第二志愿将会转为第一志愿再次选课，以此类推。在课题管理与评价阶段，通过该系统教师可以上报课程授课情况、学分认定情况；学生可以通过该系统对课程和教师进行评价；课程教学处可以通过该系统查看所有教师的校本课程授课情况、学生的综合评价情况、学生对教师的满意度等。

2008年9月，校本课程管理系统正式投入使用，高一、高二的1800多名学生分批进行了校本课程的网络选课。学生反映，与纸质的《选课指导书》相比，该平台给他们提供了图片、视频等立体多维的课程信息，使他们能更加全面地了解校本课程，从而可以更科学、客观地进行选课。对教师来说，该平台提供了更为详尽的历年的校本课程信息，检索便捷。校本课程管理系统的使用提高了我们的工作效率，以往需要三天的时间进行志愿调剂和分班，现在只要几秒钟的时间，分班结果就呈现出来了。

此外，校本课程管理系统的成功开发，也为其他课程的网络化管理、教师管理的信息化提供了依据。我校的信息化建设，将在此基础上加快发展的步伐。

2. 为学生开发丰富的校本课程

新的课程规划需要具体课程来支持，需要付诸实践才能实现学校的育人目标。教师们根据新的课程目标、课程框架自愿申报课程。在大家的共同努力下，适合新规划、新需求的校本课程应运而生。与20世纪90年代相比，校本课程发生了巨大变化，被新课程选修Ⅰ序列取代的课程，将不再属于校本课程范畴。新规划后，我校校本课程共有80余门。每一门校本课程，都是学生生命自由舒展的领地，在那里，学生的兴趣爱好得以发展，地方的课程期待得到回应，学校的教育哲学转化为了学生的基本素养……

体育馆内热闹非凡，各摊位一字排开，高高挂起的海报格外引人注目，有学生在极力推荐，有学生在徘徊观望——原来是选修团队领导课程的学生

从校本课程走向学校课程 锡山高中课程探索之路

在举行招聘会。为了这次招聘会，各社团领袖均进行了认真的准备：制作缤纷绚丽的海报，进行演讲宣传，制订活动计划等。招聘会上，各社团打响了人才抢夺战，也接受着来自老师与同学的考验。各社团的招聘情况也各不相同，有的门庭若市，有的则门可罗雀。

这是我校团队领导课程中的一个课外活动场景。团队领导课程旨在培养学生的团队合作精神、责任意识和领导能力。在团队领导课程中，虽然教师会给予理论指导，但更多的是让学生自己成立社团进行实践。具体要求是，社团领袖需要组织一个5人以上的社团，社团一学期内要组织9次以上的活动，社团领袖最后要形成具体的社团活动实践报告，这样社团领袖才可以获得1学分。

在教师的指导下，许多选修团队领导课程的学生选择了组建社团来挑战自我。学期结束时，学校会举行校本课程展示活动，但一般都是以展板的形式让学生简单展示学习成果。2008年，选修团队领导课程的学生改变了校本课程的展示方式。他们组建了展示策划社团，在老师的指导下，策划了校本课程展示活动：联系老师和同学，与他们协商展示内容与方式，为他们提供展示所需要的道具及宣传帮助；撰写展示活动方案，组织排练等，最终成功举办了2008年秋季学期校本课程展示活动。在这次展示活动中，有的学生走上剧场大舞台面对近千名观众发表《相信自己》的演讲；有的学生做《互联网与明天的生活》的科技报告；有的学生摆开了百家讲坛的架势讲述《不一样的诸葛亮》；还有一组学生穿上礼服进行春季时装发布会，他们舞步优美，发布的时尚服装，则是由选修服装设计与表演课程的学生用废旧物品制作的……展示活动以演讲、报告、表演、画报等多种方式，立体多维地展示了学生的学习成果，激发了学生的学习热情。

除了上述的展示策划社团外，我校由学生自发创立的社团还有青春无忧心理社团、耐力长跑社团、医说社团等。据不完全统计，我校当时共有社团60余个，加上研究性学习课程中的领题者和班级中的管理人员，全校共有500余名学生正在担任"领导"工作。

2006年11月23日下午，艺术楼的合唱教室里传出无伴奏小合唱：半个月亮爬上来／咿啦啦爬上来／请你把那纱窗快打开／咿啦啦快打开／咿啦啦快打开／再把你那玫瑰摘一朵／轻轻地扔下来……歌声吸引了正在我校考察课程建设的校长,他们停下脚步,欣赏起来。无伴奏小合唱《半个月亮爬上来》之后,是学生用四声部演唱的《我和我的祖国》,考察团中的许多校长情不自禁地随着节奏轻声和唱起来……

这是2006年教育部校长培训中心组织全国名校长考察我校校本课程建设时的一个场景。诸位校长都说没有想到锡山高中还有这样的校本课程。我们以100名学生的班级规模开设合唱课,在18个课时结束后根据学生的具体表现判定是否给予其1学分。开设合唱课旨在训练学生的审美能力、对和谐美的认知能力和团队合作能力。审美能力的培养以审美体验为主,对农村中学而言,相较于器乐与绘画,合唱是最为现实的审美能力训练方法;对和谐美的认知能力的培养主要通过训练来实现,让学生在训练中掌握如何用适当的声高发声,在具体的体验中实现对和谐美的认知与理解;从国际教育经验来看,合唱能培养学生的团队精神。如今那些曾经在校园里合唱《半个月亮爬上来》的学生都已经走进了大学校园,当他们再聚首时,依然能找到各自的声部,合唱当年的那些歌,在歌声里回想中学时代的生活。

体育场上,秋季田径运动会正在举行,加油声、呐喊声、击鼓声连成一片,不仅奔跑着、跳跃着的运动员是大家关注的焦点,操场南边的树荫下,"能量补给站"也是大家关注的焦点,一群学生把它团团围住,它成了运动会上一道亮丽的风景线。"找您五块。采购组,矿泉水快脱销了,需要赶快补充;结算组,零钱快没了,麻烦你们去兑换零钱。"销售组的一名学生边忙着卖货,边向同组同学"求援"。

这是选修创业设计之第一桶金课程的学生的一个活动场景,这是校运会服务组在挖他们的"第一桶金"。他们组根据老师的要求,提出了创业方案——开展校运会的经营服务活动。经过近一个月的反复讨论、修改,他们终于形成了较为成熟的活动方案,他们分成了宣传组、销售组、市场调查组、采购组、结算组、搬运组等,经过多方努力终于在校运会上成立了"能量补给站",这才有了上述生动的活动场景。他们将此活动设计为公益活动,赚的钱将全部捐入学校的爱心基金。除校运会服务组外,选修创业设计之第一桶金课程的学生还成立了盆景销售组、周末影院组等,各组活动均开展得有声有色。在学习过程中,学生体会到了创业的艰辛,吃苦耐劳、大胆精明等创业人必备的品质在学生身上逐渐形成。

在学校教育哲学的指导下,在学校课程资源、社区教育资源的保障下,教师们开发了许多校本课程,"走进IT前沿""平面广告设计""陶艺""京剧表演"等课程,都受到学生的欢迎。开设陶艺课程的教师,曾经开设过"泥塑""雕塑"等课程,经过三四年的不断探索,该教师终于开设了广受学生欢迎、体现地域特色的陶艺课程。回忆艰辛的摸索历程,这位教师认为,除了自身的专业素养外,学校与地方课程资源也为他提供了很大帮助。惠山新校区的艺术楼内设有专门的陶艺教室、陶艺展示区,该教师将这些资源充分利用起来开设了陶艺课程。原来开设的泥塑课就是因为缺少这些工具使得教师只能带领学生进行简单的艺术创造。宜兴市是中国著名的"陶城",无锡市的惠山泥人也赫赫有名,在学校附近的吴文化公园里建有惠山泥人馆,这么好的社区资源为什么不利用呢?该教师考察泥人馆,走访民间艺人,甚至把惠山泥人的代表作"大阿福"的制作大师请到学校来指导学生,他充分利用这些宝贵的课程资源,打造了精品校本课程"陶艺"。这门课程自开设起,选修人数年年爆满,而且成了无锡市的一个"品牌课程"。在这里,学生的想象力、创造力都得以发挥,艺术审美能力也得到了提升,当他们的作品被烘烤成型并陈列在展示区时,他们内心充满了成就感。

这些丰富的校本课程使我们的教育理想逐渐变为现实,让学生有了多彩的生命体验和广阔的发展空间。

3. 让学生开发校本课程

在不断的反思中我们发现,传统的管理模式、陈旧的教育思想严重阻碍了自身前进的脚步,我们必须转型。2007年,在学校教职工代表大会上,我们提出了建立现代学校制度的设想。现代学校制度指能够适应社会发展需要,以新型的政校关系为基础,以现代教育观为指导,学校依法民主、自主管理,能够促进学生、教职工、学校、学校所在社区的协调和可持续发展的一套完整的制度体系。这一设想得到了广大教职工的普遍认同。

建立现代学校制度的关键在于要体现民主性。民主性主要体现在如下三个方面:学校法制体系的民主性,学校决策、管理的民主性,课程、教学的民主性。形成"建立现代学校制度,推进教育民主"的共识之后,我们着力在制度、管理、课程等层面推进民主。在校本课程领域,我们不仅给予学生课程选择权,还给予学生课程内容框架的决定权,甚至给予学生课程开发权，鼓励学生自主开发校本课程。

　　学生不应该只是校本课程的消费者，更应该成为校本课程的开发者。校本课程从理念到实施，强调的是从课程集权走向权力分享，只有让学生深度参与课程建设才能真正实现课程民主。十几年前，我们在校本课程开发中仅仅尊重了学生的课程选择权，让他们从学校给出的"课程菜单"中"点菜"；今天，我们尊重了学生的参与权及课程开发权，尝试让学生配料"做菜"。虽然我们也对学生的课程需求进行评估，但他们的需求仅仅是作为构建校本课程框架的依据。一位青年教师尝试将《课程纲要》交给学生讨论，结果学生提出了许多合理的建议。这提醒我们，不但要让学生参与课程建设，还要让学生深度参与校本课程开发的各个环节，让他们针对课程内容、教学方法、课程评价等提出自己的主张，师生共同制订《课程纲要》。如新一轮课程开发中的团队领导课程分为3大板块，其中"社团领导实践"板块为9课时，在这一内容中，从社团的组织形式到社团活动的确定，从目标制定到方案论证、组织实施以及成果展示与经验交流，全部由学生自主完成，这使学生在自主组织与协调中培养了领导能力。红盾维权社团是团队领导课程中的明星社团，该社团成员主动与工商行政管理局合作，开展"红盾行·维权进校园"活动，该活动被中国消费者协会树立为典型。

　　2008年，开始有学生自己开发校本课程。有一名男生是武术方面的"高手"，而学校教师中没有人拥有这项特长，于是他申报开设武术实战基础课程，该课程不但通过了课程审议，而且有二十多个学生愿意选修这门课程。这门课程虽然由学生开设，但开设得非常规范、科学。后来，又有两名女生自主申报了舞蹈与形体课程和软笔书法课程，这两门课程都受到了同学们的欢迎。在期末校本课程展示会上，教舞蹈的学生老师"韩老师"带着她的学生跳了一支青春舞曲，舞蹈自由奔放，博得满堂喝彩。在软笔书法课上，学生老师带着她的学生在书法教室有模有样地练习书法。看到他们的课堂、他们的表演，我们不禁感叹，校本课程真是一个民主、自由的大舞台。

　　从对学生意愿的尊重，到学生深度参与校本课程开发，到现在学生成为校本课程开发者，我们的校本课程开发越来越充分地体现了学生的主体地位，体现了民主性，这对学生自主精神的培养及独立人格的养成有着积极的影响。

4. 关注学生的体验式学习

我们曾经问一位准备开设演说课的教师，他打算怎样组织课程内容。他自信地告诉我们，他都计划好了，先讲演讲稿的撰写技巧，再讲态势语的应用，然后讲语音、语气、语速、语调，最后讲……我们打断了他："为什么都是你在讲？学生在做什么？学生在语文、数学课上听老师讲的已经够多了，在校本课程这样相对自由的空间里，何不转变一下教学方式？何不让学生去演讲？演讲的技巧，在演讲实践中岂不学得更快？"在我们的启发下，这位教师修改了《课程纲要》，重新设计了教学内容，设计了即兴演讲、撰写演讲稿、模拟演讲、脱稿演讲、讲故事、说绕口令等多种形式的体验式学习环节。开课一段时间后，他告诉我们，这种体验式确实比原来的讲授式受学生欢迎，学生的演讲能力提升很快。

其实不止一位教师这样组织课程内容，尤其是一些老教师，难以从讲授式课堂中走出来。因此，教学方式的转变，就成了这一阶段我校亟待解决的问题。我们通过培训、优秀课示范等，引导教师反思、变革自己的教学方式，从而促进学生学习方式的转变。教师教学方式的变革不仅使学生改变了学习态度、思维方式，提升了学习能力，还使学生体验到学习的快乐。

人的知识大约可以分成三类：第一类是事实性知识。事实性知识是人类所积累的经验的总和，是关于是什么和为什么的知识，学生在国家课程中，所累积的主要是这方面的知识。以地理学科为例，学生通过学习之后马上能回答：中国周边有多少个国家；世界最高峰是哪个，有多高；世界上最长的河在哪里，最短的河在哪里，等等。这类知识，学生是通过记忆获得的。通过积累该类知识可以提高人的智慧，但这仅仅是一个方面。第二类是经验性知识。经验性知识是人在现实生活中，通过经历、实践感悟出的知识，这类知识具有一个显著的特点——不可言传，这类知识更多地表现为一种能力、意识。例如，写作能力。第三类是策略性知识，也叫程序性知识，这是关于"方法"的一种知识。后两类知识，只靠接受式学习，只靠记忆、理解、复述，是很难掌握的。国家课程或选修Ⅰ中的事实性知识很多，足以扩大学生的知识面。在教学中，我们往往太过强调事实性知识，而忽略经验性知识和策略性知识。如今，学生的能力、素养不够全面，主要问题就出在这里。崔允漷教授经常举这样一个例子，一个地理学得很好的学生，每次考试都得A，但却不会根据地图寻找目的地。所以我们的校本课程一定要以实践、体验或活动作为学生的主要学习方式，要承担起培养学生素养的责任，尽管这在考试当中可能无法体现出来，但是对学生的成长来说是必不可少的。

在学校的大力倡导和培训下，我校教师的教学方式、学生的学习方式都发生了转变。比如，在合唱课中，教师不再以讲述为主，而是让学生用"歌喉"来感受美、体验美、表现美。72.8%的学生认为放声体验使自己"提高了合唱技巧"，69.3%的学生认为放声体验使自己"增强了合作意识"，39.3%的学生认为放声体验使自己"增强了表现力"。又如，"演说俱乐部"会在固定的时间为学生提供舞台。敢不敢上台表现自己，考验了演说者的自信；能否赢得掌声，则评判了演说者的水平。

校本课程中教学方式的转变，也引起了语、数、外等学科课堂教学方式的转变。以语文学科为例，语文教师也尝试在语文课堂上组织"经典话剧体验""演讲与辩论""阅读""文学社杂志编写"等体验性活动，而不再是一味地枯燥地解读文本。

我们不再停止探索校本课程的脚步，我们不再动摇校本课程开发的决心，我们不再怀疑校本课程的价值。我们不断探索新的校本课程开发模式和新的校本课程类型，以满足学生个性化的发展需求，开拓校本课程的崭新局面。我校关于校本课程开发与实践的研究成果，在2010年12月8日举行的全国基础教育课程改革教学研究成果报告会上获奖。

附录9

江苏省锡山高级中学校本课程开发调查问卷

各位同学：

　　你好！根据《普通高中课程方案（实验）》相关规定，我校决定从2005年秋季开始，每个学生在校本课程（选修Ⅱ）中至少要获得6学分才能毕业。为给同学们提供更优质的校本课程，我们需要了解你们对校本课程的真实想法。请认真回答每一道题，以使我们得出客观、贴近实际的结论。感谢你的参与和支持！

　　性别_____　　年级_____

　　一、请根据自己的真实感受选择等级填在括号内（所有的回答都采用5等级制："1"代表完全同意，"2"代表比较同意，"3"代表一般，"4"代表不太同意，"5"代表不同意）

　　（　　）1. 校本课程在数量上很充足。

　　（　　）2. 校本课程的质量都很高。

　　（　　）3. 学校开设的校本课程对我现在的学习和未来的生活都很有用。

　　（　　）4. 除了我现在所选的校本课程，还有很多校本课程也是我想学的。

　　（　　）5. 校本课程的教学内容都很适合我。

　　（　　）6. 校本课程上课的方式与平常上课很不一样。

　　（　　）7. 在校本课程中，给学生评定等级的方法都比较合理。

　　二、请根据自身情况，在（　　）中画"√"，并写出你对这门课程的建议

　　1. 在高一第一学期，学校开设了合唱课。

　　（1）你是否喜欢合唱课？

　　很喜欢（　） 较喜欢（　） 一般（　） 不太喜欢（　） 很不喜欢（　）

　　（2）你对合唱课的教学满意吗？

　　很满意（　） 较满意（　） 一般（　） 不太满意（　） 很不满意（　）

（3）你认为自己在合唱课中（　　　）。（本题可多选）

A. 提高了合唱技巧　　B. 增强了表现力　　C. 增强了合作意识

D. 没什么收获　　　　E. 其他

（4）你觉得合唱课怎样上你会更喜欢？

_____

2. 在高一第二学期，你选修的校本课程是_____。

（1）你是否喜欢所选修的校本课程？

很喜欢（　）较喜欢（　）一般（　）不太喜欢（　）很不喜欢（　）

（2）你对所选修的校本课程的教学满意吗？

很满意（　）较满意（　）一般（　）不太满意（　）很不满意（　）

（3）你在所选校本课程中的收获如何？

很大（　）较大（　）一般（　）不太大（　）没什么收获（　）

（4）你觉得这门课程怎样上你会更喜欢？

_____

3. 你认为我们学校还可以增设的课程有_____

三、根据提示信息填写1~3题

【提示信息】校本课程着重关注如下学习领域：

A. 学会交往　B. 学科竞赛　C. 耐挫心理素质　D. 职业体验（如"一日交警"等）　E. 科技前沿　F. 社会纵横（如"未来社会"等）　G. 认识学校　H. 地方文化　I. 团队领导能力　J. 生涯规划（如文理分班指导、报考大学专业的指导等）　K. 生活技能　L. 特长爱好　M. 创新能力　N. 身心健康

1. 在上述学习领域中，结合自己的发展状况，你希望学校开设哪些领域的课程？（选择5个，按重要性排序列出）

_____

2. 你认为还有哪些领域是你欠缺但这里没有列出来的？

_____

附录10

江苏省锡山高级中学校本课程开发学生需求调查报告

一、样本分布

该调查采用的是类型抽样和随机抽样法。从高一、高二两个年级的文科强化班、理科强化班、文科普通班、理科普通班各抽取1个班,共8个班401个学生,对其进行问卷调查,收回有效问卷400份。

二、对现有课程的评估

1. 学生对校本课程的总体感受

根据收回的调查问卷,整理学生对校本课程的感受如下。

项目	平均值(分)	标准偏差
校本课程在数量上很充足	2.59	1.074
校本课程的质量都很高	2.55	0.971
学校开设的校本课程对我现在的学习和未来的生活都很有用	2.05	0.969
除了我现在所选的校本课程,还有很多校本课程也是我想学的	1.55	0.844
校本课程的教学内容都很适合我	2.62	0.955
校本课程上课的方式与平常上课很不一样	2.36	1.052
在校本课程中,给学生评定等级的方法都比较合理	2.10	0.921

说明:为了方便统计分数,调查问卷问题一中,选"1"则为1分,选"2"则为2分,以此类推。

据此可以看出,学生对每一项的评分都在3分以下,说明学生对校本课还是比较满意的。从"除了我现在所选的校本课程,还有很多校本课程也是我想学的"这一项可以看出,学生想学的校本课程还有很多。相对而言,学生对教学内容的适合性、数量和质量的评价较低。

2. 限定选修课:合唱课

(1)学生对合唱课的喜欢程度

程度	频率	百分比(%)	有效百分比(%)	累计百分比(%)
很喜欢	51	12.72	12.88	12.88
较喜欢	120	29.92	30.30	43.18
一般	162	40.40	40.91	84.09

(续表)

程度	频率	百分比（%）	有效百分比（%）	累计百分比（%）
不太喜欢	44	10.97	11.11	95.20
很不喜欢	19	4.74	4.80	100.00
缺省	5	1.25		
总计	401	100.0		

（2）学生对合唱课的满意程度

程度	频率	百分比（%）	有效百分比（%）	累计百分比（%）
很满意	43	10.72	10.86	10.86
较满意	180	44.89	45.45	56.31
一般	150	37.41	37.88	94.19
不太满意	14	3.49	3.54	97.73
很不满意	9	2.24	2.27	100.00
缺省	5	1.25		
总计	401	100.00		

（3）学生在合唱课中的收获

总的来说，大多数学生认为自己在合唱课中是有收获的，80.3%的学生认为自己在不同方面有所收获，只有19.7%的学生认为自己没什么收获。

在合唱课中，认为"提高了合唱技巧"的学生人数占总人数的72.8%，认为"增强了表现力"的学生人数占总人数的39.3%，认为"增强了合作意识"的学生人数占总人数的69.3%。

3.任意选修课

学生对自己所选课程的喜欢度、满意度和收获如下（为了便于直观表述，我们将其数值化。如对选修课的喜欢程度中，选择"很喜欢"为1分，"较喜欢"为2分，"一般"为3分，"不太喜欢"为4分，"很不喜欢"为5分，统计好后求平均分，数值越低，说明该课程越受欢迎）。

校本课程	喜欢度（分）	满意度（分）	收获（分）
太极	2.0000	1.9000	2.3000
形体与健美操	2.1765	1.8824	2.1176
足球赏析	1.2857	1.2857	1.5714
瑜伽	1.1667	1.5000	1.6667
成长不烦恼	2.0000	1.8000	2.6000
体育运动欣赏	1.0000	1.0000	1.6667

（续表）

校本课程	喜欢度（分）	满意度（分）	收获（分）
礼仪与服装表演	2.0000	2.1250	2.3750
舞蹈表演	1.4167	1.5833	1.5833
雕塑	1.5000	1.5000	1.5000
中国画	1.0000	1.0000	1.0000
The Family Album	1.6667	1.3333	1.3333
看电影学英语	1.0000	1.5000	1.5000
影视欣赏	1.6923	1.9231	2.0769
课本剧表演	1.8000	1.7000	2.2000
科学探索：在动手实验中展现个性	1.5000	1.5000	2.0000
星空探索	1.8571	1.2857	2.0000
时事沙龙	1.7619	1.8095	2.0476
礼仪大学堂	2.0000	2.3000	2.4000
Flash 大学堂	1.6800	1.7600	1.8000
电脑高手速成	1.8750	1.7500	1.7500
软件DIY——程序设计	2.4000	1.8000	2.0000
中华饮食文化	2.0000	1.6667	2.3333
钢琴演奏	1.5000	2.0000	2.5000
篆刻	1.3333	1.3333	1.3333
网络新闻与报纸新闻的编写	1.4000	1.4000	2.0000
机器人	1.0000	1.0000	1.0000
模型	1.4286	1.5714	1.8571
影视编辑及摄录技术	2.0000	2.0000	2.0000
总计	1.7264	1.7214	1.9602

4.不同类型学生的差异

（1）性别差异

学生在对合唱课满意程度上存在极显著的差异，男生满意程度明显低于女生。

在"校本课程的教学内容都很适合我"这一问题中，男生的评价显著低于女生。

（2）年级差异

值得注意的是，在我们所考查的每一个项目上，高二的平均分都要高于高一，也就是说，高二学生对校本课程各方面的评价都低于高一学生。具体来看，在如下项目上二者存在差异。

高二学生对合唱课的喜欢程度、满意程度低于高一学生。

高二学生对校本课程数量是否充足的评价低于高一学生。

高二学生对校本课程质量的评价低于高一学生。

高二学生对校本课程上课方式的评价低于高一学生。

高二学生对在校本课程中给学生评定等级的方法的评价低于高一学生。

三、学生最需要开设的课程

这里呈现的是学生对当前最需要开设的校本课程领域的期望度。

校本课程领域	计数	响应比例（%）	例子比例（%）
学会交往	235	12.0	59.0
学科竞赛	38	1.9	9.5
耐挫心理素质	160	8.2	40.2
职业体验	130	6.6	32.7
科技前沿	110	5.6	27.6
社会纵横	107	5.5	26.9
认识学校	21	1.1	5.3
地方文化	34	1.7	8.5
团队领导能力	151	7.7	37.9
生涯规划	111	5.7	27.9
生活技能	228	11.6	57.3
特长爱好	237	12.1	59.5
创新能力	251	12.8	63.1
身心健康	148	7.5	37.2
总计	1961	100	492.7

排在前五名的课程领域：创新能力、特长爱好、学会交往、生活技能、耐挫心理素质。

排在后三名的课程领域：认识学校、地方文化、学科竞赛。

附录 11
江苏省锡山高级中学校本课程开发指南
（修订）

要想让全新的校本课程规划方案成为指导教师开发校本课程的纲领性文件，需要制订校本课程开发指南，以使教师进一步明确校本课程开发的意义、校本课程的规划基础、校本课程的目标、校本课程的框架、校本课程开发的原则、校本课程开发的流程、校本课程的申报与审议流程，并积极倡导教师合作开发校本课程。

一、校本课程开发的意义

1. 校本课程是课程体系中不可或缺的一部分

《中共中央国务院关于深化教育改革全面推进素质教育的决定》中明确指出："建立新的基础教育课程体系，试行国家课程、地方课程和学校课程。"学校课程即校本课程。校本课程开发是全面贯彻党的教育方针，严格执行国家课程计划，具体落实教育的统一性与多样性相结合的重要措施。

2. 校本课程开发能够更好地体现学校的办学特色

校本课程开发的前提条件之一就是学校必须具有明确的教育哲学，通常用学校培养目标或办学宗旨来表述。学校的培养目标是通过国家课程、地方课程与校本课程来实现的，但国家课程追求共同、统一，难以照顾学校间的差异，而校本课程是以学校为本位，由学校自己确定的课程，它更适合本校学生，通过校本课程能应对学校间客观存在的差异，而且学校通过校本课程能实现自己的办学特色。

3. 校本课程开发能够更好地满足学生的兴趣与需要

学校的办学特色是针对学校间的差异而言的，其实还有更具体的学生间的差异。国家课程无法照顾具体学校的学生的差异，但这种差异是客观存在的，教育必须面对这种差异，而要满足不同学生的需求，只能通过实施校本课程来实现。

4. 校本课程开发是促进教师专业发展的重要途径

校本课程开发可使教师有机会全面了解课程编制的过程，把握课程的纵向与横向结构，使教师更加深刻地理解国家教育方针和学校办学宗旨，同时为教师提供了积极主动和创造性地发挥自己教育智慧的空间。

二、校本课程的规划基础

1. 学校教育哲学：体貌谦恭，学养厚重，胸襟旷达，志趣高远

2. 学生课程需求：创新能力、特长爱好、学会交往、生活技能、耐挫心理素质、团队领导能力

3. 地方课程期待：融入时代精神，体现区域文化

4. 学校课程资源：教师课程意识较强、课程开发技能较高，教学设施比较完善，课程开发经费比较充足

三、校本课程的目标

1. 学会交往，提升团队领导能力。

2. 体验探究，增强创新精神。

3. 尝试选择，开展生涯规划。

4. 热爱生活，培养健康的闲暇爱好。

5. 认同自我，拥有坚毅的心理品质。

四、校本课程的框架

限定选修类（共6类课程，需获得3学分）：团队领导能力、创业设计、合唱、演说、形体、国学基础

任意选修类（共7类课程，至少获得3学分）：心理教育、生活技能、特长爱好、科技前沿、社会纵横、文化讲坛、大学先修课

五、校本课程开发的原则

1. 自主性原则

校本课程开发应尊重学生的主体地位，以学生的自主活动为主，多为学生提供想象、创造的空间；应尊重学生的个性特点与需要，为学生的自主发展提供广阔的空间。

2. 灵活性原则

教学内容、教学方法应依学生的实际情况而定，要灵活地进行内容、形式上的调整，以使全体学生都得到发展。

3. 开放性原则

教学目标应具有开放性，教学目标要面向学生的个性发展，尊重学生发

展的需要；课程内容应具有开放性，内容选择应面向学生的生活世界，随学生生活的变化而变化；活动的过程与结果应具有开放性，要关注学生在活动过程中产生的丰富多彩的学习体验和个性化的表现。

4. 探究性原则

教师在教学过程中要给予学生探究的机会，促使学生积极地分析问题和解决问题。学生的学习过程应是基于"问题"探究而展开的实践研究，应是一种发现式的探究学习。

5. 体验性原则

校本课程的教学应以实践锻炼与案例调查研究为主要形式，强调学生的亲身经历，引导学生积极参与到相关活动中去，使学生在考察、实践、探究等一系列活动中发现和解决问题，体验和感受生活，发展实践能力和创新能力。要重视学生的研究过程和体验，不能只重视研究成果价值的大小。

六、校本课程开发的流程

1. 评估

评估的主要内容包括明确学校的培养目标，调查学生和学校的发展需要，分析学校与社区的课程资源等。

2. 确定目标

确定目标是学校对校本课程的价值的定位。学校课程审议委员会需要在上述分析与研究的基础上，通过审议确定校本课程的总体目标，制订校本课程的大致结构，其表现形式是形成每学年的校本课程开发指南。

3. 组织与实施

根据校本课程开发指南中的总体目标、课程结构、开发程序、管理条例等，对教师进行必要的培训。教师填写《申报表》，自主申报校本课程。学校课程审议委员会根据校本课程开发指南与教师的课程开发能力，对教师申报的校本课程进行审议。审议通过后，编入《学生选修课程目录与课程介绍》。学生根据自己的志愿选课，某一课程选课人数达到一定的数量后，才准许开课。在此基础上，学校形成一份完整的学期《校本课程开发方案》，教师在课程实施之前撰写《课程纲要》。随后，进入教学实施阶段。

4. 课程评价

评价是对校本课程开发过程中一系列活动的价值判断，是加强学校课程管理的重要手段。评价的重点放在校本课程开发流程与校本课程实施的规范性上，前者主要通过健全学校课程审议委员会组织、严格工作规范来实现，后者则主要依靠课程教学处对教学常规的监管来达成。

七、《申报表》的编写

申报校本课程的教师，填写《申报表》，《申报表》中主要包括申报教师、课程类别、课程名称、学分、总课时、开课地点等内容。

八、《课程纲要》的编写

确定开设校本课程的教师，必须按照规定的格式，编写所开设课程的《课程纲要》。《课程纲要》由下列要素组成。

1. 一般项目

一般项目中包括课程名称、课程类型、教学材料、授课课时、主讲教师、授课对象。

2. 具体内容

（1）课程目标陈述（写4～6个目标；目标必须全面，恰当，清晰；涉及目标的三个维度与学生的学习水平）。

（2）课程内容或活动安排（要求重点明确，按从易到难排序；涉及选择什么样的内容与怎样组织这些内容，或安排什么样的活动）。

（3）课程实施（含方法、组织形式、课时安排、场地、设备、班级规模等）。

（4）课程评价（主要是对学生学业成绩的评定，涉及评定方式、记分方式、成绩来源等）。

3. 现有条件分析

（1）已有课程成品形式（是否有合适的教材和可选用的参考书等）。

（2）课程开发有什么困难？需要学校提供什么帮助？

从校本课程走向学校课程
（2008年至今）

⊙ 人文课程基地的阅读课

⊙ 想象·创造课程基地的建筑模型设计课

⊙ 人文课程基地的哈佛与演讲辩论课

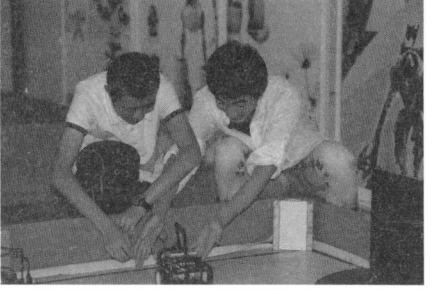

⊙ 想象·创造课程基地的机器人课

⊙ 同学们在巅峰体育课程基地学习击剑

一、形成新的教育哲学

1. 悟读百年校史,梳理学校教育哲学

对一所学校而言,百年历史是丰厚的财富,也是极好的教育研究视角。透过百年历史去阅读教育,应该更容易看到教育的本质。我校从清末肇造已阅百载春秋。实际上,一所学校有了百年的历史,悠长的时光如漫溢的流水会为其沉淀堆叠出厚重的文化层。将这样的文化层慢慢地揭开,尽管历史的影像漫漶模糊,还是依稀可辨教育的痕迹,隐约可闻教育的故事。远逝的一切,历经岁月的淘涤,拂去喧嚣,留下的是最素朴的真理,是让人静心明目办教育的常识。

在我校历史上的匡村中学时期,学校的创办者匡仲谋校长就立下了"养成健全人格、发展个性才能"的训育主旨,明确了教育的目标所向——人的成全;后据《匡氏文存》刊载,他又进一步明确,高中要以自由研究、发展个性、培育实用人才为主旨;进而以主旨统摄,以原则、标准、方法列目,构建了富有个性的指向于"人的成全"的教育哲学体系。

对话学校历史,让我们尤为感佩的是匡村中学时期我校颁订的"十大训育标准":锻炼健康强壮之体魄,陶冶言行一致之美德,涵养至公廉洁之节操,激发舍身为国之精神,鼓励服从团体之主张,训练谦恭温和之体貌,养成灵敏精密之头脑,练习增加生产之技能,培养节俭耐苦之习惯,增进活泼愉快之态度。"十大训育标准"从身心与道德、操守与价值、精神与气质、思维方式与实践能力、生活习惯与人生态度等方面细化了学校的培养目标,使"健全人格,发展个性"的主旨呈现得更加明晰,也使学校的教育对人的刻画更加立体、丰满,套用今天的话来描述,就是"成全"和谐而全面发展的人。按照"十大训育标准"的内在逻辑顺序来概括,其教育目标应该是"身心为先、品行为重、能力为本、习惯为基、愉悦发展",旨在培养体魄强健、品行高尚、智慧能干、持俭耐苦、阳光乐观的人。

匡村中学时期的校训为"诚敏"。悟读"校训"与"十大训育标准"会发现流淌其中的是中华传统文化的核心精神。以"诚"而言,校训讲"诚","十大训育标准"也将"陶冶言行一致之美德"列为德育目标之首,这充分体现着尊崇"诚为天道"的文化传统。孟子说:"诚者天之道,思诚者人之

道。"人言行一致、重诺守信的美德正是在师法天道"四时不忒"的诚信。其余各条训育标准，涵盖公、义、廉、群、礼，也都能在儒家文化的"四维八德"中察其源之所自。

2. 制订新的学校育人目标

我校正处于转型期，其特征注定了矛盾冲突在所难免。改变教育现实不是一朝一夕的事，课程的变革也是一个漫长的过程。在变革过程中，我们会遇到来自自身及外部的各种困难，这些不是一个口号、一套理论就能解决的，也不是立于理想的境地，树立一面旗帜，就可以导引人们走出困境的。因此，产生于现实困惑之中的种种摆脱困境的思考与作为，才最具现实意义，才可能是我们奉献给时代的最有价值的经验。基于这样的认识，我们不断追问教育的本质，在追问中不断认识教育的价值与意义，并将此确立为坚定不移的教育追求、教育信条，确立为坚守的方向。

2010年，为贯彻落实《国家中长期教育改革和发展规划纲要（2010—2020年）》中关于"教育家办学"的要求，教育部中学校长培训中心受教育部人事司委托，开办"全国优秀中学校长高级研究班"，旨在培养一批教育家型的杰出校长。为了集中展示、交流、推广中学校长高级研究班的成果，教育部中学校长培训中心牵头举办了"人民教育家论坛"，从全国重点中学校长中遴选出清华大学附属中学校长王殿军等7人，让他们就各自的教育理念举行研讨会。10月24日，教育部中学校长培训中心和江苏省教育科学研究院联合主办了"唐江澎教育思想研讨会"。唐校长以这次研讨会为契机，再次研读我校百年办学历史，再次梳理学校教育哲学，并结合历史与现实，提出了新的学校育人目标：培养生命旺盛、精神高贵、智慧卓越、情感丰满的时代新人。

唐校长面对匡村中学时期的"十大训育标准"独坐殚思，开始了与匡校长的遥远对话，也开始了对教育的深远追问。相望之中，唐校长将追问一个个抛出，最后终能有所感悟，而这一个个感悟又一次次解开了教育迷惑。

比如，我校教育哲学为何要坚守"身心为先"？

匡校主所处的时代积贫积弱，而立志以教育救国的匡校主，自会将身心的强健视为教育的第一要务。在保存的数百张匡村中学时期的照片中，有一张运动健儿的合影,从照片中运动健儿所举锦旗上绣着的八个字——"积健为雄、强国先声",可以找到匡校主教育主张的本意。其实,在那个时代以"体育"来"鼓民力",通过"血气体力之强"来"强国"是较为普遍的主张。当年,南开中学的校长张伯苓也认为,强国必先强种,强种必先强身。

如今,我们的教育难道就不需要以身心为先吗?如果仅从重要性的角度来讨论是应以"德育为首"还是应以"体育为先",可能会使我们陷于无谓的纷争中。若换个角度,从教育担负的使命来考量,从人的生命发展来判断,似乎就可以直抵问题的本质:在人的生命成长中,身心的发展应排在首位,人要成为人,首先需要生命的茁壮,需要不断呵护生命的成长。生命之宝贵,在于它只有一次,从珍爱生命的角度看,教育应该致力于使人养成良好的健身习惯,进而能够终生承担起爱护、照料生命的责任。

有了这样追问之下的澄清,就有了从教育"成全人"这一本质上对体育的坚守:学校体育是为了成全生命的成长,应置于教育的首位。其基本指向不是为了挑战"更高、更强、更快"的生命极限,也不是为了锦标桂冠的荣耀,而是为了使人增强体育意识,养成健康的生活方式和良好的健身习惯,从而承担起照料自我生命的责任;学校一切教育活动的开展,都不能以伤害人的生命健康为代价。因此,高中体育课程的名称就应该是体育和健康。我校体育教学采用的主要组织形式是基于学生健身兴趣由学生自主选择的专项选修,而不是技能模块的必修;活跃于校园的运动组织是"体育俱乐部",而不是"体训队"。选修体育专项的学生比赛拿了名次让人高兴,但更让人高兴的是学生们喜欢玩也更会玩了。

"体魄强健、品行高尚、智慧能干、持俭耐苦、阳光乐观",学校百年教育哲学中的每一条,都在不断追问中被一一澄清,也都被我校确立为坚守的信条。我们在吸纳时代精神,归理传统文化的基础上,逐渐概括出当下新的教育哲学——培养"生命旺盛、精神高贵、智慧卓越、情感丰满"的时代新人。

二、国家课程校本化,整体构建学校课程体系

1. 学校课程体系构建的价值取向和原则

我国中小学自2000年左右开始实行国家、地方、学校三级课程管理体制,

从校本课程走向学校课程 锡山高中课程探索之路

这既意味着课程民主的推进,由"集权"走向"分权";也意味着课程责任的多元,由"独荷"走向"分担"。学校一级,在享受课程权力的同时,必须承担相应的课程责任,这样的责任不仅包括"视当地社会、经济发展的具体情况,结合本校的传统和优势、学生的兴趣和需要,开发或选用适合本校的课程",还包括忠诚地实施国家课程,尽力将国家课程方案变成学校层面的课程实践,即国家课程的校本化。因为无论是国家课程还是学校课程,都必须落实到学校层面才有意义,才能化抽象为具体生动的课程实践。由此可见,学校课程体系的构建包括国家课程校本化实施和自主开发校本课程等。

施耐德、富兰等人将 20 世纪 70 年代之后研究者对课程实施的研究总结为三种基本的研究取向,即忠实的研究取向、相互适应的研究取向和创生的研究取向。国内有学者将国家课程的校本化实施界定为:在坚持国家课程改革纲要基本精神的前提下,学校根据自身性质、特点和条件,将国家层面上规划和设计的面向全国所有学生的书面的学习经验转变为适合本校学生学习需求的学习经验的创造性实践,包括教材的校本化处理、学校本位的课程整合、教学方法的综合运用和个性化加工及差异性的学生评价等多样化的行动策略。因此,学校课程体系的构建中的国家课程校本化实施,应以"忠实"为价值取向,忠诚于国家课程方案的价值追求,确保国家课程得到充分、有效的实施,尽力把承载民族未来希望与国家意志的课程方案变成学校一级的生动实践。而其中的校本课程开发,可以"创生"为主,根植于学校文化情境,为学生成长提供多样的、可供选择的课程,让个体生命全面而充分地生长。在学校课程体系构建中,处于主导性、本体性的仍是国家课程,因此,"忠实"取向必然是主导取向,而"创生"取向从某种意义上说,也要体现"忠实"取向的终极追求。"忠实"不是照本宣科,"创生"也不是另起炉灶,其根本追求是把课程理想层面的国家课程方案变成让学生感受得到的现实课程,不走样,不变味,有成效,高质量。

构建学校一级的课程体系,我们首先对国家课程体系内每一个细分领域的开发与实施进行系统、扎实而且专业的研究,先易后难,先急后缓,渐次推进,即从个别到局部,最终由局部推进到整体构建。在形成学校课程规划方案及其实施的过程中,我们始终坚持顶层设计,遵循了价值统摄、整体协同、关注技术、调适整合等基本的原则和方法。

价值统摄，即在我们的课程方案的整体构建中，以"成全人"的育人目标、"生命旺盛、精神高贵、智慧卓越、情感丰满"的教育哲学统摄定位各类课程。整体协同，即协同课程规划内部目标、结构、内容、实践间的相互关系；协同课程规划保障机制、各类制度建设间的关系，最终形成整体协同的课程规划与创新实施机制。关注技术，即在国家课程的校本化实施过程中，深入探索课程标准分解技术、教学目标叙写技术、评价方案设计技术、课堂观察技术等可操作的技术规范，以确保忠实实施国家课程；在校本课程规划开发过程中，严格遵循课程整体规划和每门课程开发的技术规范。调适整合，即基于学校的育人目标和学生的个性化需求，调适部分国家课程与选修Ⅱ课程的结构比例和实施方式。

我们构建的课程体系力图具有这样的特征：育人目标与课程门类协同一致，每类课程都有清晰明确的育人指向；课程方案结构与功能合理匹配，国家课程与选修Ⅱ课程比例适切并在功能上各有分担，做到"各得其所"和"各得其宜"，既全面落实国家课程方案，又充分满足学生的成长需要，既体现一所学校为了学生的发展所坚守的课程责任，又体现一所学校对专业精神的持续追求。

2. 校本课程开设现状和面临的问题

我校已把"十大训育标准"和"诚敏"校训镌刻于墙，不仅要求广大师生铭记于心，更重要的是要切切实实地践履于行，落实在日常的教育教学行为中。经验告诉我们，课程是实现教育追求的重要载体，在校本课程开发中，最应关注的是努力让所有课程都被学校教育哲学照亮。

对照当下的学校教育哲学，反观现行的校本课程体系，我们再度追问校本课程的价值何在。在反思与追问中，现行校本课程体系中的问题也一一暴露在我们面前，随着时间的推移，这些问题越发严重。校本课程的开发过程是一个不断地发现问题、解决问题，不断优化调整，以适应时代变迁与学生需求的过程。

现在所开设的校本课程，一门课程一学期约为18课时，每周只有1课时，因此，学生难以进行深度学习。很多学生反映，总是刚到精彩之处，下课铃便响起，下一节课，需要一个礼拜的等待。在这漫长的等待中，上一节课的内容被遗忘殆尽，每次上课前，教师都要花很长时间带领大家回忆上一节课的内容，之后才能继续新内容的学习，这些问题在动手实践的课程中表现得尤为突出。比如走进神奇的化学世界这门课程，有时候学生正在热火朝天地进行化学实验，实验还没完成，下课铃却无情地响了起来，学生只能放弃实验，下一节课还需重新进行实验，浪费了很多时间。这样的学习是蜻蜓点水式的，学生根本无法进行深度学习，这与高中阶段的学习要求是相悖的。

反观现行的校本课程体系我们不难发现，很多校本课程的科技文化含量不高，与中学生的知识基础及学习要求不匹配。"肤浅"是我校2005—2008年校本课程开发中的突出问题，这与校本课程在我校的发展历程不无关系。经历了停开重创之后，我们再次开设校本课程时，考虑的重点是如何让校本课程恢复以前的生机勃勃，因此在进行校本课程审核的时候相对宽松。而当校本课程百花齐放之后，我们必须根据学生的知识储备和学时特点一一评估校本课程的难易程度及课程质量。如"美食每刻""淑女大学堂"等课程的内容略显低幼，似乎放在小学阶段也可以，放在初中阶段也可以。

与此同时，国家课程中的艺术鉴赏课、通用技术课在教学过程中，也暴露出严重的问题。在艺术鉴赏方面，学生体验不足、缺乏实践机会。几年来，艺术鉴赏课仍然像语文课中分析课文一样上课，老师在上课的时候总是带领学生进行一些名画分析、名曲欣赏。这样的赏析能提升学生的审美能力吗？大部分学生听过之后就会忘记，无法将其内化为自己的真实感受，学生只有在体验、实践中才能真正提升审美能力。只进行名画分析、名曲欣赏的艺术鉴赏课远不能满足当今学生的需求。艺术课不动笔画、音乐课不开口唱，怎么可能提升艺术修养？像舞蹈、书法、话剧表演、电影制作等与艺术有关的领域，原始的艺术鉴赏课根本无法涉及。在通用技术课上，学生的准备时间和材料整理时间太长，有效学习时间不足。比如，组装太阳能小汽车，学生要准备太阳能电板、车轮、轴承、铁板等材料，铁板尺寸不合适的话还要自己切割，很难在一节课中完成这些颇为艰巨的任务。因此，改革艺术鉴赏课和通用技术课迫在眉睫。

另外，在研究性学习课程中，学生的部分选题略显肤浅，多是偏重于人文类、较少动手实践的选题。以下是2005年高一（6）班学生的研究性学习课题。

领题人	课题
徐星梦	关于锡山高中高中生减压方法的研究
濮辰成	淡水的获取与净化
李烨毅	对汽车的现状及其发展的研究
刘　峰	锡山高中学生日常消费调查
冯紫薇	关于清朝皇帝康熙、乾隆的故事研究
杨　晓	关于无锡风味小吃的研究
姚丁榕	从中国服装设计看改革开放三十年
冷晓虹	中英美流行音乐发展的研究
徐一杰	关于锡山高中学生对食堂菜品满意度的研究
杨翔昆	网络游戏对高中学生的影响

在该班的 10 个课题中，人文类的占 90%，需要动手实践的只有"淡水的获取与净化"这一个课题。人文类课题中，多半是关于吃、穿、音乐、动漫游戏等趋于娱乐化的肤浅课题，只有"对汽车的现状及其发展的研究""锡山高中学生日常消费调查""从中国服装设计看改革开放三十年"这三个课题稍微有点深度，有点研究价值，而这几个课题是在老师的不断引导下才形成的。如"从中国服装设计看改革开放三十年"这个课题，学生本来只打算研究流行服饰。这样研究下去，学生的研究能力、探索能力怎么可能得到提升。

面对艺术鉴赏课程、通用技术课程、研究性学习课程、校本课程等存在的问题，我们再度思考校本课程的价值是什么？校本课程在整个课程体系中到底能发挥什么作用？校本课程在培养生命旺盛、精神高贵、智慧卓越、情感丰满的时代新人方面，到底能起到什么作用？是不是可以打破学科壁垒，在课程统整、有机融合中使这几大类课程的价值都得到提升？

3. 艺术课程与校本课程的整合

面对课程问题，我们加强了理论学习和实践研究，我们学习了日本学者佐藤学的深度学习理论和 James A. Beane 的课程统整理论，企图找到突破这些课程难题的方法。佐藤学先生认为，学习就是跟客观世界的交往与对话，跟他人的交往与对话，跟自身的交往与对话，课程应该由阶梯型转向登山型，即转向以探索为中心的课程，课堂教学应从独自走向对话，教师应该由教的专家转向学的专家，如此才能实现深度学习。James A. Beane 认为，课程统整是以问题为中心，在解决问题的过程中不断引入新的不同学科的知识与能力，实现民主的学习的过程。校本课程中的"油画初探""合唱""平面广告设计"，不正是艺术课程的延伸吗？校本课程中的"飞行器设计""电视制作"不正是通用技术课程的延伸吗？而信息技术在研究性学习课程中发挥着越来越重要的作用，在研究性学习课程中，从选题到收集资料，到开展研究，无不需要信息技术的支持。何不将这几类课程重新梳理，进行整合？

基于以上研究和思考，在 2007 年召开的学校教职工代表大会上，我们提出了学校课程发展建议："不断提高选课走班制教学的比例，统整研究性学习课程、通用技术课程、艺术课程和校本课程，创造性地执行国家及地方课程方案。"这样的提议得到了教师们的大力支持。会后，大家积极行动起来，我们先后召开了三次课程开发研讨会，决定率先尝试将校本课程与艺术课程相整合。大家认真研读了《普通高中艺术课程标准（实验）》和我校的《指南（修订）》，在科学分析了学校教育哲学、学生课程需求、地方课程期待和学校课程资源的基础上，重新规划了校本课程和艺术课程。

目前，大多数学校的艺术课程是美术和音乐分开开设的，鲜有学校能够开设综合艺术课程。我们的课程开发团队在仔细研究了《普通高中艺术课程标准（实验）》之后，结合学校实际，构建了艺术与生活、艺术与情感、艺术与文化、艺术与科学四大系列课程，并分别从音乐、美术、舞蹈、戏剧四个艺术门类切入，形成了综合艺术课程的 17 门选修课程（见下表）。在这些课程中，一些是原有艺术模块的拓展深化，一些是对原校本课程中精品艺术类课程的整合，一些是符合实际教育需求的全新课程。这些课程的开设使得我们的艺术教育模块更丰富、更新颖、更实用。

系列 门类	艺术与生活	艺术与情感	艺术与文化	艺术与科学
音乐		合唱艺术与音乐的情感表达、器乐演奏		电脑音乐创作与实践
美术	疯狂的图像、生活与设计、服装设计与表演、摄影（一）	油画（一）	陶艺、软笔书法	Flash 大学堂、平面广告设计
舞蹈	舞蹈与形体	爵士舞入门		
戏剧	校园微电影	体验经典话剧、英美戏剧表演	英美文学影视赏析	

校本课程和艺术课程的整合，是将国家课程和自主开发的校本课程融会贯通的大胆尝试，既能将国家课程中的一些目标、要求落到实处，又能提升校本课程的品位与内涵。

4. 通用技术课程与研究性学习课程、校本课程的整合

校本课程与艺术课程整合成功后，我们又开始了通用技术课程与研究性学习课程、校本课程的整合，逐渐形成了"必修+选修+研究性学习+校本课程+科技特长生培养"五位一体的课程体系。

原来的通用技术课程只是以必修课的形式在高一年级开设，所以很多学生在高一结束后便不再选修通用技术课程，因而很多在该方面有特长的学生不能持续地学习，相关能力得不到提升。此外，学生对通用技术课程存在认识上的偏差，认为这是一门无关紧要的课程。原先以行政班为单位的大班化教学，每周只有一节通用技术课，学生进行实践操作的时间严重不足。以上种种原因，造成了通用技术课程教学质量不理想的现状。要想解决这一问题，提高学生的学习热情和兴趣，必须从课程设置入手，整合课程，给学生更广阔的理论学习空间和动手实践空间。

我们尝试将通用技术课程与研究性学习课程进行整合，使学生可以通过研究性学习课程中的课题研究，继续学习通用技术课程。在研究技术类课题时，学生基于项目进行团队合作，在合作中传递知识，共享学习资源。

我们又将通用技术课程与校本课程进行整合，积极利用学科特色和自身优势，进行科技类校本课程的开发。我们开发了更适合本校学生且能够顺利实施的技术类校本课程，以此提高了学生的积极性，激发了学生的创造力。在侧重技术类校本课程开发的同时，结合通用技术的学科特点，我们还开发了一些艺术设计课程，以给不同类型的学生更多的选择。在课程整合之前，通用技术组的吕老师开设的校本课程是"淑女大学堂"，主要教给学生编织、串珠等手工艺术，课程的科技含量不高。课程整合后，她开发了"复杂机器人制作创意方案的设计"这一高质量、广受欢迎的课程。整合后的课程既是通用技术课程的延伸又以校本课程的形式开设，课程的质量得到了提升。

通用技术课程与研究性学习课程、校本课程相整合，最终形成了自动控制、电子控制、创意设计、电脑设计与加工、建筑与设计五大类15门课程。课程结构如下。

门类	课程
自动控制	机器人与传感器、单片机智能控制与传感器
电子控制	绿色能源发电技术、电动车原理、微模型制作（航空模型、航海模型、汽车模型、火箭模型）
创意设计	创意方案的设计、发明创新与专利申报
电脑设计与加工	数控机床加工，激光切割，钻、铣车床加工技术，影视拍摄与非线性编辑，CAXA 实体图设计，AutoCAD 平面图设计
建筑与设计	结构设计与制作、建筑模型设计制作

通用技术课程与研究性学习课程、校本课程的整合，着重于学习方式的借鉴、通用技术课程学习的延伸及三大类课程质量的提升，收到了理想的效果。

2008年经过了科学整合的通用技术课程、研究性学习课程、校本课程，以崭新的面貌呈现在我校学生面前。在整合后的课堂上，体验、探究、实践、合作成为学生学习的主要形式，这极大地满足了学生多方面、多层次的需求，也解决了原有课程体系中暴露的问题，使学生实现了深度学习。

5. 信息技术课程与研究性学习课程的整合

基于研究性学习课程在实施过程中面临的问题及信息技术在研究性学习课程中发挥着越来越重要的作用，我们开始思考信息技术课程与研究性学习课程整合的可行性。因为这是两门不同类型的课程，而且每年的12月份都要进行"江苏省普通高中信息技术学业水平测试"，所以我们需要慎重地考虑两门课程的整合问题：两门课程能不能整合？整合的基点在哪里？以什么样的方式整合？

2007年我校尝试开展以项目为主的综合性学习课程，收到了良好的效果。与此同时，我们在信息技术课程中开展了项目型学习实践，学生制作出一大批高质量的网站。两门课程均尝试了基于项目的探究式学习方式，也都取得了不错的成效，这便为两门课的整合提供了契合点。

《全日制普通高中信息技术课程标准（审定稿）》中指出："信息技术既是一个独立的学科分支，又是所有学科发展的基础。信息技术既是一个重要的技术分支，又已经深化为改造人类生产与生活方式的基本手段。"《普通高中"研究性学习"实施指南（试行）》中指出："设置研究性学习的目的在于改变学生以单纯地接受教师传授知识为主的学习方式，为学生构建开放的学习环境，提供多渠道获取知识、并将学到的知识加以综合应用于实践的机会，促进他们形成积极的学习态度和良好的学习策略，培养创新精神和实践能力。"并建议："有条件的地方应尽量利用高校、科研院所、学术团体、专业技术部门的人才资源，利用电子信息资源，为学生研究性学习的开展提供有力支持。"

信息技术课程和研究性学习课程都是在新课程改革中得以迅速发展的课程。研究性学习课程是中国教育现状的特定产物。受传统学科教学目标、教学内容、教学时间、教学方式和评价体系的影响，目前开展研究性学习课程尚有一定困难。从课程本质上看，研究性学习课程对学生只是思想上的培养和熏陶，需要融入其他学科的教学中。在我国，信息技术课程的教育环境相对宽松，信息技术课程中，以信息的获取、加工、管理、表达为主的教学过程与研究性学习课程的开展相契合。基于以上原因，我校尝试以信息技术课程为载体，全面开展研究性学习课程，使学生在研究性学习课程中学习信息技术内容，提升学习效率。

明确了两门课整合后的名称——基于 IT 的研究性学习课程，之后我们开始了《课程纲要》的制订。经过充分的讨论和修改，《江苏省锡山高中信息技术课程、研究性学习课程整合实施方案（初稿）》出炉，标志着基于 IT 的研究性学习课程初步完成理论构架，进入实施阶段。

整合后的基于 IT 的研究性学习课程横跨《普通高中课程方案（实验）》所确定的八个学习领域中的两个：技术、综合实践活动。

基于 IT 的研究性学习课程的安排如下：高一上学期每周安排 2 课时，高一下学期每周安排 2 课时，学习内容为与信息技术相关的课题研究；高二上学期每周安排 3 课时，其中 2 课时的学习内容为信息技术知识梳理与复习，学习时间截至每年 12 月份江苏省普通高中信息技术学业水平测试前一周，1 课时的学习内容为课题研究；高二下学期每周安排 2 课时，学生在教师指导下自主进行课题研究；高三以集中授课的方式，由学生提出课题，开展自主研究，凭课题研究成果获取该课程的学分。基于 IT 的研究性学习课程，将信息技术课程和研究性学习课程融合在了一起。

2008 年在信息技术课程及研究性学习课程整合后，学生的选题方向发生了变化，科技类、学科类的选题明显增多，课堂教学呈现出全新的面貌。2008 级高一（8）班学生的选题如下："多功能水上载物平台设计""环保能源模型船的设计与制作""惠山区空气质量的测评与分析""课间音乐的播放方案设计""乐群湖水质的分析与研究""锡山高中引入外来餐饮机构的可行性分析""锡山高中值周班制度的改进研究""宿舍照明设施的节能改进""自动捡垃圾机器人的研发"。科技类、学科类选题由 2006 年的 10% 上升到 70%，选题的研究价值、研究质量也有了明显提高。

如今，课程整合还面临着教师队伍能力、教研活动衔接等诸多问题，需要我们进一步去实践、探索。

6. 大学先修课程

在学校课程体系构建过程中，我们感觉到仅仅依托本校教师资源和社区课程资源来开发校本课程是远远不够的，是难以满足学生的发展需求的。为进一步丰富校本课程，我校开始与世界一流大学合作，充分利用高校的优质课程资源，充实、丰富我们的课程体系。2013 年始，我们引进了哈佛辩论证书课程、法国政府支持的法语听力与写作课程、北京大学先修课程及清华大学推出的中国慕课大学先修课（MOOCAP）。

我们结合本校学生情况及学校教育哲学，对哈佛大学辩论证书课程进行了改革，形成了"哈佛演讲与辩论"课程。改革后的课程更具中国特色，更符合中学生的学习特点。

哈佛演讲与辩论课程是一门全面培养学生语言、思维和表达能力的综合性学术课程。选课时，哈佛演讲与辩论课程受到了学生的追捧，一门课程百余人选修。但作为校本课程，又强调走班制、小班化教学，为了解决选修人数过多的问题，同时为了让更多的学生能学习这门课程，课程教学处特安排这门课程在同一年级分时间段开设。

2013 年 3 月 7 日，该课程正式亮相，来自弗吉尼亚大学的 Charles Baldis 博士登上我校讲台，将学生带入哈佛演讲与辩论课程的学习中。Charles Baldis 老师逻辑思维严谨缜密，教学时很有耐心，他努力为学生创设良好的英语学习环境，使学生在辩论实践中锻炼思维，提升学术研究能力、逻辑思维能力、公开演讲能力。两节课上下来，部分学生觉得有点跟不上，但 Charles Baldis 老师说："这是正常现象，初次接触难免生疏，时间长了，学生们一定会记住这些专业术语，一定能成为演讲、辩论的高手。"选修这门课程的季承同学说:"虽然现在还不能完全听明白老师讲的内容,但这些内容对我们来说真的很实用。感谢学校为我们提供了这门高品质的课程,期待我能同全国、全世界的辩手进行辩论。"

2014年初,中国教育国际交流协会首次从全国遴选了包括哈尔滨工业大学在内的14所学校(其中8所中学,4所大学),参加"中法语言助教交流项目",我校是其中之一,江苏省仅此一家中学入选该项目。法国政府选派了Gleyse Sandy来我校开设法语听力与写作课程。Gleyse Sandy老师来自普罗旺斯,获得大汉学及翻译硕士学位、语言学(对外法语方向)硕士学位,她的法语和汉语都非常棒,同时精通英语和西班牙语。课堂所用教材是其从法国带来的原版教材,她还根据中国学生的特点,对教材进行了调整。这门课程受到了同学们的追捧,一些学生出于兴趣选修这门课程,一些学生是因将来有去法国留学的打算而选修这门课程。早在2012年,我校就已成为法国公立大学政府全额学费资助学生遴选资格学校,每年都有部分优秀学生被法国雷恩第一大学等法国著名大学录取。法语听力与写作课程的开设,拓展了学生的国际视野,提高了学生跨文化的理解能力,更为一些学生将来留学法国做了语言储备。

2013年1月17日,北京大学宣布将与部分国内知名中学合作成立中国大学先修课程委员会,选择一些中学作为试点开设中国大学先修课程,供高中(主要是高二)学有余力的学生选修。看到这个信息,我们既兴奋又担心:兴奋的是,北京大学对外开放课程资源了,我们可以争取国内名校的优质教育资源了;担心的是,竞争肯定很激烈,不是每一所高中都能获得这次机会。于是,我们迅速组织课程团队撰写申请报告,并反复研讨、打磨、修改。最后,北京大学在全国范围内选定了28所合作开设中国大学先修课程的试点中学,我校幸运地成为其中一员。被北京大学选中,除了因为我校近几年教学质量稳步提升外,更重要的原因应该是我们在课程改革方面所做的努力。为了此次北京大学先修课程的试点开设,我校派遣了10名相关专业教师前往北京大学学习。2013年3月中旬,我们在高二年级首次开设了"微积分""电磁学""大学化学""中国古代文化""中国通史(古代部分)"五门大学先修课程。而根据北京大学公布的信息,学生的选修成绩或将作为北京大学自主选拔录取综合评价体系的重要依据之一。在条件成熟的时候,对于成绩特别优秀的学生,经大学相关学科审核认定,入学者可减免其相应的大学课程的学分，免修相应课程。

北大先修课程（与北京大学合作开展的五门大学先修课程）应以何种模式开设？是针对部分有潜力考北京大学、清华大学的学优生"开小灶"，还是面向全体学生？我们决定面向全体学生开设，将大学先修课程纳入校本课程序列，对每门大学先修课程的人数都不做限制，给全体学生均等的机会。这样做可能针对性不那么强，但我们尊重了每位学生的选择，尊重了每位学生的兴趣，我们以行动实现了课程民主。

大学先修课程可让学生从个人兴趣出发，提前体验、了解大学的课程内容，从而为更好地完成大学阶段的学习做准备；大学先修课程可让学有余力的学生提前接触大学课程，为其将来理性地选择专业奠定基础。大学先修课程开设一段时间后，我们发现效果非常好。虽然大学先修课程的教学内容都比较艰深，但是学生都非常积极、认真，学习的劲头很足，为了"啃"一些难题，学生阅读了大量的课外书籍。比如，在中国通史这门课程中，学生为了了解古代服饰文化，阅读了四五本相关专著。这就是兴趣的力量，兴趣能让人拥有战胜一切的勇气。

在2013年年底和2014年年初，我校首批选修北大先修课的学生参加了北京大学首次举行的先修课考核及自主招生考试，获得加分的人数在全国名校中居首位，占到了整个江苏省达A人数的2/3。2014年，我校在原先开设的五门先修课程的基础上，又增设了"宏观经济学"和"计算机科学"两门课程。2015年底，我校应邀参加了北京大学综合评价与中国大学先修课程（AC）年会。北京大学考试研究院中国大学先修课程项目中心正式授权我校为首批"中国大学先修课合作试点中学"。

2014年9月，我校又与清华大学附属中学、中国人民大学附属中学、北京市第四中学、北京十一学校、西北工业大学附属中学、华东师范大学第二附属中学、郑州外国语学校等89所中学加入了清华大学推出的中国慕课大学先修课（MOOCAP）项目试点，进行了中国大学先修课程（CAP）线下教学的试点工作。从2017年开始中国慕课大学先修课（MOOCAP）的学习情况和考核结果可列入学生综合评价报告，成为大学自主招生和高考录取的参考依据。我校将继续探索线上线下相结合的中国慕课大学先修课（MOOCAP）的教学模式。

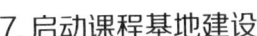

7. 启动课程基地建设

自 2011 年 8 月以来，我校"人文""想象·创造""巅峰体育"等课程基地相机获江苏省教育厅批准立项。江苏省教育厅朱卫国在三次实地调研后，以"有魂""有体""有型""有人"概括我校课程基地建设的主要经验。"有魂"，就是坚持用"生命旺盛、精神高贵、智慧卓越、情感丰满"人才培养目标统摄课程基地建设。"有体"，就是大力建设丰富的高质量的课程载体。"有型"，突出强调通过学习环境的改变促使学习方式的变革。"有人"，则强调面向全体学生——使所有学生进入课程基地学习。

我校语文课程基地是江苏省首批课程基地之一，于 2011 年 8 月获江苏省教育厅批准立项实施。语文课程基地建设以"培养终身阅读者，培养负责任的表达者"为核心追求，在全校每间教室内都设置了单独的班级书房，并配备工具书，摆上学生从书店选来的近五百种图书，定期更换，为学生提供了阅读支持。此外，我们还开设阅读课程，为学生的阅读提供时间和课程保障。课程基地建设实验剧场、演讲厅、辩论厅、浅阅读区等场馆，老师们充分利用语文课程基地开展语文课程教学的变革活动，开发了"经典话剧体验""新诗吟诵""问·答""倾听""演讲与辩论"等多种活动体验式课程，引导学生转变语文学习方式。2014 年下半年，百年语文教材馆、典藏馆、国学馆、西学馆等相继建成，语文课程基地开始向人文课程基地演进，覆盖更多的人文类学科，为学生提供了更丰富的课程。国学馆与无锡冯其庸学术馆合作，将冯其庸学术馆中的"文史研究""戏曲研究""诗词研究""红学研究"等相关资源整体复制进基地，并开设了国学课程。英语学科融入了哈佛演讲与辩论课程、戏剧体验课程，政治学科融入了模拟联合国课程，历史学科融入了口述史研究课程，人文课程基地带动了更多学科学习方式的变革。

"想象·创造"课程基地于 2013 年 7 月规划建设。我校针对当下高中生缺乏想象力和创造力这一突出问题，整合艺术、通用技术、信息技术、物理、化学、生物、研究性学习等课程，建设课程基地。我们秉承"设计是现代技术的修辞学"的理念，建设了创造工坊、创客空间、机器人设计室、电影工坊、工业设计室、服装设计中心等场馆，引入新南威尔士大学、江南大学的设计课程，与凤凰画材集团合作开设"凤凰精英美术"课程，自主开发了"我是创客""创意机器人""校园微电影""交互式网站设计"等20余门课程，构建了新的课程结构。借鉴科技孵化器流程，采用项目制课程实施模式，学生手脑并用、学思结合，让想象落地，把奇思妙想创制成手中的作品。

巅峰体育课程基地于2014年7月规划建设，依托原有场馆设施，新建拥有20条标准剑道的国内最大的校园击剑馆以及两个标准室内、外游泳馆等，使不论晴雨"全天候"上体育课成为现实。创新运行体制，用经营权换得专业教练、课程支持等。击剑奥运冠军栾菊杰、李娜以及德国国家队佩剑主教练Feilx都曾在基地任教。基地以"做终身体育的践行人，做健康生活的拥有者"为核心追求，整合体育课、活动课等最终形成规范化的巅峰体育课程体系，包括"击剑""跆拳道""瑜伽""游泳"等20余门课程，率先在国内高中实施"每天一节体育课"，真正把"天天锻炼一小时"落到实处。为表彰我校在推进体育教育方面的卓越贡献，国际现代五项联盟（UIPM）授予唐江澎校长"顾拜旦金牌"，授予我校"顾拜旦金奖"证书。

课程基地的建设，不仅为学生的学习与创造建设了更优质的环境，更为学生提供了丰富、可供选择的课程群，基地中的部分课程是原有的校本课程或学科课程在整合、改进之后形成的精品课程，如校园微电影、阿卡贝拉、单片机制作等，部分课程是应学生发展需求而新开设或引进的高端课程，如击剑、创客、设计等。丰富的课程满足了学生多样化的学习需求，发展了他们的个性特长，更帮助一些学生找到了未来的专业发展方向。合唱课程班的学生于2014年在维也纳获国际比赛第一名，2016年在全国第五届中小学生艺术展演活动中获全国一等奖；创客课程班有20人次在2015年申获专利，谢超同学荣获"江苏省人民政府青少年科技创新培源奖"，并成立了"谢超工作室"，带领学弟学妹们进行发明创造；设计、油画等课程班的戴飞翼同学被清华大学美术学院设计专业录取；书法课程班的张子寅同学以书法专业全国第七名的优异成绩被中国美术学院书法专业录取；微电影课程班的夏成刚同学被中国传媒大学数字媒体艺术专业录取，朱寅一同学被北京电影学院录音专业录取……

8. 选科组班与选课走班

我校有20多个学科、百余门课程可供学生自主选择，为学生全面而有个性的发展服务。不仅体育、艺术、通用技术、信息技术、研究性学习和部分选修Ⅰ、所有选修Ⅱ的课程可以供学生自主选，而且在不断的改革中，语文、数学、英语、物理等学科也能为学生提供丰富的、可供选择的拓展课程了，这是构建学校课程体系之后呈现的新样态。

针对高考中的物理、化学、生物、政治、历史、地理学科，我校高二年级分6种组合实行选科组班与选课走班相结合组织教学。高一、高二年级语文、数学、英语的教学，也实行有统有分的方式。学生上午在行政班学习，下午便开始了选课走班。大概三分之二的在校时间，学生统一在行政班学习，而三分之一的时间则进行选课走班。

这一改变打破了原来"一班一教室"的常规，每个学生都有一张"私人定制"的课表，这为学生的个性、全面成长提供了有力支撑。学生可以根据自己的爱好和需要，选择感兴趣的课程，健全人格、发展个性。

田蓉是高一（8）班的一名普通的学生，拿到课表后发现，她与同桌的课程上午的基本相同，下午的就大相径庭了。下午的艺术、技术类课程，她选择了"阿卡贝拉""设计""素描""电子设计与制作"等课程，她的同桌选择了"微电影""机器人设计""创客"等课程；下午的学科拓展课程，她选择了"经典名著导读""数学思维方法研究""物理拓展试验"等课程，她的同桌选择了"走进鲁迅世界""哈佛演讲与辩论""探索有机化学世界"等课程。最后一节体育课，田蓉选择的是瑜伽，而同桌选择的是击剑。这种情况是我校的常态。

我们严格执行国家课程标准，同时将之校本化、多元化，努力构建多样化、可供选择的具有现代学校特征的课程体系，既让学生充分享有课程的自主选择权，满足了他们的兴趣和爱好，也健全了学生的人格，帮助他们规划了人生。

9. 江苏省校本课程开发研究所

这一阶段的课程整体构建探索成果被《基础教育课程》杂志连续五年以

进程直播的方式开辟专栏介绍，五年间发表关于课程及实践的论文44篇，最后以5万字的篇幅对我校进行专辑推介。学校先后被评为长三角名师名校长实践培训基地、全国课程改革骨干教师研修基地、全国高中课改联盟20校理事长单位。我校课程改革研究成果"有效，无限的探寻——江苏省锡山高级中学研究性学习案例研究""'促进学习的课堂评价'实践探索"分别获得江苏省首届及第二届基础教育教学成果奖特等奖。2013年10月，我校被省教育厅批准为"江苏省校本课程开发研究所"（以下简称"研究所"），是江苏省首批9所教育科研特色项目研究所之一。2014年，由我校独立完成的"江苏锡山高中学校课程体系的整体构建与实践创新"荣获基础教育国家级教学成果奖一等奖，我校参与完成的"基于课程标准的教学研究与实践"荣获二等奖。

　　研究所由唐江澎校长担任所长，聘请了与我校有长期合作关系的华东师范大学崔允漷教授等担任兼职研究员，指导研究所的日常工作。研究所自成立以来，承担了课程构建、教材开发、师资培训等多项重要工作，为全省乃至全国校本课程建设提供了智力支持。

　　研究所先后五次约请柳夕浪、崔允漷、成尚荣等国内著名的课程研究专家，对我校这些年在校本课程开发研究、实践操作等方面的经验进行研讨。由于专家的介入，我校在校本课程开发研究及实践操作方面的经验得到了更加全面、客观、理性的总结。研究所积极参与我校课程基地创建工作，为学校课程基地的申报、建设、使用提供了强有力的理论支持和技术支持。研究所设立专项基金对教师出版校本教材提供资金资助，同时，聘请相关学者，对教师的教材编写进行技术指导和质量评估。2014年11月，语文组梁国祥老师编写的高中人文读本《阅读，让我们有话可说（上下册）》，作为"江苏省校本课程开发研究所丛书"由江苏凤凰教育出版社出版发行。此后，还将出版宋喜霞老师编写的《每天成功一点点：让青少年受益一生的心理教育指南》、黄宏老师编写的《校园微电影》、郑兴航和胡晓军老师编写的《高中生研究性学习指导读本》等校本教材。研究所还利用所拥有的丰厚的专家资源和充分的实践平台，积极开展形式多样、内容丰富的培训活动。2014年12月，研究所举办"高中教师和校长提高培训——校本课程开发"培训，聘请崔允漷、成尚荣等专家来培训班授课，全省96名高中学校的课程管理人员和骨干教师参加了培训活动。2015年4月，由江苏省教育学会特级教师专业委员会主办、我校和研究所承办的"江苏省锡山高中学校课程体系的整体构建与实践创新"国家级成果现场观摩活动在我校举行，全省特级教师代表及全省市级教育局、教科院及重点学校的领导参加了活动。2015年10月，研究所受省教育厅师资处的委托，对全省60位省级高中语文骨干教师进行了培训，聘请了南京大学翟业军教授、南通大学周建忠教授、南京师范大学附属中学王栋生老师等为学员们讲学。2015年11月，研究所和《基础教育课程》杂志社联合主办了第二届基础教育课程教学改革成果推广会，来自北京、上海、广东、江苏等省市的300多位校长、教研员、骨干教师参加了会议，共同探讨新高考背景下高中课程教学改革问题。2016年5月，研究所承办了第三届"真爱梦想杯"全国校本课程大赛颁奖典礼暨学术研讨会，上海市教育委员会尹后庆，华东师范大学崔允漷，国家基础教育课程改革专家委员会委员吴刚平等专家应邀前来讲学，来自全国各地的高校及教研单位的课程研究专家、中小学领导、校本课程设计与实践者四百余人参加了研讨会。这次大会是全国性的校本课程研讨盛会。

10. 基础教育发展的新样本

2014年9月，由国务院和教育部组织的2014年国家级教学成果奖评审结果揭晓，我校荣获两项大奖——由我校独立完成的《江苏锡山高中学校课程体系的整体构建与实践创新》荣获2014年基础教育国家级教学成果奖一等奖，我校参与完成的《基于课程标准的教学研究与实践》荣获二等奖。基础教育国家级成果奖是新中国成立以来首次开评的基础教育最高奖项，以后将四年进行一次评审，由国务院和教育部负责评审和颁奖。基础教育国家级成果奖首次评选出了2个特等奖，48个一等奖和367个二等奖。2014年9月9日，获得特等奖和一等奖的单位代表（全国基础教育界共计50个），应邀赴北京人民大会堂出席了由国务院和教育部举办的"庆祝第30个教师节暨全国教育系统先进集体和先进个人表彰大会"。会上，习近平、李克强、刘云山、张高丽、马凯、王沪宁、刘延东、刘奇葆、栗战书、杨晶等国家领导人会见了代表。

从校本课程走向学校课程 　锡山高中课程探索之路

我校学校课程体系的整体构建与实践创新经验,在全国基础教育界产生了广泛影响,教育部新闻办公室率中央、省、市级媒体推广我校课改经验,江苏省教育厅要求全省深入学习我校课改经验。我校教师多次应邀在全国、全省基础教育各类会议上介绍我校经验,前来我校参观学习者络绎不绝。

2014年,《人民教育》第13期以《"走向现代高中"学科建设》一文介绍了以我校为秘书长单位的"中国高中六校联盟"学科建设成就;2014年9月初,唐江澎校长在第11期无锡梁溪大讲堂中专题介绍我校教育经验。2015年,教育部新闻发言人、新闻办主任续梅,率《人民日报》、新华社、中央人民广播电台、中央电视台、《中国青年报》、《人民政协报》、《中国教育报》、中国教育台、新华网、人民网、教育部门户网站等二十余家中央、省、市级新闻单位的五十余位记者到我校采访、总结、推广我校办学经验。《江苏省教育厅通报》专门刊发了朱卫国副厅长的文章《锡山高中的教学成果给我们启示了什么》,在系统调研、反复论证、充分酝酿后,省教育厅要求全省深入学习我校先进经验。朱卫国副厅长认为我校是基础教育发展的新样本,指出:"锡山高中坚守教育理想,坚持不懈的追求为江苏基础教育提供了实践样本。"中国教育学会名誉会长顾明远、中国教育科学研究院院长田慧生、江苏省委组织部常务副部长胡金波等纷纷撰文点评、推广我校办学经验,认为"锡山高中走出了一条不为高考、赢得高考的真正的素质教育之路,跳出了'考试引导教学、教学服务考试'的怪圈,畅通了真正的素质教育与绿色升学率提高相行不悖的道路,给不信素质教育、不为素质教育的人提供了现实样本,上了生动一课。"中央电视台十一次报道我校巅峰体育课程,《中国教育报》连续两期头版头条报道我校教育成果,《中国教师报》用一个整版报道我校教师专业发展,《江苏教育报》用一期四个整版总结我校"现代高中"的典型经验,《基础教育课程》出版"锡山高中专辑",用一期的篇幅介绍我校的课程改革与创新成果。唐江澎校长两次应江苏省教育厅邀请在全省基础教育会议上做报告。在第二届基础教育课程教学改革成果推广会、第三届"真爱梦想杯"全国校本课程大赛颁奖典礼暨学术研讨会、"江苏省锡山高中学校课程体系的整体构建与实践创新"国家级成果现场观摩活动中,我校教师团队应邀做报告,介绍我校学校课程体系建设经验。

11. 江苏省锡山高级中学学校课程体系的整体构建与实践创新成果报告

一、问题的提出

1. 课程权力分享的时代，学校的课程责任严重缺位，千校一面，学生个性化成长无法落实。1996年，《全日制普通高中课程计划（试验）》首次明确提出建立国家、地方、学校三级课程管理制度，课程权力开始由集中走向分享。与此相应，学校一级也应承担课程责任，坚守国家课程的价值追求，把国家课程方案变成生动的教育实践，促进学生全面、个性发展。可以说，高中教育长期存在的"千校一面"与应试倾向，也是学校一级没有很好承担课程责任的行为结果。

2. 缺少专业化的技术支持，缺少可借鉴的操作方法，让许多一线学校在课程实践层面望而却步，心向往而力不能至。学校课程实践能力普遍低弱，而提升课程实践能力是一种专业系统工程，因此，必须摸索出一整套专业化的课程实施技术路径与操作规范。

3. 局部改革与短期行为难以实现整体变革。一所学校可以选择个别课程或局部课程突破，但如果缺少顶层设计与整体规划，课程的局部突破并不能必然带来整体的变革。只有立足于整体视野下的一个个创新，才是经验与能力的积累，才可能是寻求课程整体变化的力量。同时，任何课程创新实践活动，不可能一次得到完善，这也注定学校课程建设是一个动态开放的系统和持续发展的过程。

总而言之，把国家课程方案变成学校一级的生动实践，这既是课程民主制度架构下学校必须承担的责任，也是世界范围内许多国家所关注的课程创生取向，更是我们国家推进课程改革、实现育人目标绕不过、避不开的核心问题，对此问题的探索，无论过去、现在还是将来都有着重要的价值。

二、解决问题的过程与方法

（一）解决问题的过程

锡山高中课改实践始于1990年，以2008年"学校课程规划方案"的形成与实施为标志，大体分为两个阶段，前期为局部探索，后期为整体构建。

【第一阶段】局部探索校本课程、研究性学习课程、选修Ⅱ课程的开发与实施路径。

1. 1996年《全日制普通高级中学课程计划（试验）》颁行后，在三级课程管理的新框架内，致力于构建校本课程体系。

国家1996年的课程计划，在整体课程结构上设置了学科类课程和活动类课程，在课程制度上首次提出中央、地方、学校三级课程管理，明确要求学校"对必修学科和限选学科做出具体安排，合理设置本学校的任选课和活动课"。

这一时期学校面临的具体问题是，1992年以来任选课、活动课无序开发，缺少规范。时任校长朱士雄牵手华东师大施良方教授带领的专家团队，系统引入校本课程理论，崔允漷博士与唐江澎等学校骨干用一次次的尝试与反思，初步回答了校本课程"是什么""应该怎样开"等基本问题，先后探索形成了校本课程开发的基本流程、操作规范、管理模式、评价方法等成果，构建了《学校课程规划方案（1997年）》，这是国内最早完成的校本课程开发成果。

《为了中华民族的复兴为了每位学生的发展——<基础教育课程改革纲要（试行)>解读》一书中"学校一级的课程管理"一节的内容依据我校实践编写，《台湾"教育部"委托研究计画》将之称为"大陆经验"并以此确认锡山高中为"大陆校本课程的发源地"。主要理论成果《校本课程的研究与实验》发表于《课程·教材·教法》，专著《校本课程开发：理论与实践》出版。2001年，教育部基教司在我校召开全国课程改革现场会议。

2. 2000年《全日制普通高级中学课程计划（试验修订稿）》颁行后，致力于探索研究性学习课程常态化的实施模式。

2000年的国家课程计划，把"研究性学习"在内的综合实践活动列为国家必修课，但学校一级普遍缺少实践经验，研究性学习课题从哪里来？指导教师在哪里？学生如何研究？课程如何评价？一系列问题摆在实践者面前。在唐江澎主持下，我们先后经历了"个别课程尝试—局部课程试验—全员参与课程实践"的三个阶段，破解学生学习主动性和研究规范性之间的矛盾，探索出将课程实施划分成五个模块的方法，在保障研究规范的前提下给予学生自由的空间；将参与研究性学习的教师分为班级指导老师、课题指导老师和协管老师，在实施中突破了"职务、学科、年级、工作性质"的界限，盘活了学校有限的教师资源；摸索出档案袋评价、责任评价、民主评价三种评价方法相结合的课程评价，强调"责任评价"共同体原则。

2003年底，总结了研究性学习课程常态开发和有效实施的基本方法，形成理论成果，专著《有效，无限的探寻》出版后被钟启泉教授评价为"真实践中产生的真经验"，被教育部评为"全国教师教育优秀课程资源"书目，列入研究性学习全国10本必读教材，获得首届江苏省人民政府基础教育教学成果特等奖。

3. 2003年《普通高中课程方案（实验）》颁行后，致力于构建选修Ⅱ课程体系。

这一时期，遇到的最大问题是原有的校本课程体系与新课程方案选修Ⅰ序列课程交叉、重叠。因此，我们探索规划了选修Ⅱ课程体系，使其既指向于高中教育目标的实现，又与必修课程，尤其是选修Ⅰ序列课程各有侧重与分担，构建了《选修Ⅱ课程规划方案》，总结完善了课程规划设计的基本步骤与方法，明晰了校本课程转变学习方式、分享课程民主、促进个性成长等基本功能与价值，在全国树立了高中新课程改革校本课程科学规划开发的范例。

教育部基教司把锡山高中的选修Ⅱ课程开发列入新课程样本校校长研修班的必修课程，先后有30多期研修班的近2000名校长前来实地考察；课程开发成果获得全国基础教育课程改革教学研究成果奖一、二等奖。与叶圣陶教育思想研究所、陶行知教育思想研究所一起，我校被省教育厅批准为"江苏省校本课程开发研究所"。

【第二阶段】致力于整体构建学校课程体系，系统实施教学变革，全面实现深度学习，充分满足学生个性发展需要。

2005年江苏省整体进入新课改，如何全面落实国家课程方案的价值取向、充分满足学生的个性成长需求，在整体上构建学校一级的课程体系，是摆在学校课程建设面前的首要任务。

在十余年个别化课程尝试和局部课程实践的基础上，锡山高中2008年开始对学校的课程方案进行整体思考和系统深化，以"健全人格、发展个性"的育人目标统摄定位各类课程的价值，以基于标准的教学、促进学习的课堂评价、转变学习方式为三大实施重点，最终形成《学校课程规划方案（2008年）》。

围绕整体规划，学校探索建立了4项保障课程有效运行的课程领导制度，形成了一种指向支持深度学习和个性化学习的课堂教学变革模式。以此充分实现"成全人"的教育，充分满足学生个性化成长的需要。

从校本课程走向学校课程 锡山高中课程探索之路

我们在此阶段致力于整体构建学校课程体系、推进教学变革，实践路线与主要工作见下图。

学习领域	科目	选修Ⅰ	选修Ⅱ
语言与文学	语文 外语	根据社会对人才多样化的需求，适应学生不同潜能和发展的需要，在共同必修的基础上，各科课程标准分类别、分层次设置若干选修模块，供学生选择。	学校根据当地社会、经济、科技、文化发展的需要和学生的兴趣，开设若干选修模块，供学生选择。
数学	数学		
人文与社会	思想政治 历史 地理		
科学	化学 生物		
技术	技术（含信息技术和通用技术）		
艺术	艺术或音乐、美术		
体育与健康	体育与健康		
综合实践活动	研究性学习活动		
	社区服务		
	社会实践		

- 2008年：完善"教学目标叙写"方式，实施"目标导引教学"
- 2008年：开展"促进学习的评价研究"
- 2008年：语言选修3+1+1模式建设
- 2010年：英语语言环境建设
- 2010年：建成语文课程基地，"培育终身阅读者"工程式启动

- 2008年：完善"教学目标叙写"方式，实施"目标导引教学"
- 2008年：完善"选科组班"制度
- 2009年：促进学习的评价研究
- 2010年：全员分解课程标准
- 2011年：探索基于标准的教-学-评一体化国家课程实施制度

- 2008年：通用技术实施"选课走班"制度
- 2008年：通用技术与校本课程整合
- 2009年：信息技术与研究性学习课程整合，开发"基于IT的项目探究课程"，实现长课时深度学习

- 2008年：探索艺术与校本课程整合，系统形成综合艺术类课程方案，艺术课程实施"选课走班"制度

- 2008年：完善体育"选项走班"制度
- 2009-2010年：探索形成体育学科表现性评价方案

- 2008年：探索研究性学习课程与信息技术整合，探索开发"基于IT的项目探究课程"，实现长课时深度学习

- 2008年：实施样本课程与艺术、通用技术课程整合
- 2008年：形成学校课程方案（2008版）

- 2008年：完善社区服务课程实施办法
- 2009年：开设"温暖您，成长我——走进颐养院"的社区服务课程

- 2008年：完善国防教育、社会实践基地活动、社会考察
- 2010年：模拟城市、自选社会实践

- 2008年：在江苏省高考制度改革后出台选修Ⅰ序列课程开设指导方案，实施选修选课走班制度。
- 2008-2013年：在各学科选修Ⅰ序列课程实施中探索建立基于标准的教-学-评一体化制度。

这一阶段的理论成果，被《基础教育课程》杂志连续五年以进程直播的方式开辟专栏介绍，五年间发表课程及实践论文44篇，最后以5万字的篇幅对锡山高中进行专辑推介。学校先后被评为长三角名师名校长实践培训基地、全国课程改革骨干教师研修基地、全国高中课改联盟20校理事长单位。受教育部委托，先后在30省市的课改启动或课改培训会上做课改经验介绍。中央电视台一套、《人民教育》《中国教育报》《新华日报》《江苏教育》等媒体先后20余次专题介绍锡山高中课改经验，江苏省教育厅向全省推广锡山高中课改经验，"促进学习的评价成果"获2013年江苏省人民政府教学成果（基础教育类）特等奖。

（二）解决问题的方法

在形成"学校课程规划方案"及实施的过程中，顶层设计遵循了三个基本的原则和方法。

1. 价值统摄，整体配套。

价值统摄是课程规划、顶层设计的基本原则。2008年在整体构建学校课程体系时，提出以"成全人"为核心价值追求，从学校历史上的"十大训育标准"与国家课程方案的教育目标中，凝练出"生命旺盛、精神高贵、智慧卓越、情感丰满"作为学校教育哲学，以此为核心指向构建课程体系。

以育人目标为核心，我们把课程规划方案、课程领导制度、课堂教学变革模式作为相互配套的有机整体，充分发挥各自的功能作用。同时注重协同三者内部各要素的关系，如协同课程规划基础、目标、结构间的相互关系，协同以分布式领导为特点的各级各类课程领导制度间的配合，协同课堂教学变革模式中课程标准、教学目标、评价方案、教学过程等之间的一致性。形成了一个整体配套的学校课程体系规划与实施的有机整体。

2. 融合评价，渐次推进。

我们从育人目标的澄清、课程品质的反思等方面入手来评价课程规划和创新实践，发挥评价的激励功能，制订了全面系统的评价制度，以确保课程规划的专业性和课程实施的有效性。

学校课程体系的整体构建与实践创新类型多样，难易不等，缓急各异，20年来，我们遵循渐次发展的策略，从个别到局部，循序渐进，最终由局部推进到整体构建。

3. 专业支持，规范技术。

在20年的课程建设过程中，锡山高中始终坚持与高校专家团队建立新型的"学者-教师"合作研究关系，这种专业支持既是锡山高中解决课程建设的方法，又是一种研究方式的突破。用学术视野与实践智慧紧密融合不断提升研究成果的专业化程度，从而探索出可行的技术路径与操作规范，是锡山高中支持课程体系构建和实践的重要原则。2008年开始的课程体系整体构建，在1997年《校本课程规划方案》及2005年《选修Ⅱ课程规划》相关技术规范的基础上，又探索了课程纲要编制技术、课程标准分解技术、教学目标叙写技术、评价方案设计技术、课堂观察技术等可操作的技术规范，以确保课程建设的有效性。

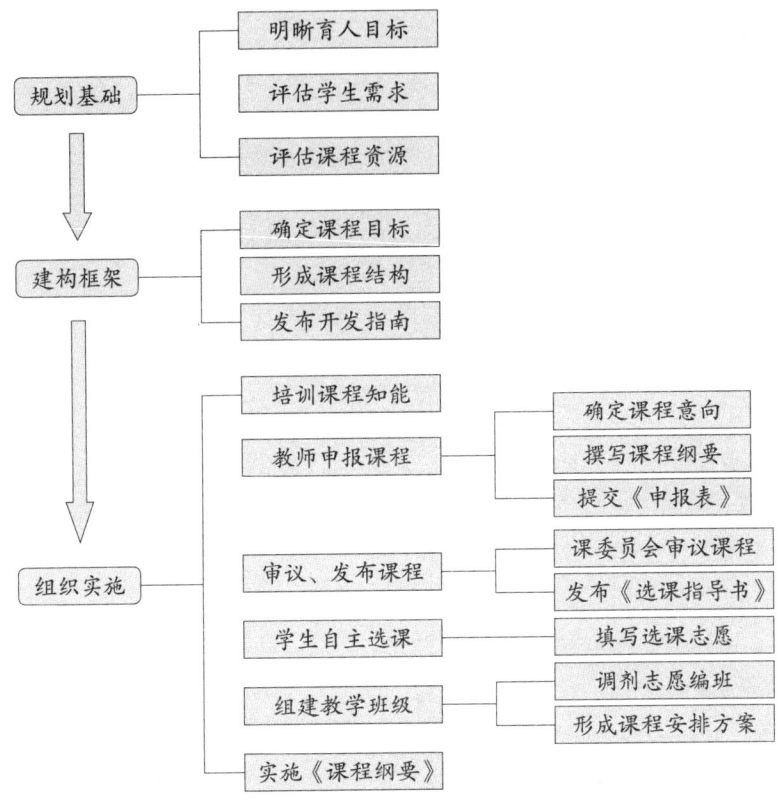

校本课程开发技术流程示意图

三、成果的主要内容

锡山高中历时20年持续探索，构建学校整体的课程体系和实践创新路径，系统形成了三大成果：

【成果一】构建了与国家课程方案相配套的学校整体课程规划方案

锡山高中经过十余年的局部课程改革实践，于2008年形成了《学校课程规划方案》。方案在系统梳理学校训育标准、高中教育目标的基础上，提出以培养"生命旺盛、精神高贵、智慧卓越、情感丰满"的人为核心价值取向；并在评估学生需求、回应地方期待、统筹学校资源的基础上，明晰了学校课程的整体目标，构建了课程框架。

《学校课程规划方案（2008年）》是基于学校情境的课程创生，它从整体上对国家课程和校本课程进行了系统整合，实现了国家课程校本化，为学

从校本课程走向学校课程（2008年至今）

生的个性化学习提供了多样的课程选择，为普通高中学校课程体系整体规划提供了专业化的样例。

规划方案、规划流程与基本框架如下图所示。

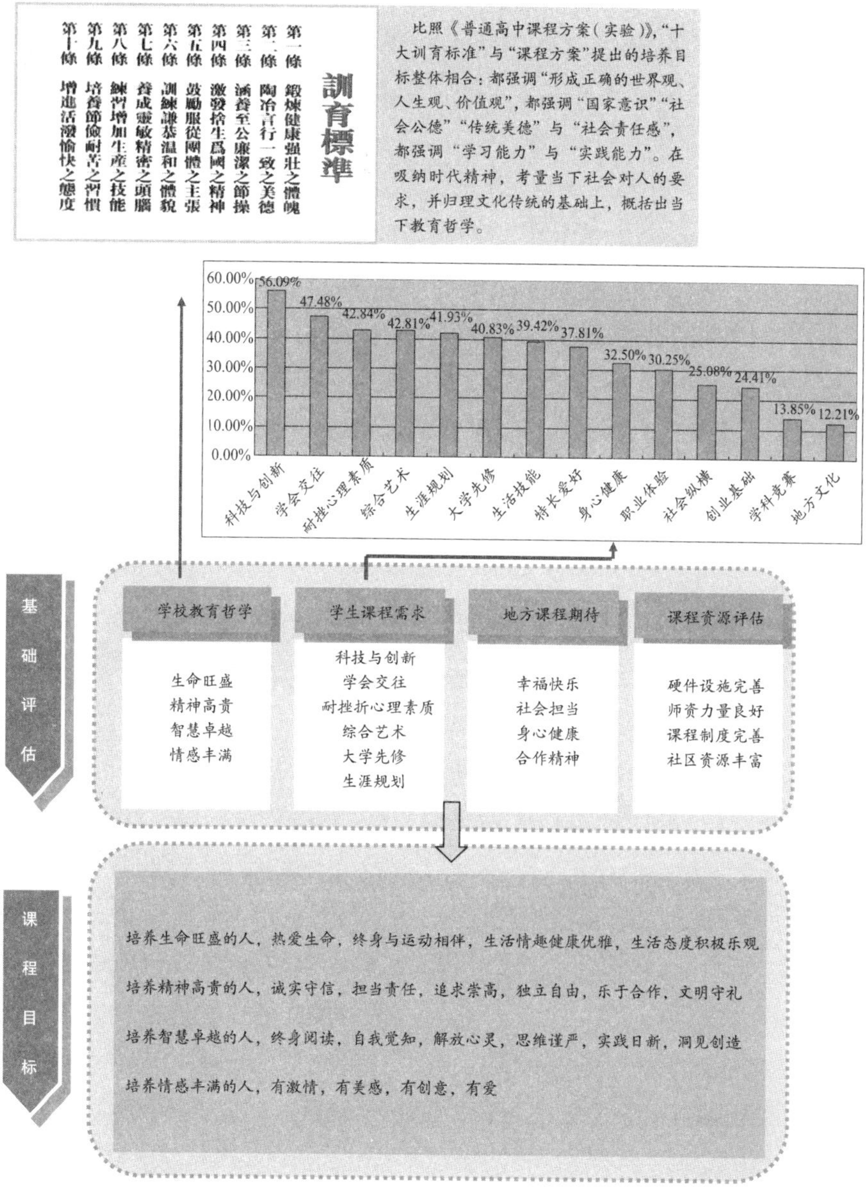

江苏省锡山高级中学课程方案

学习领域	科目（学分）	必修	选修 I	选修 II
语言与文学	语文（14）	1~5	系列1：诗歌与散文《唐诗宋词选读》《现代散文选读》《唐宋八大家散文选读》；系列2：小说与戏剧《现代短篇小说选读》；系列3：新闻与传记《传记选读》；系列4：语言文字应用《语言规范与创新》《实用阅读》《写作》；系列5：文化论著研读《〈史记〉选读》《〈论语〉〈孟子〉选读》	类别：限定性选修12；任选类选修3
	外语（14）	1~5	选修 6~11	课程门类（学分要求）：综合艺术（6）；技术创新（3）；创业基础（3）；大学先修（1）；社会纵横（1）；科技前沿（1）；技能爱好（1）；心理教育（1）
数学	数学（14）	1~5	选修1-1：常用逻辑用语 圆锥曲线与方程 导数及其应用，框图，推理与证明，数系的扩充与复数的引入；选修1-2：统计案例，推理与证明，数系的扩充与复数的引入，框图；选修2-1：常用逻辑用语，圆锥曲线与方程，空间中的向量与立体几何；选修2-2：导数及其应用，推理与证明，数系的扩充与复数的引入；选修2-3：计数原理，统计案例，概率；选修3-3：球面几何；选修4-2：矩阵与变换，坐标系与参数方程；选修4-4：坐标系与参数方程；选修4-5：不等式选讲	
人文与社会	思想政治（12）	1~4	选修3：国家和国际组织常识	
	历史（10）	1~3	选修1：历史上重大改革回眸；选修4：中外历史人物评说	
	地理（10）	1~3	选修2：海洋地理；选修6：环境保护	
科学	物理（10）	1~2	选修3-1：电场，电路，磁场，电磁感应，交变电流，传感器；选修3-2：电磁感应，交变电流，传感器；选修3-3：分子动理论与统计热力学思想，固体、液体和气体，热力学定律与能量守恒，能源与可持续发展	
	化学（10）	1~2	选修1：化学与生活；选修3：物质结构与性质；选修4：化学反应原理；选修5：有机化学基础	
	生物（10）	1~3	选修1：生物技术实践；选修2：生物科学与社会；选修3：现代生物科技专题	
体育与健康	体育与健康（11）	健康	选项：跆拳道、太极、篮球、排球、乒乓球、健美操、瑜伽、羽毛球、田径	
综合实践活动	社区服务（2）	顾客学习服务学习	图书馆服务、爱心家园服务、实验室服务、心理咨询室服务、学长、国园电视台服务	
	社会实践（6）	军训，社会实践基地实践	模拟城市，寻访家乡历史，考察城乡新变化 网络技术推护服务，任选修II教师	
技术	基于IT的研究性学习（19）		研究性学习1~5	
	通用技术（6）	信息技术基础 技术与设计1	选修2：多媒体技术应用；选修3：网络技术应用；1.机器人；2.电子制作	
艺术	艺术（6）	艺术鉴赏	艺术专业方向类1；科技特长方向类1	

江苏省锡山高级中学高一年级课程方案

学习领域	科目（学分）	必修	选修I	选修II 门类	选修II 科目或模块
语言与文学	语文（8）	1~4	/		
语言与文学	外语（8）	1~4	/		
数学	数学（6）	1、4、5	/		
人文与社会	思想政治（4）	1、2	/	综合艺术	艺术与生活：疯狂的图像、校园微电影、生活与设计、服装设计与表演
人文与社会	历史（4）	1~2	/	综合艺术	艺术与情感：舞蹈与形体、摄影（一）、合唱艺术与音乐的情感表达、器乐演奏、体验经典话剧、美戏文学影入门、油画（一）
人文与社会	地理（4）	1~2	选修3-1	综合艺术	艺术与文化：陶艺、美美文学影视赏析、软笔书法、电脑音乐创作与实践、Flash大学堂、平面广告设计
科学	物理（4）	1~2	/	综合艺术	艺术与科学：机器人与传感器、单片机智能控制与传感器
科学	化学（4）	1~2	/	技术创新	自动控制：绿色能源发电技术、电动车原理、微模型制作（空模、海模、车模、火箭）
科学	生物（4）	1~2	/	技术创新	电子控制：创意方案的设计、发明创新与专利申报
体育与健康	体育与健康（5）	健康	篮球、排球、乒乓球、健美操、足球、羽毛球、田径	技术创新	创意设计：数控机床加工、激光切割、钻、铣、车床加工技术、CAXA实体图设计、AutoCAD平面图设计
综合实践活动	社区服务（2）		自选社区服务项目	技术创新	电脑设计与加工：摄影与非线性编辑
综合实践活动	社会实践（2）	军训，社会基地实践	模拟减灾，自选社会实践	技术创新	建筑设计：结构设计与制作、建筑模型设计制作
综合实践活动	基于IT的研究性学习（10）	研究性学习1~4（走进研究性学习，设计与论证，研究实践方法学习，研究方案的交流与评价）		创业基础	创业设计：校园第一桶金
技术	通用技术（2-4）	信息技术基础1（信息的获取，信息的加工，信息的管理，信息的表达）	1、2	社会纵横	国汉领号：模拟联合国、英语演讲、辩论、领导者演讲、社园领号、时事沙龙、清朝哪些事儿、解读历代将相课格、教学时空、孔子智慧、澳洲风情、悦读文化、众口说文化
艺术	艺术（2-4）	1	艺术专业方向类1	科技前沿	趣味生物实验、IT & Our Society、物理传感器实验、神奇的化学、时间分解、科技博览之洁
				技能爱好	翰冷沙龙、《锡山高史》编写工作室、黑白方圆、美食美刻、生活文化馆
				心理教育	手工课堂、开心农场
				大学先修	积极心理、国学基础、校园心理剧表演、雅思课程、大学专业研究、哈佛演讲与辩论

江苏省锡山高级中学高二年级课程方案

学习领域	科目（学分）	必修	选修 I	选修 II		
				门类	科目或模块	
语言与文学	语文（4）	5	系列1~5	艺术与生活	巧画中国画、校园微电影、生活与设计、服装设计与表演、舞蹈与形体、摄影（二）
	外语（4）	5	6-8	艺术与情感	合唱艺术与音乐的情感表达、器乐演奏、体验经典话剧、英美戏剧表演、爵士舞入门、油画（二）
数学	数学（8）	2、3	1-1、1-2、2-1、2-2、4-2、4-3、4-4、4-5	艺术与文化	陶艺、英美文学影视赏析、Flash大学堂、软笔书法
人文与社会	思想政治（8）	3、4		艺术与科学	电脑音乐创作与实践、单片机音能控制与传感器、平面广告设计
	历史（6）	3	1、4	自动控制	绿色能源发电技术、电动车原理、微模型制作（空楼、车楼大前）
	地理（6）	3	2、6	电子控制	创意方案的设计、发明创新与专利申报
科学	物理（6）	\	3-1、3-2、3-3	创意设计	数控机床编程、激光切割、钻、铣、车床加工技术
	化学（6）	\	1、3、4、5	电脑编程与加工	线性编程、CAXA实体编程、AutoCAD平面图设计
	生物（6）	3	1、3	建筑与设计	结构设计与制作、建筑模型设计制作
体育与健康	体育与健康（4）	健康	篮球、排球、乒乓球、健美操、足球、羽毛球、田径	团队领导	校园第一桶金
综合实践活动	社区服务（2）	\	自选社区服务	创业基础	英语演讲、辩论、硕学者演说、社园领学
	社会实践（4）	社会实践基地实践	模拟城市、自选社会实践	社会纵横	时事沙龙、清朝那些事儿、解读历代将相轶文、数学时空、悦读沙龙、孔子智慧、众口说历史、澳洲风情、环视风采、影视文学评论、经典
	研究性学习4~5		选修3 选修2	科技新活	趣味生物实验、IT & Our Society、神奇的化学、走进绝对物理传感器实验、时间分解、科技博览之浩瀚宇宙
技术	基于IT的研究性学习（8）	\	科技特长方向类1 艺术专业方向类2	技能爱好	《锡山高中史》编写工作室、黑方白圆、生活文化馆手工课堂、美食雕刻、开心农场
	通用技术（0-4）			心理教育	积极心理学、校园心理剧表演
艺术	艺术（0-4）			大学先修	推思课程、国学基础、大学专业研究、哈佛演讲与辩论

—120—

江苏省锡山高级中学高三年级课程方案

学习领域	科目（学分）	必修	选修 I	选修 II 门类	选修 II 科目或模块
语言与文学	语文（2）	综合复习	唐宋八大家、实用阅读等		
语言与文学	外语（2）	综合复习	9-11		
数学	数学（0）	综合复习			
人文与社会	思想政治（0）	综合复习		综合艺术	艺术与生活：应用平面技术设计毕业纪念册、应用转印技术制作小礼品、动画配乐
人文与社会	历史（0）	综合复习			艺术与情感：用音乐涤荡心灵、自由歌唱、音乐毕业季
人文与社会	地理（0）	综合复习			艺术与文化：达达派现代艺术鉴赏、现代流行音乐鉴赏
科学	物理（0）	综合复习		创业基础	创业设计：生涯规划、模拟城市
科学	化学（0）	综合复习			团队领导
科学	生物（0）	综合复习		社会纵横	时事热点研究
体育与健康	体育与健康（4）	\	篮球、排球、乒乓球、健美操、足球、羽毛球、田径	科技前沿	数学、物理、化学、生物奥林匹克竞赛课程
综合实践活动	社区服务（0-2）	\	自选社区服务	心理教育	积极心理学
综合实践活动	社会实践（0-2）		模拟城市、自选社会实践	大学先修	中国古代文化、中国通史、微积分、电磁学、宏观经济学、计算机科学、应用化学
技术	基于IT的研究性学习（2）		大学专业研究		
技术	通用技术（0）				
艺术	艺术（2）				

【成果二】建立了保障课程有效运行的课程领导制度体系

1. 管理运行制度。

为使课程整体规划、管理、评价、资源配置等重要的职能拥有组织架构的保障。2006年，学校改革管理制度，建立了校内三级管理运行体制：第一级是学校课程领导委员会，负责课程规划和整体方案的构建；第二级是以课程教学处为中心，以教师发展处、学生工作处为两翼的课程管理和专业支持机制；第三级为学科组，负责学科的课程建设。校内三级课程运行制度把课程改革的责任落实在相应的行政体系中，保障了课程的有序组织和高效运转。

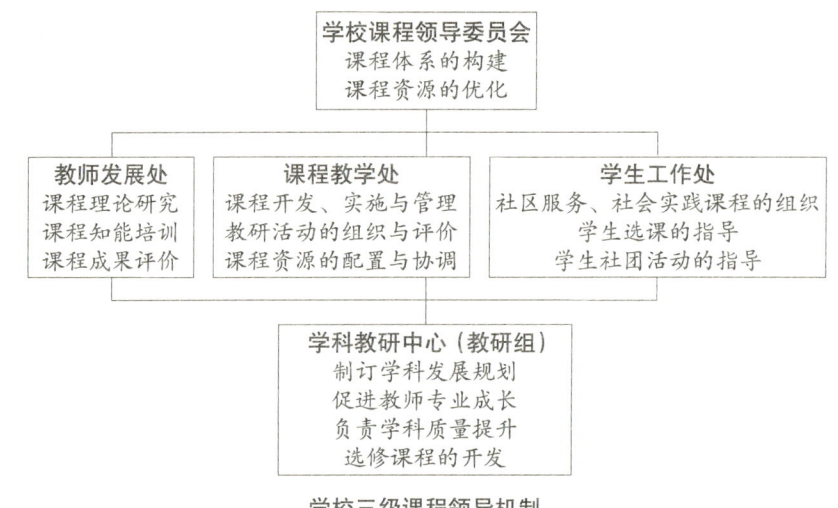

学校三级课程领导机制

2. 学科发展制度。

锡山高中从信念作风、队伍建设、课程教学、校本教研、知识管理、特色建设六个维度构建了"学科发展规划与评估"方案，建设学科发展制度，提出学科发展的目标、内容和路径，引领学科组专业发展的方向。以学科宣言落实学科教学价值取向，以"学生学业成就质量标准"引领学科发展，以"教—学—评"一体化的实践模式落实课堂教学变革，以转变学习方式落实深度学习和个性学习。教师专业水平发展迅速，学生学习的状态有根本性的转变。

学科宣言就是用最简洁的语言表明教师对本学科教育价值的理解与行动追求，也就是回答"为什么教语文？""如何教数学？"等问题。例如，语文学科宣言是"培养终身阅读者、培养负责任的表达者"；地理学科是"善于观察自然，学会关注世界，用地理改变生活"。

学校发展规划评估表

框架内容	指标体系
信念作风	1.学科宣言：有体现学科价值追求的学科宣言，并做出科学阐释；在阐释中能够体现出正确的学生观、教师观、教育观、学科观及其行动追求。 2.师德组风：教研组长提升自身凝聚力、感召力和影响力；组内有体现良好师德追求的组风并涌现体现组风精神的优秀教师典型。 3.年度规划：每学年有依据学校发展规划制订的行动方案；教研组长与组员围绕目标规划明确分工和责任，构建良好的合作关系。
队伍建设	1.专业规划：组内教师制订成长目标与个体发展规划。 2.途径方法：有切实的师德与教风建设的举措，有切实的组内教师学习与提高的途径和方法。 3.重点项目：确立本组教师发展的方向，分析本组教师发展迫切需要解决的问题并提出举措。
课程教学	1.课程开发：形成必修模块课程实施纲要；形成选修Ⅰ课程开设模块及规划；探索形成大学先修课程体系内相关课程开发的规划；研究本学科在选修Ⅱ课程框架下开发高质量的课程的规划，形成课程纲要。 2.课堂教学：明确本学科在变革课堂教学中急需解决的问题及其途径，制订教学方法、学习方法上的具体改进目标，教学改革要有项目和抓手。 3.学科质量：有明确的学科教学质量目标或《学生学业成就质量标准》，在减轻学生学业负担方面有举措。
校本教研	1.教研制度：有常规的教研制度，不断创新教研的方式，不断提高教研的实效性。 2.教研内容：能关注课程标准的落实、教学与评价的一致性、命题与作业等研究，有教材分析和聚焦教学设计能力提高的具体举措。 3.教研方法：有外出研修与交流学习的机制，有个人反思、同伴互助等常态研究的基本制度和方法，相互诊断总结教学风格。 4.教研成果：围绕学校发展和学科建设中的大问题组织攻关，申报课题，完成研究项目；对教师发表论文等科研成果的数量与质量有年度计划要求。
知识管理	1.科组档案：建立记载学科发展大事的文献体系，建立完整的个人专业档案。 2.业务档案：梳理公开课、论文等学科业务档案库，归理学科教学资料库。 3.宣传推介：利用各种媒体宣传学科建设成果和教师典型，重点利用"六校联盟"网站等资源扩大学术交流的范围与影响，对宣传内容进行记载和整理。
特色建设	特色项目：教研组依据学科发展要求拟订特色建设计划。

3.教学组织制度。

针对学校教学组织形式"统得过死无法选择，全部放开不可操作"的现实问题，锡山高中制订了全新的教学组织制度，最后形成了"校内班与班课程不同，班内人与人课表有异"的教学组织形式。其具体内容就是学校提供丰富的课程门类供学生选择，并制订长（两课时）短（一课时）课时结合，选科（8种）组合、选课（100余门）走班的选课制度，同时有配套的选课指导制度为学生提供便利。

江苏省锡山高级中学教学组织形式与选课指导制度

教学组织形式		选课领域	供选科目（组合）、课程、模块、项目	课时（长短）安排	选课指导文件名称与编制单位	选课指导单位或教师
选科组班		语言与文学 数学 人文与社会 科学	选择模块：各学科的选修Ⅰ模块 科目组合：史政、史地、物生、物地、物化、物政	单节短课时 语文阅读课为两节连排长课时	《各学科选修Ⅰ模块选课指导手册》（各学科教研中心和教学研组）	各学科任课教师、班主任、专职心理教师、各年级部和学生发展指导中心
选课走班	分层走班	人文与社会 科学	物理、化学、生物、政治、历史、地理科目的必修模块	单节短课时		
	分类走班	艺术 技术 选修Ⅱ	从综合艺术（艺术与生活、艺术与情感、艺术与文化、艺术与科学）、技术创新（自动控制、电子控制、创意设计、电脑设计与加工、建筑设计）、科技前沿、团队领袖（团队设计、团队领袖、社会纵横、大学先修等课程门类中选择。每学期提供百门左右供选课程	两节集中连排长课时	《校本课程、综合艺术、技术创新选课指导手册》（校本课程开发小组、艺术组、通用技术组、课程教学处）	校本课程开发教师、艺术、技术教师、教学处和学生发展指导中心
	分项走班	体育与健康 综合实践活动	从篮球、羽毛球、足球、田径、路拳道等项目中选择、美操、乒乓球、武术 在社区服务、学生社团、志愿者服务、模拟城市、研究性学习等活动中进行自主选择	单节短课时 分散或集中连排的长课时	《体育课程选项走班指导手册》《体育组》《综合实践活动指导手册》	体育教师、课学生发展指导中心、基于IT的研究性学习指导教师

4.课程评价制度。

建立健全课程审议评估制度，从是否达成学生学业成就质量标准和是否满足学生个性化发展需求两方面来评估课程质量，并以系统化、全方位的方式收集课程开发、教学实施、教学效果、教师专业素养等各环节的相关信息，建立了评价主体多元、评价方式多样、评价标准多样、评价促进发展的课程评价制度。

以语文课程评价为例，语文课程的《学生学业质量标准》，既关注课程标准要求下母语对学生阅读、写作等核心素养全面提升的价值，也注重学生在语文学习过程中的具体表现，在这一质量标准的引导下，语文学科课程不再是传统单一的"语文课"，而是形成了包括经典话剧表演、诗歌诵读、领导者演说、阅读课等在内的课程体系，在课程的实施上注重学生的体验学习，并运用纸笔测验和表现性评价相结合的评价方法来判断学生的语文学业是否进步，从而使学业质量标准成为促进学生母语能力发展、满足学生个性化学习的重要手段，发挥了课程评价促进发展的功能。

在课程实施前对各类课程的《课程纲要》等文本进行充分审议和评估，在课程实施的过程中也注重评价主体的多元性，把学生作为主体来评价教师的教学情况，在课程实施后对课程实施的效果进行评价，以此来保障课程品质和教学质量。

教师教学工作学生抽样调查表

学生填写说明	同学： 　　你好！ 　　为了使课堂教学更加有效，我们想了解一下本学期你所选择的课程的教学情况，请对照教师的教学情况，在相应的项目下打"√"。本次调查采用无记名的方式，请如实回答，相信有了你的合作，我们的课程教学质量会有新的提高。 　　谢谢！				
项目	等级	非常赞成	赞成	不清楚	不赞成
教师教学工作抽样调查选项	1. 这位老师备课是认真的、充分的				
	2. 这位老师的讲课清晰易懂，能激发我的兴趣，每节课我都有不少收获				
	3. 这位老师在课上为我们提供了较多参与的机会				
	4. 这位老师不是为了考试而教学，而是更多地关注我们的素养和健康成长				
	5. 这位老师在教学中注重采用体验、探究、实践等多种方式引导我们学习				
	6. 这位老师关爱我们，对我们一视同仁				
	7. 这位老师经常对我们进行学法指导和个别化辅导				
	8. 这位老师经常与我们沟通交流，和我们关系亲密、相处融洽				
	9. 这位老师能耐心解答我们所提出的问题				
	10. 这位老师能依据课堂学习的情况布置作业，作业反馈及时且质量高				
	11. 这位老师善于发现我们学习中的困难				
	12. 这位老师重视对我们学习规范的培养				
	13. 这位老师无迟到、早退、拖堂或无故缺课现象				
	14. 总体而言，这门课我还是满意的				

【成果三】探索出指向支持深度学习和个性化学习的课堂教学变革模式

为实现课程的终极价值，锡山高中从课堂教学的视角，着力变革教学实践模式，重点在基于标准的教学、促进学习的评价、转变学习方式三个方面着力探索，以充分满足学生深度学习与个性化学习的需要，并最终实现学生全面而个性的成长。具体内容如下。

1. 基于课程标准，保障共同学业基础。

为让体现着国家意志的学科课程标准真正在教学中得到落实，保证学生达成共同的高中学业成就基础，锡山高中形成了基于课程标准的课堂实践模型：专业化的分解国家课程标准，结合教材和学情确定课时教学目标，以目标为导向实施教学与评价，并借用基于证据的课堂观察以确保此过程的有效落实。基本流程如下所示。

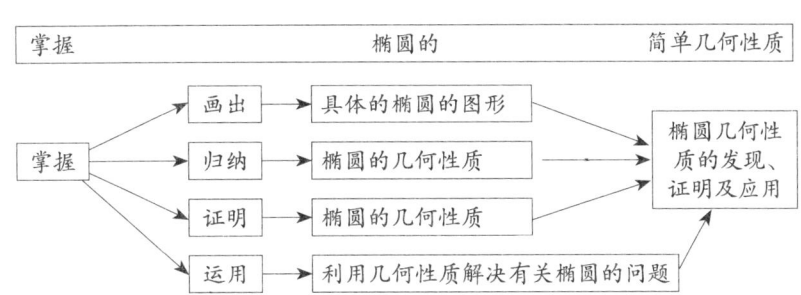

教师编制基于课程标准的教学目标示意图

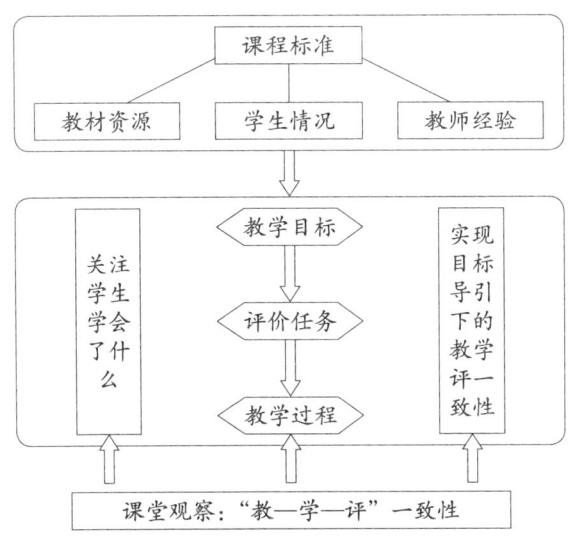

实施"基于课程标准教学"的课堂实践模型

2.改变评价范式，用评价促进学习。

在课堂教学中，锡山高中引入当前国际评价领域普遍关注的"为了学习的评价"（Assessment for Learning）这一全新评价范式，并探索出评价方案设计先于教学设计，教学与评价相互融合，搜集评价证据，反馈评价结果，调整教学策略，改进课后作业方式的课堂教学模式，如下图。

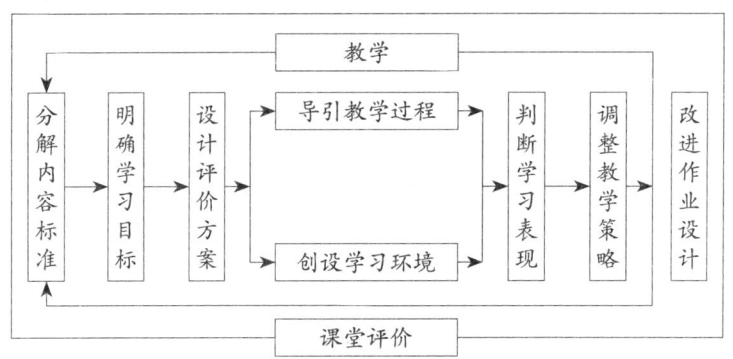

促进学习的课堂评价实践模型

3.支持多样学习方式，实现深度和个性化学习。

锡山高中在教学变革中，探索出了以动手实践为主要方式的实践学习，以参与体验为目的的体验学习，以发现、解决问题为核心的探究学习等，用于课堂教学。它们各有侧重，构建了丰富的课程群，让学生在有选择的课程面前实现了深度学习和个性化学习，从而实现了学生的个性成长目标。

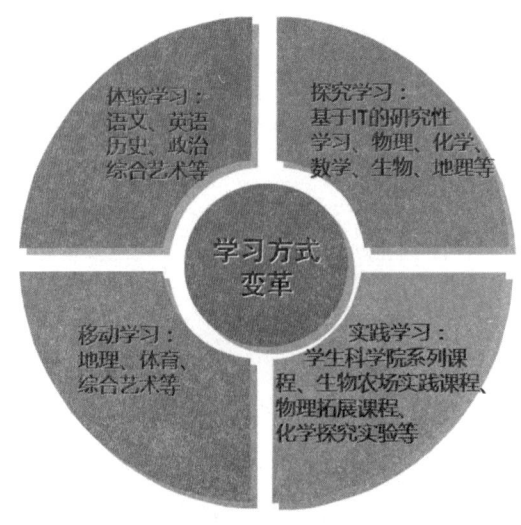

支持学生多样化学习的学校课程群举例

四、效果与反思

学校课程体系整体实施效果明显，配套制度保障有力，课堂教学方式发生了实质性的转变，改变了学校的教育质态，满足了学生成长的个性化需求，教师享有了高品质的专业生活，学校发展态势强劲。

1. 学生享有课程民主权，自主选择课程，个性化发展有了保障。

用长短课结合、选科组班与选课走班结合的组织形式，把100余门课程的选择权交给学生：选修Ⅰ模块实行高校专业要求与学生个人爱好相结合的课程组合模式，设计了8种组合供学生选择；必修模块则实行分层走班制，各学科有3个层次可选；艺术分四大类有17门可选，直到高三结束；信息技术与研究性学习整合，自主组成课题组进行探究学习；这有效解决了"统得过死无法选择，全部放开不可操作"的现实问题，形成了"校内班与班课程不同，班内人与人课表有异"的生动局面。

2. 学习方式发生转变，享受到了国家课程方案所期待的学习生活。

哈佛辩论课的引入，让言语交锋成为学习方式；除了让全体学生分工参与《雷雨》的排演外，体验性学习还让"自主阅读"成为语文课"天堂般的模样"，许多学生在高中三年中阅读超1000万字，《一所高中的学生阅读笔记》畅销全国；"模拟城市"将"政治常识"应用于校园治理；基于课程标准的教学与促进学习的评价，让"学"真正得到关注，学生的学习效果明显提升。即便从最现实的教育升学视角观察，锡山高中取得了令同行敬佩的成绩，学生在学科竞赛、大学自主招生、高考、江苏省学业水平测试等方面的表现都十分让人自豪。

3. 教师真正享有了高品质的专业生活，提升了职业幸福感。

在追问教育本质中形成了"学科宣言"，坚定了专业信念，在合作分工、基于证据的听评课活动中展开专业化研究，使教师享有了高品质的专业生活，并以此奠定了学校的教育高度。历时9年，经过三轮实验，最终形成的《"学科发展规划与评估"指标体系》，极大地促进了教研组全体成员的专业水准。以数学教研组为例，经过三轮学科规划，他们已从一个学科教学质量距同类学校相差甚远、骨干教师严重缺失的教研组，发展成为学科质量居无锡市前茅、拥有两名特级教师和70%以上骨干教师的专业团队。

4. 学校真正成为"一个称作学校的地方"，为普通高中实施新课程发挥了模范带头作用。

我校探索的成果具有普遍意义与典型价值，能让人们真切看到真心实意推进课改的力量与成效！

省教育厅连续四次在全省会议上专题推广我校成果。2009年，江苏省教育厅新课程视导组高度评价我校"以追求至上、领先时代的心态，以昂扬奋进、敢为人先的状态，以坚守理想、实事求是的姿态，饱含实施新课程改革的真诚愿望，进行了全面深入的思考，策动了宏观高远的规划，落实了精细有效的措施，开展了丰富多彩的活动，在普通高中新课程改革的诸多方面取得了长足进展和丰富经验，在全省、全国发挥了典型引领和模范带头作用"。

2012年，省教育厅副厅长两次来校综合调研后指出，"锡山高中确立了基于规律的教育教学新理念，打造了与时俱进的课程新体系，开启了培养智慧学生的新征程，打造了素质优良的教师新队伍，赢得了日益提升的社会美誉度，标志着江苏水准，引领了全省教育的发展"。

《中国教育报》《人民教育》《新华日报》等媒体先后20多次报道我校取得的成果。2011年，中央电视台对我校进行了主题为"百年温情"的专题介绍。

反思20年来在三级课程制度框架内，构建学校课程体系和变革教学的理论研究与实践探索，我们清楚地看到自己的课程体系构建与实践创新之路仍有许多地方需要完善提高，一方面，由于课程选择受区位资源和现代化发展水平的制约，锡山高中的课程体系仍有局限性；另一方面，就课程教学实践来说，彻底实现学习方式的变革还在探索中。目前，高中新课程方案正在酝酿新一轮的调整，学校将被赋予更大的课程开发自主权，如何在新方案的框架内，进一步开展和完善学校课程体系，是我们面对的更大挑战。锡山高中人将不负历史使命，直面课程责任，坚定地在学校课程体系整体构建与实践创新领域不断前行，在"成全人"，在促进学生全面而个性成长的探索中做出更大的贡献。

精品课程展示

◉ 领导者演说

◉ 英美戏剧表演

◉ 走进神奇的化学世界

◉ 校园微电影

校园微电影课程

课程导读

1. 让微电影走进校园

近年来,电影作品的拍摄和制作已经不再是专业人士的"特技"。随着数码信息技术的迅速普及和网络技术的发展,我们不仅能运用家用DV或者手机等非专业工具拍摄微电影,还能通过网络将微电影进行展示。把微电影引入校园是在当前"移动浪潮"的背景下,为发挥电影的教育作用,以学生活动体验学习为主要方式,通过整合艺术与技术课程来开发校本课程的一次尝试。

校园微电影课程不是让学生简单地在校园拍电影,而是引领学生观察校园生活,进而通过微电影表现校园事件的课程。在校园微电影的创作过程中,学生能从电影艺术创作的视角来关注校园生活,关注内心情感,形成社会责任意识。校园微电影课程中的团队合作形式、创意表达的特点更能激发当代高中生自主探究、动手实践的兴趣。校园微电影课程能使学生在学习过程中学会合作、学会交往、学会学习、学会发现与表达,在学习实践中形成健全的人格。而且,作为一门综合艺术课程,微电影的拍摄和制作能够促进学生掌握现代媒体的操作技能,使学生对"艺术"与"技术"的关系有更深刻的认识。

我校在2005年曾就课程需求对全体学生进行问卷调查,调查结果显示,学生最需要校本课程提供帮助的领域是创新能力、特长爱好、学会交往、生活技能、耐挫心理素质、团队领导能力。校园微电影课程的跨界学习、合作学习与体验学习的特点决定了它在培养学生的合作意识、交往能力、发现与表达能力、创造性思维等方面有着独特的价值与意义,符合学生的课程需求。

我校在二十多年的校本课程开发与实践中,积累了丰富的校本课程开发经验,形成了完善的校本课程开发体系,这为校园微电影课程的开设提供了保障。此外,学校有专门的影视制作中心,可以为校园微电影课程提供所需的摄像机、电脑、投影仪等设备，这是开设该课程的重要保障。

2. 课程设计

校园微电影课程开设近三年了，在此期间，我们不断思考怎样才能实现课程目标、课程内容与课程评价的一致性，怎样才能指向学校的教育哲学并满足学生的现实需要。我们力求通过选择适切的学习方式、构建可行的课程目标、设计科学的内容结构、尝试多样的评价方式来进行课程设计。

（1）体验式学习

在校园微电影课程开发初期，我们进行了教学方式的探索，到底是以教师讲授为主还是以学生自主实践、体验探究为主？校园微电影的创作涉及的领域很广，对技术和艺术的要求也很高，通过教师的讲授虽然可以实现知识的快速输出，但是在教学实践中我们发现微电影创作的知识与技能离不开实践。因此，我们采用以学生实践体验为主的方式进行授课，教师仅仅提供必要的帮助并在适当的时候进行讲授和引导。另外，高中生独立自主的需求很强烈，体验式学习符合他们的年龄特点。

（2）切实可行的课程目标

首先，由于微电影的创作涉及不同的角色分工，再加上高中生学习时间紧张，学生不可能把所有角色的相关知识与技能都学到一定深度，所以在制订知识与技能目标时，我们将目标分成几个层次以兼顾全体学生的学习需求和不同角色分工的要求。其次，在制订过程与方法目标时，不仅关注学生创作和交流的过程与方法，还关注学生解决问题的过程与方法。最后，在制订情感态度与价值观目标时，我们引导学生更多地关注校园生活和个人内心情感的表达，引导学生在微电影创作的过程中学会合作与分享。基于以上考虑，我们制订的课程目标如下。

1. 了解微电影及其艺术语言（如景别、运动、镜头等），全程参与微电影创作，理解并掌握微电影创作的基本流程。

2. 体验不同的角色（编剧、摄像、演员、后期制作人员），在小组合作中，积极承担自己的任务，能与他人合作完成至少2部作品。

3. 通过有主题的校园微电影创作，关注内心情感的表达，关注校园生活，传递积极向上的信念。

4. 在校园微电影的创作过程中，学会合作、分享、尊重。

（3）循序渐进的内容结构

传统的教学设计在课程内容的安排上往往按照知识的逻辑顺序来编排，单元之间具有一定的稳定性和独立性。建构主义学习理论指导下的教学设计往往更加关注学生的学习经验、学习需求，所以需要更大的空间。同时，课程内容的选择和安排也应该根据学生的学习需求不断调整，让学生在实践中学，在做中学。因此，我们设计了基于学生体验需求的、循序渐进的课程内容。我们会先用两节课的时间集中讲授相关知识，以使学生了解微电影创作的基本知识和拍摄流程；然后学生根据兴趣及不同角色分成几个小组，进行体验式学习——学生分成编剧、摄像、表演、后期制作四个小组，各小组根据学习任务在教师的引导下开展活动；小组将学习成果与大家分享交流，教师做必要的点评。在最初的体验式学习分享交流后，我们会根据学生的具体情况重新分工，之后进入正式的微电影拍摄制作过程，教师提供必要的帮助。在课程学习结束后，每个微电影团队要拍摄并制作2～3个完整的作品。此外，师生共同策划、举办校园电影节，在表彰优秀学生的同时，将作品与更多的学生分享交流。

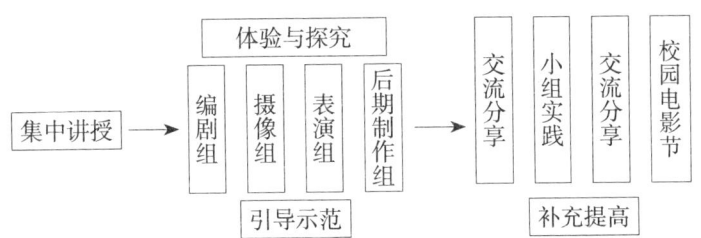

（4）促进学习的评价方式

在课程评价方面，我们力求通过多元的评价方式，促进学生学习与发展。

强调过程性评价。观察、评价学生的课堂表现，并根据拍摄小组的记录，评价该小组拍摄前的准备情况和拍摄制作过程中的合作情况。

突出反思性评价。有学者提出，学习的诊断性与反思性是建构主义学习的两个核心特征，这意味着学习者必须从事自我监控、自我测试、自我检查等活动，以诊断和判断自己在学习中所追求的是否是自己设置的目标。因此，在教学过程中，我们会要求学生进行反思、提出改进计划、撰写课程小结，以使学生加大反思力度。同时，教师对学生的反思及改进计划给予评价。

注重表现性评价。在校园微电影课程的教学中,我们着重对学生在拍摄过程中的表现和学生最后的作品进行评价。该课程的最终成果以校园微电影艺术作品的方式呈现,通过对校园微电影艺术作品的表现性评价来评价学生的创作水平和学习情况。同时,我们会通过校园电影节的颁奖活动表彰表现优秀的学生及拍摄团队。

3. 学习环境设计与支架式教学

(1) 支持学习的环境设计

新的研究观点认为,学习环境不再是简单的物理意义上的场所,而是学习资源和人际关系的组合。学习资源主要包括学习材料、帮助学习者学习的认知工具、学习空间等。在校园微电影课程中,我们将为学生提供以下学习材料:①自编教材,包括微电影艺术的历史、创作程序、拍摄技术、编剧技术、后期制作流程等;②视频案例,包括经典短片、学生拍摄个案、摄像和后期制作的视频教程等。

帮助学习者学习的认知工具主要包括讨论记录本、计算机、讨论活动等。

在学习空间的布置上,我们将课桌摆成弧形,极大地方便了师生的讨论和交流;在教室一侧安装了五台电脑,便于学生搜索资料和进行后期制作;在教室墙壁上展示了微电影创作流程图及各种景别的示意图;在教室摆放了简易书架及相关书籍,便于学生随时查阅资料。

这样的学习环境,在一定程度上改变了学生的学习心态及师生之间的关系,教师以学习者的身份和学生一起学习、讨论,这大大促进了师生关系的融洽。

高一(5)班吕晨皓同学在该课程小结中写道:"课堂是相对开放的,学生和老师之间没有隔阂,我们互相交流,遇到难题时,老师会及时帮助我们。当我们坐在屏幕前,看自己拍摄制作的视频,分享自己的拍摄经历时,大家都觉得很快乐。"

(2) 支架式教学的运用

在体验式学习中,学生是学习的主人,学习热情空前高涨,但是我们也发现如果缺少教师必要的指导,学生所拍摄的作品总在低水平徘徊,久而久之学习激情也会消减。另外,虽然高中生的独立自主意识很强,但在学习过程中遇到困难时容易放弃。在这个时候教师要"拉一把",给学生提供支架,帮助他们创作出高水平的作品,这样更能激发学生持久的学习兴趣。这里的"支架"有两层意思:一是教师必要的引导和示范,二是教学活动的梯度设计。

学生最初接触微电影时,最想做的事就是拿起摄像机拍摄,因此,课程一开始我们先安排学生进行体验活动,让学生体验后再选择自己喜欢的角色,这极大地激发了他们的积极性。由于初次接触,学生肯定会在体验过程中遇到各种问题,这就把他们带入了一定的问题情境,我们在此基础上帮助学生进一步确定问题探究的方向与主题,为学生探究问题提供指导。在初步探究结束之后,学生分组进行第一次拍摄。在第一次拍摄时,我们不会提过多的要求。第一次拍摄结束后,我们会针对学生的作品进行启发、引导,以使学生认识到景别、角度、运动方式的合理运用能给作品带来不同的感观;之后让学生进行第二次拍摄、第三次拍摄……在一次次的拍摄中,学生得以逐步掌握与校园微电影艺术相关的知识和技能。

在支架式教学策略的运用中,最重要的是把握好教学活动的梯度,使学习活动既具有一定的挑战性,又能让学生体验到成功的喜悦,也就是说,要慢慢提高要求。比如,先不让学生使用画外音的录制设备,而让学生把精力集中到画面的处理上;先不强调故事情节和主题,只让学生拍摄一些生活中的简单事件,旨在使学生进入拍摄状态,然后慢慢拍摄出主题鲜明、情节曲折的微电影。

4. 在"校园微电影"中成长

(1) 提高了学习积极性

虽然学生学习校园微电影课程的兴趣很大,不需要教师激发,但在实践中我们发现,如果教师不能及时引导并使学生保持学习兴趣,学生最初的新鲜感过了之后,学习兴趣会很快降低。

以体验式学习为核心的课程设计和评价,在提高学生的学习兴趣方面表现出积极的作用,学生不仅充分利用课余时间编辑课上拍摄的影片,而且在本课程结束后还经常创作微电影来表达他们的思想和情感。

(2) 提高了艺术素养

缺乏艺术表达经验的学生,刚开始拍摄的作品在构图上千篇一律,往往将人物从头拍到脚,不会使用特写,常常两三节课都想不出一个好点子。在校园微电影课堂上,教师引导学生进行思考,使得学生拍摄的作品越来越有创意了。

2012年,我校组织了一个小型的校园电影节,我们面向全校学生征集微电影艺术作品。许多以前学习过该课程的学生都上交了作品,其中获奖作品15件,实际展播作品5件。展播的作品获得一致好评,前来采访的无锡教育电视台记者连连称赞我校学生的作品。校园电影节结束之后,我们随机抽取130名学生进行了问卷调查,调查结果显示86%的学生认为本次校园电影节中的作品传达了积极向上的信息,90%的学生认为这些短片使他们开始重新看待校园生活。

高一(12)班聂玉娇同学在课程小结中写道:"刚开始接触该课程时,摄像机、机位、特写、镜头、变焦、曝光等各种专业术语把我们弄得焦头烂额,后来各种专业术语从我们嘴里流利蹦出,我们从'门外汉'变成了'专业人士'。起初,团队里争执不断,后来团队里虽仍争论激烈,却是为了择优践行。"

(3)学会了合作与交往

在学生撰写的课程小结中,几乎所有的学生都提到了一学期的校园微电影课程学习不仅使他们学到了微电影的拍摄技巧,而且让他们学会了与人合作以及与人交往。通过问卷调查我们发现,80%的学生认为通过该课程的学习不仅学到了影视制作的知识,还学会了与人交往,90%的学生表示在其参与的拍摄小组工作感觉非常愉快。

高一(3)班陈蕴琪同学在课程小结中写道:"我觉得我最大的收获就是接触了很多同学,学会了如何与人交往、合作。在与大家的合作中,我体会到了与人交往的不易,以后我要多考虑他人的感受。我懂得了尊重他人,学会了倾听他人的意见,学会了肯定他人。我们不是独立存在于世界上的,每个人都需要他人的帮助。承认自己的缺点并改正很重要,包容并接受他人的缺点也很重要。"

(4)学会了主动学习

校园微电影课程从学生的学习经验、学习需求出发,培养学生自主学习的能力,从而使学生能够更加主动地去学习、探究。学生为了能将作品拍摄得更好会主动学习一些知识。有的学生为了把剧本写好,主动阅读一些剧本写作类的书籍；有的学生觉得老师提供的软件不够强大，常常从网上下载其他后期制作软件及其视频教程进行自学。

5. 课程反思

（1）学生学习创作微电影的主要意义不是学习高深的学科知识，而是通过创作微电影学会表达自己的观点和情感，通过团队活动学会合作，学会学习。因此，学生学习的重点不是高深的学科知识，而是掌握实际操作的技能。

（2）高中生的独立自主意识很强，但是在学习过程中遇到困难时往往容易放弃，因此需要教师不断调整教学策略，丰富他们的实践活动，并及时给予他们帮助和支持。

（3）虽然课堂教学是以学生自主实践、体验探究为主，但教师不能做"甩手掌柜"。教师需要积极为学生营造平等、和谐的学习氛围，为学生提供学习资源；教师需要根据学生的学习情况为其提供帮助，使其明白学习的意义；教师需要通过评价帮助学生诊断问题、解决问题，进而促进学生学习。

课程纲要

◇课程名称：校园微电影　　◇课程类型：艺术与科学

◇教学材料：自编教材　　　◇授课课时：36课时

◇主讲教师：黄宏　戴君　　◇授课对象：高一学生

课程目标

1. 了解微电影及其艺术语言（如景别、运动、镜头等），全程参与微电影创作，理解并掌握微电影创作的基本流程。

2. 体验不同的角色（编剧、摄像、演员、后期制作人员），在小组合作中，积极承担自己的任务，能与他人合作完成至少2部作品。

3. 通过有主题的校园微电影创作，关注内心情感的表达，关注校园生活，传递积极向上的信念。

4. 在校园微电影的创作过程中，学会合作、分享、尊重。

课程内容与实施

第一单元　分享课程，体验角色

一、单元目标

1. 能够说出微电影艺术的基本发展历程和微电影拍摄的基本流程。

2.能够说出不同景别（如全景、中景、特写等）的特点。

3.通过直接接触微电影创作的相关设备，掌握其基本操作方法。

4.体验不同的角色，确定自己喜欢的角色。

二、内容实施

通过对不同时期经典电影片段的欣赏，概括电影艺术的基本发展历程和微电影拍摄的基本流程。教师讲解分组要求，学生根据自己的兴趣选择加入A组（摄像组、后期制作组）或者B组（编剧组、表演组），以体验四种基本角色。通用技术教师负责A组，先讲解摄像机的操作方法和后期制作软件的使用方法，然后让学生实际操作体验。艺术教师负责B组，B组学生根据教师提供的故事编写分镜头脚本，并排练小品。在第5、6课时，A、B组互换体验。体验过后，教师安排学生交流收获。

三、课时安排

第1、2课时：欣赏短片。

第3、4课时：选择角色进行体验。

第5、6课时：角色体验，分享交流。

第二单元　角色探究

一、单元目标

1.编剧组学生能够根据某个主题设计剧情，编写分镜头脚本。

2.表演组学生能够在同学面前用夸张的语言和动作表演小品。

3.摄像组学生能够运用不同景别和运动方式拍摄校园景色（60秒）。

4.后期制作组学生能够运用编辑软件将一段视频打散重组。

二、内容实施

学生确定自己感兴趣的角色，根据所选角色进行分组。根据教师布置的任务，各小组分别进行体验式学习。在学生进行体验式学习时，教师不仅要为其提供网络搜索的设备，还要为其提供相关的专业书籍，尤其是关于编剧知识的书籍，如《编剧的核心技巧》《21天搞定电影剧本》等。在进行多次教学探索后，我们设计了以下学习任务。

角色	相关主题与任务
编剧	1. 编写剧本的一般流程是什么？ 2. 好的剧本有什么特点？ 3. 编剧怎样编写分镜头脚本？ 4. 用简短的文字描绘一个课间事件并与大家交流，要有冲突和戏剧性变化。
摄像	1. 独立操作摄影器材，开机拍摄。 2. 运用不同景别、角度、运动方式拍摄一段视频。
演员	1. 根据教师提供的剧本，找出你认为最重要的十句台词。 2. 演员在表演之前要做哪些准备？ 3. 根据教师提供的剧本（可改编），表演小品剧。
后期制作人员	1. 将教师提供的原始视频资料进行剪辑。 2. 将后期制作软件的操作菜单进行分类总结并与大家交流。

教师根据学生完成任务的情况进行针对性指导。各小组交流分享。

三、课时安排

第 7、8 课时：分角色探究。

第 9、10 课时：分角色探究，交流分享。

第三单元 微电影拍摄初探

一、单元目标

1. 各拍摄小组能够根据主题讨论基本剧情，编剧编写脚本。

2. 各拍摄小组分工合作进行拍摄，制作微电影。

3. 能够从技术角度客观公正地评价其他小组拍摄的微电影。

二、内容实施

学生通过抽签组成拍摄小组，自主选出组长，并为本组起一个组名。拍摄小组根据教师的要求进行第一次拍摄，并进行后期制作（导演由摄像或编剧担任）。教师根据各小组的拍摄情况，从摄像技术、分镜头脚本的编写、景别的选择等方面对学生进行针对性指导。播放各小组拍摄的微电影，进行激励性评价。

三、课时安排

第 11、12 课时：组建拍摄团队，讨论拍摄计划。

第 13、14 课时：拍摄制作。

第 15、16 课时：播放各小组的微电影，交流评价。

第四单元　微电影模仿秀

一、单元目标

1. 通过对经典微电影的分析,能够说出不同景别的画面所传递的信息。

2. 根据视频短片编写分镜头脚本并进行拍摄。

3. 评价其他小组创作的微电影,说出其模仿或改编的微电影的优点与不足。

二、内容实施

教师展示优秀微电影两部,并从摄像技术、分镜头脚本的编写、景别的选择等方面进行分析。各拍摄小组选择其中一部微电影,编写分镜头脚本,模仿拍摄并进行后期制作。师生一起分析各拍摄小组的微电影,总结经验,交流分享。本单元旨在让学生通过对优秀作品的模仿进一步领悟电影艺术的语言,熟练掌握各种拍摄技术。

三、课时安排

第17课时:鉴赏经典短片。

第18课时:编写分镜头脚本。

第19、20课时:模仿拍摄与制作。

第21课时:交流分享。

第五单元　我们的微电影

一、单元目标

1. 根据创作主题,能够设计2～3个基本故事情节。

2. 根据民主投票选出的故事情节,拍摄和制作微电影。

3. 通过讨论,能够针对本组作品的不足提出具体修改意见。

二、内容实施

教师确定"青春—校园—责任"的创作主题,播放不同类型的微电影,以启发学生的创作思路。师生共同讨论故事情节,学生编写分镜头脚本。学生自主拍摄制作,教师进行指导。作品展示,师生点评。教师要注意统筹安排学习活动,以确保学生分工明确,同时要对学生进行积极的评价。

三、课时安排

第22课时:小组讨论,鉴赏提高。

第23、24课时：制订计划。

第25、26、27、28课时：拍摄制作。

第29、30课时：交流分享，鉴赏提高。

<h3 style="text-align:center">第六单元　我们的电影节</h3>

一、单元目标

1. 能够根据修改意见，修改本组拍摄的微电影。

2. 能够根据教师的要求设计评价方案。

3. 能够根据教师的要求设计颁奖流程。

4. 能够根据教师的要求撰写300字左右的课程小结。

二、内容实施

教师评析学生创作的微电影，指出需要修改的镜头，学生进行补拍。负责后期制作的学生对本组创作的微电影进行最后的调整，其他学生设计评价方案、校园电影节展演方案及颁奖流程。通过校园电影节颁奖活动，鼓励和表彰表现优秀的学生。

三、课时安排

第31、32课时：补拍镜头，设计校园电影节展演方案。

第33、34课时：补拍镜头，设计校园电影节颁奖流程。

第35、36课时：举办校园电影节颁奖活动，撰写课程小结。

课程评价

1. 课堂评价

（1）通过课堂观察评价学生的课堂表现。

（2）通过对拍摄小组档案记录本的检查评价该小组拍摄前的准备情况和拍摄制作过程中的合作情况。

（3）通过微电影作品评价该小组的创作水平和学生的学习情况。

（4）通过校园电影节的颁奖活动表彰表现优秀的学生及拍摄团队。

（5）学生通过撰写课程小结，总结自己的收获与不足。

2. 成绩评定（百分制）

（1）课堂表现（20%），包括出勤率、参与创作的积极性及课程小结的撰写情况。

（2）拍摄小组档案记录本（20%），包括每次拍摄前的脚本编写情况和分工合作情况。

（3）拍摄小组最终提交的作品（60%），作品评分标准：编剧、摄像、表演、后期制作及作品创意各占其20%。

参考书目

（1）崔允漷，夏雪梅，王中男.校本课程开发：上海经验.上海：华东师范大学出版社，2011.

（2）王大根.美术教学论.上海：华东师范大学出版社，2000.

（3）王大根.高中美术新课程理念与实施.海口：海南出版社，2004.

（4）高文，徐斌艳，吴刚.建构主义教育研究.北京：教育科学出版社，2008.

（5）[美]布莱恩•布朗著.电影摄影技巧.潘紫径译.北京：中国电影出版社，2009.

（6）[美]温迪•特米勒罗著.分镜头脚本设计.王璇，赵嫣译.北京：中国青年出版社，2006.

（7）刘诗兵.影视表演基础.北京：中国传媒大学出版社，2011.

（8）[美]尼尔•D•希克斯著.编剧的核心技巧.廖澹苍译.上海：世界图书出版公司北京公司，2011.

大家来做口述史课程

课程导读

1. 开发大家来做口述史课程的缘起

我校曾就课程需求对学生进行问卷调查，调查结果显示，学生最需要校本课程提供帮助的领域是创新能力、特长爱好、学会交往、生活技能、耐挫心理素质、团队领导能力。创新、交往技能……这些词正是时代发展对学生素质提出的新要求，作为历史教师，我们希望开设一门课程，它既能发挥个人所长又能满足学生需求，而口述历史显然是实现这个目标的有效途径。

关于"口述历史"的概念，美国作家唐纳德•里奇指出，口述历史就是通过录音访谈来收集口头回忆和重大历史事件的个人评论，也就是通过笔录或者录音和录像等，记录历史事件的当事人和目击者的回忆。

口述历史具有独特的"人民性"，它把历史的焦点转向普通百姓，重视生命个体对历史、社会的独特体验。口述历史拉近了学生与历史的距离，让学生去发现、体验身边的历史，从而使学生丰富情感、增强信念、传承民族文化，也培养其社会责任感。

做口述史大致需要经历这样几个阶段：确定选题—收集背景资料—寻找潜在受访者—口述历史访谈—整理访谈资料—展示研究成果。这是一个以学生为主体的探究性学习过程，教师只需要在必要的时候给予学生帮助和指导。解除了传统教学模式对学生的束缚之后，学生可以充分发挥个人所长，自主探究，发展实践能力和创新能力。

做口述史需要多个角色合作完成，包括组长、资料收集者、访谈者、资料整理者等，这就需要组建研究小组进行合作学习。"合作活动，必然要交换思想，切磋意见，争论有效方法，增长见识。这样便使每个成员惯于共同作业的方式。尤其在各分组解决课题时，使学生交替发挥各自的作用，可以发现学生的才华，发展他们的能力。"[1] 此外，寻找并说服受访者接受采访、寻找社会的帮助等都有助于培养学生的团队合作精神和人际交往能力。

做口述史涉及历史学、社会学、文学、新闻学、心理学等诸多学科，并与现代信息技术有着紧密联系，这意味着学生在做口述史的过程中除了能加深对历史的了解外，还能全方位地培养与训练各种能力，如语言表达能力、调查能力、交际能力、组织能力、合作能力等。

由此可见，做口述史符合学生的需求和新时代对学生的素质要求，这也与我校的教育理念"培养生命旺盛、精神高贵、智慧卓越、情感丰满的时代新人"非常吻合。学校完善的校本课程开发体系、锡山高中百年的历史积淀、具有江南特色的历史文化名城，这些都为学生做口述史提供了得天独厚的条件。

2. 开发大家来做口述史课程的流程

做口述史是一个相对陌生的领域，我们都没有接受过相关的训练，目

---

[1]［日］佐藤正夫著.教学论原理[M].钟启泉译.北京：人民教育出版社，1996.

前国内也没有专门的机构和组织提供相关培训和指导,所以开发该课程的第一要务乃提升自己的专业知识。在经过一番筛选之后,我们列出了一些参考书目和文献资料,一边学习一边探讨,以熟悉做口述史的基本理论和操作方法。之后,我们把这些资料整理成工作手册,并在教学中不断补充、完善。

接下来需要有一个合理的教学计划来指导教学过程。我们的课程目标是什么?要教哪些内容,怎么教,怎么进行评价?这些都是需要解决的问题。为此,我们努力制订合理的课程目标,选择适切的教学方式,设计科学的内容结构,尝试多元的评价方式。

(1)制订合理明晰的课程目标

在制订课程目标时,我们主要考虑了三方面内容:首先,强调学生能力的提高和情感的陶冶,这也是我们开设这门课程的出发点——满足学生的需求、指向学校的教育理念;其次,要符合高中生的认知水平,不管是教学内容还是能力训练,都应该有别于小学生和初中生的;最后,制订的课程目标要切实可行,便于操作和检测。基于以上考虑,制订了如下课程目标。

1. 通过基本理论的学习,能说出口述历史的基本概念,了解口述历史的发展简史、特点、优缺点,知道口述历史的重要意义,进而对口述历史形成初步的理性认识。

2. 通过对做口述史操作方法的训练,熟悉其基本操作流程和注意事项。

3. 通过小组合作能完成一个关于口述历史的课题的研究,并展示、交流研究成果。

4. 激发学历史、做历史的兴趣,训练史学研究的方法和技能,拉近与历史的距离,增强历史责任感和认同感。

5. 通过做口述史,增强组织能力、交际能力、调查能力、语言表达能力等。

6. 通过研究成果的展示和交流,体验并分享成功的快乐,增强自尊心和自信心,并懂得尊重和欣赏他人。

(2)设计模块化的课程内容

做口述史对学生而言是一个全新的领域,让学生从一无所知到能够自主完成一个研究课题,需要一个循序渐进的过程。为此,我们在遵循认知规律的基础上设计了四个模块的教学内容。第一模块,介绍口述历史的基本理论，包括口述历史的基本概念、特点、优缺点、重要意义、中外口述历史的发展简史等。学生对口述历史形成初步的认知后会产生浓厚的学习兴趣，急于知道如何来做，于是紧接着开始第二模块的教学，熟悉做口述史的操作流程。了解了操作流程后，学生定会急于尝试，这时便开展第三模块的教学。第三模块的教学内容是口述历史的课题研究，这也是本课程的重点内容。由学生自主选择一个关于口述历史的研究课题，通过小组合作完成课题研究，前面的教学都是在为这部分内容打基础。在完成课题研究后，进行第四模块的教学。第四模块的主要内容是让学生进行成果交流。学生通过各种形式展示自己的研究成果，分享课程体验。在该课程结束后，我们还会通过举办优秀作品展、参加中学生历史写作大赛等形式进一步推广口述历史。

（3）探索多样化的教学方式

结合四个模块的内容设计，我们以突出学生的主体地位为教学理念，在此基础上采取了多样化的教学方式。第一模块"介绍口述历史的基本理论"的教学内容以知识性内容为主，故采取教师讲解为主、学生探讨为辅的方式，并让学生通过观看视频和阅读相关书籍来激发学习兴趣。第二模块"熟悉做口述史的操作流程"的教学内容以技能性内容为主，故采取问题探究和模拟体验相结合的方式，让学生在做中学，在实践的基础上主动获得知识和技能（参见课时设计1）。第三模块"口述历史的课题研究"的教学内容以学生的实践研究为主，故采取探究性学习的方式，由学生自主选择一个口述历史的研究课题，通过小组合作完成课题研究。从选题的确定、背景资料的收集、潜在受访者的寻找、口述历史访谈到访谈资料的整理、研究成果的展示，整个过程都以学生为主，让学生进行自主探究（参见课时设计2）。第四模块"成果交流"的教学内容主要是让学生进行成果展示，所以我们选择把舞台交给学生，让学生充分展示自己的研究成果，分享课程体验（参见课时设计3）。

课时设计1：口述历史访谈法

第一环节：播放口述历史访谈短片——崔永元《我的抗战》片段。

在学生对口述历史访谈有初步的感知后，请学生谈谈口述历史访谈与新闻采访的区别。

第二环节：教师简要介绍口述历史访谈的操作流程。

1. 访谈准备

（1）明确主题

（教师引导提问：你会通过哪些途径获得选题方向？你会选择怎样的研究主题？你确定选题的时候考虑了哪些因素？你认为你的研究主题是否可行？）

（2）充实背景资料

（教师引导提问：为何要充实背景资料？哪些背景资料是必须有的？如何获取这些资料？怎样筛选资料？）

（3）寻找受访者

（教师引导提问：哪些人可以成为受访者？你如何寻找并说服他们接受访谈？你打算采用何种访谈形式？）

（4）设计访谈问题

（教师引导提问：如果让你来设计访谈问题，你需要考虑哪些因素？如何才能让受访者有话说、愿意说？）

（5）准备访谈设备

（教师引导提问：要进行访谈，需要准备哪些必要的访谈设备？）

2. 访谈过程（略）

3. 整理资料

（教师引导提问：如何把访谈内容长久有效地保存下来？有什么注意事项？）

第三环节：教师确定一个简单的研究主题，学生分组模拟访谈，包括设计访谈问题、进行访谈、整理访谈资料。在模拟访谈的基础上，师生进一步总结访谈的注意事项。

课时设计2：口述历史的课题研究

第一环节：学生回顾上节课确立口述历史研究主题的注意事项，一人或多人合作制订一个初始主题。

第二环节：学生展示自己制订的初始主题，通过无记名投票的方式选出优胜主题（一般来说，选出的主题个数占总人数的1/5至1/3比较合适，这样便于学生分组）。

第三环节：优胜主题的制订者就自己的研究主题进行介绍，"招兵买马"，组建研究小组。

第四环节：研究小组就初始主题进行讨论、分析和修改，初步确定研究主题。

第五环节：就之前的实践经验，请学生谈谈一个合理可行的研究主题需要具备哪些要素，让学生在此基础上展开新一轮的探讨，形成最终的小组研究主题，并填写《研究主题记录表》。

第六环节：各小组就本组确定的口述历史研究主题展开研究。

课时设计3：口述历史研究成果展示

第一环节：组建评价委员会（由每个小组的一名成员、课程指导教师、受访者代表等组成评价委员会）。

第二环节：各组派代表上台展示小组研究成果。

第三环节：学生自主交流课程体会和学习心得。

第四环节：评价委员会根据评价标准，点评学生的作品，宣布评选结果。

在教学过程中，我们遇到了挫折。例如，在第三模块的教学中，为了体现学生的主体性，对其放任自流，结果引发了一系列问题。如上网查资料的时候玩游戏，自由访谈时做作业，讨论了半天没有任何结果延误了研究进度，碰到困难就打退堂鼓，小组成员争得不可开交……这些现象使我们不得不重新审视自己的角色，进而认识到教师的主导作用不可或缺：需要进行必要的组织管理和协调工作，如组织学生在开放、有序的环境中查阅资料、进行访谈；需要为学生的研究提供专业知识的支持，在学生遇到问题时提供有效的帮助，保护学生的研究热情，提高学生的研究水平；需要参与学生的研究活动，维持学生自主活动的秩序等。因此，不论以何种方式进行教学，在关注学生主体性的同时，不能忽视教师的主导作用，需要将"学生主体"和"教师主导"有机结合。

（4）设计多元的评价方式

学习评价要与课程目标保持一致，以促进学生的学习和发展，因此，我们设计了多元的评价方式。

强调过程性评价。将评价的关注点转向学生的学习过程，并将学生的个人活动纳入整个小组进行评价，为每个研究小组建立成长记录袋，这有利于激发学生的内在发展动力，促使其不断进步。此外，轻个体、重集体的评价方式更有助于学生合作意识的培养。

扩大评价的主体。教师不再是单一的评价主体，我们将受访者、学生都纳入了评价体系，以增强评价的客观性和多元性。学生由原先的被评价者变为评价者，主动参与评价过程，在自我评价、小组评价、小组互评中提高了自身能力。

注重开放式考查。学生最终的研究成果可以通过研究论文、话剧表演、演讲、图片、视频等形式来展示。另外，学生的学习体会也将作为评价的依据。

成绩评定的依据和标准如下（百分制）。

项目	评价依据	权重
课堂表现	出勤率、参与积极性、课程小结	20%
研究过程	研究课题、研究计划、小组合作、访谈	50%
研究结果	研究成果	30%

说明：90~100分为优秀，70~89分为良好，60~69分为合格，0~59分为不合格。

下面是我们放入小组成长记录袋内的一些记录表。

表1 研究主题记录表

年　　月　　日

初始主题：
最终主题：
选择该主题的理由：
小组自评：
指导教师意见：

表2 小组合作记录表

年　　月　　日

研究主题：
小组成员及分工：
个人自评（你在小组中的工作完成得如何）：
小组自评（你们小组的合作情况、遇到的问题、解决的办法、经验分享）：
指导教师意见：

表3　研究计划记录表

年　　月　　日

最初的计划：	
修改的内容：	
小组自评（最终的研究计划是否合理、是否达成，经验分享等）：	
指导教师意见：	

表4　口述历史访谈记录表

年　　月　　日

访问者：		受访者：	
访谈形式：		受访者工作单位或家庭住址：	
访谈时间：		受访者联系方式：	
访谈地点：			
访谈分工：			
访谈主题：			
访谈问题：			
访谈记录（将访谈的"声音"转化为"文字"，可用A4纸打印出来）：			
受访者签名或盖章 （如果受访者愿意谈谈受访感受或对你们的访谈有建议的话也可以记录下来）			
小组自评（对访谈过程的评价）：			
指导教师意见：			

表5　研究成果记录表

年　　月　　日

研究主题：	
研究成果（研究成果的表现形式和主要内容）：	
小组自评：	
评价委员会意见：	

3. 课程感悟

（1）学生体验

通过协商，我们组最终确定的研究主题是"锡山高中实验室的变迁"，我担任的是采访工作，在采访工作中我受益良多。首先，对陆燕玲和徐玲两位老师进行面对面的采访，对我而言是个很大的挑战，因为我是一个不善言辞的人,选择做小记者正是想锻炼一下自己。没想到自己做得还不错,获得了组员的称赞,这让我很开心,也很有成就感。其次,这个课题让我了解到母校实验室的变迁,这是我以前从来没有关注过的问题,没想到这里面还有这么多的学问和趣闻,还能折射出锡山高中的教育理念,这让我很惊讶,也让我对母校有了更深的感情。从一开始的摩擦不断、问题颇多到最后的相互理解、默契配合,我们每个人都成长了,交流能力都提高了,胆量也变大了,大家都觉得收获很多。

——邹依宁

(2)教师体验

我开设这门课程完全源于自身的专业和兴趣,很多知识自己也是边学边教,没想到课程学完,我和学生都受益匪浅。大量的阅读拓展了我的知识面,学生兴奋的表情和期待的眼神鞭策着我不断学习。一直以来,我都期待能让学生真正体验一下"做历史"的过程,这在平时的课堂教学中很难实现,这次终于如愿以偿。此外,以这门课程为基础,我们策划了一系列活动,包括中学生写史活动、口述史学历史日等,这只是一个起点,期待在师生的共同努力下,它可以走得更远。

——张雪亚

正如上述师生所言,大家来做口述史课程的开设促进了师生的共同成长。在课程小结中,很多学生用到了这样的字眼:兴奋、开心、激动、矛盾、理解、合作、成长、艰难的挑战、宝贵的财富……学生认为他们从这门课程中获得的不仅仅是知识,更多的是能力的提升和情感的体验。作为课程资源的开发者,教师也遇到了前所未有的挑战——需要有更广阔的视野,更专业的知识,更强的教学能力,这些对教师素养的提高有着极大地推动作用。

4.课程反思

(1)高中生做口述史最重要的是过程的探究和情感的体验,而不需要像专业的历史学者一样研究高深的课题,得出高深的结论。正如富兰克林所说:"告诉我,我会忘记;教给我,我可能记住;让我参与,我才能学会。"在这个过程中学生有机会"体验"历史、"做"历史,其潜能得到开发,情感得以丰富,这才是最重要的。

（2）高中生做口述史容易受时间和空间的限制，教师要尽可能为其提供支持，开发更多的资源。为此，我们进行了一些尝试：与学校的社区活动和社会实践活动相结合，学生可以在养老院和老人们聊聊往事；充分利用当地资源进行乡土史、民俗史的研究；进行跨学科的尝试，如大家来做口述史教学中涉及语言表达技巧的训练，于是我们将它和语文教学结合起来举办了写作大赛。

（3）创设良好的学习环境，包括学习资源库的构建和学习空间的布置。大家来做口述史课程的教学涉及大量教学资料的收集和整理，这些资料都可以通过网络资源库进行整合和共享。在学习空间的布置上，可以使用学校提供的历史教室；可以改变传统的课桌摆放方式，将课桌摆成圆形或U形，这样更方便师生的讨论和交流；可以在教室设置电脑以便学生随时查阅资料。

（4）注重教师专业素养的提高，教师在平时的教学中要不断丰富自身的理论知识，并与高校和相关机构联系寻求更多的支持。

课程纲要

◇ 课程名称：大家来做口述史　　◇ 课程类型：技能爱好
◇ 教学材料：自编教材　　　　　◇ 授课课时：18课时
◇ 开发教师：张雪亚　陈慧洁　　◇ 授课对象：高一、高二学生

课程目标

1. 通过基本理论的学习，能说出口述历史的基本概念，了解口述历史的发展简史、特点、优缺点，知道口述历史的重要意义，进而对口述历史形成初步的理性认识。

2. 通过对做口述史操作方法的训练，熟悉其基本操作流程和注意事项。

3. 通过小组合作能完成一个关于口述历史的课题的研究，并展示、交流研究成果。

4. 激发学历史、做历史的兴趣，训练史学研究的方法和技能，拉近与历史的距离，增强历史责任感和认同感。

5. 通过做口述史，增强组织能力、交际能力、调查能力、语言表达能力等。

6. 通过研究成果的展示和交流，体验并分享成功的快乐，增强自尊心和自信心，并懂得尊重和欣赏他人。

课程内容与实施

第一模块　介绍口述历史的基本理论

一、模块目标

通过基本理论的学习,能说出口述历史的基本概念,了解口述历史的发展简史、特点、优缺点,知道口述历史的重要意义,进而对口述历史形成初步的理性认识。

二、内容实施

介绍口述历史的基本理论,包括口述历史的基本概念、特点、优缺点、重要意义、中外口述历史的发展简史等,这部分内容以教师讲解为主,辅以学生观看口述历史视频和阅读相关书籍。简单介绍该门课程的评价方式以及对学生的要求。

三、课时安排

第1课时:阅读相关书籍,观看视频。

第2课时:介绍理论,共同学习。

第二模块　熟悉做口述史的操作流程

一、模块目标

通过对做口述史操作方法的训练,熟悉其基本操作流程和注意事项。

二、内容实施

前两个课时熟悉做口述史的操作流程,包括确定选题、收集背景资料、寻找潜在受访者、口述历史访谈、整理访谈资料、展示研究成果。这部分内容以教师介绍为主。后两个课时重点训练学生进行口述历史访谈时的各项技能,包括设计访谈问题、进行访谈训练等。这部分内容的教学可先让学生观看口述历史访谈短片,再由教师确定一个较简单的主题让学生进行访谈训练,总结访谈经验和注意事项,为后续课题研究奠基。

三、课时安排

第3、4课时:介绍流程,共同探讨。

第5、6课时:技能训练,模拟访谈。

第三模块　口述历史的课题研究

一、模块目标

1.通过小组合作完成一个关于口述历史的课题研究。

2.通过做口述史，增强组织能力、交际能力、调查能力、语言表达能力等。

二、内容实施

学生自主选择一个研究主题，小组合作完成主题研究。这部分内容以学生的自主探究为主，教师在整个研究过程中只给予学生适当的指导和帮助。具体流程：学生提出自己想要研究的口述历史主题并在班级进行公开投票，学生根据选出的研究主题组建研究小组，进一步对研究主题进行讨论；确定最终的研究主题，制订研究计划，围绕主题收集资料，寻找访谈对象，约定访谈时间、地点，设计访谈问题；完成口述历史访谈；整理访谈资料。

三、课时安排

第7、8课时：筛选主题，组建小组。

第9、10课时：确定主题，制订计划。

第11、12课时：收集资料，设计问题。

第13、14课时：做好准备，实地访谈。

第15、16课时：整理资料，完成研究。

第四模块　成果交流

一、模块目标

通过研究成果的展示和交流，体验并分享成功的快乐，增强自尊心和自信心，并懂得尊重和欣赏他人。

二、内容实施

学生通过各种形式展示口述历史研究成果，分享课程体验。评价委员会给予评价。

三、课时安排

第17、18课时：展示成果，分享体验。

课程评价

1.评价标准

（1）通过课堂观察和学生撰写的课程小结评价学生的课堂表现。

（2）通过小组成长记录袋评价学生在研究过程中的表现。

（3）通过研究成果评价小组的研究水平。

2.成绩评定（百分制）

项目	评价依据	权重
课堂表现	出勤率、参与积极性、课程小结	20%
研究过程	研究主题、研究计划、小组合作、访谈	50%
研究结果	研究成果	30%

说明：90～100分为优秀，70～89分为良好，60～69分为合格，0～59分为不合格。

参考书目

（1）杨祥银.与历史对话：口述史学的理论与实践.北京：中国社会科学出版社，2004.

（2）定宜庄，汪润.口述史读本.北京：北京大学出版社，2011.

（3）周新国.中国口述史的理论与实践.北京：中国社会科学出版社，2005.

（4）李向平，魏扬波.口述史研究方法.上海：上海人民出版社，2010.

（5）[美]唐纳德·里奇著.大家来做口述历史：实务指南.王芝芝，姚力译.北京：当代中国出版社，2006.

英美戏剧表演课程

课程导读

1. 英语教学中的挑战与机遇

高中英语课程的总目标是使学生在义务教育阶段英语学习的基础上，进一步明确英语学习的目的，发展自主学习和合作学习的能力；形成有效的英语学习策略；培养综合语言运用能力等。要实现这个目标，不仅需要教师在英语课堂上进行英语知识的讲授，还需要学生积极参加语言实践活动，也就是要让学生在交际活动中，通过语言实践，让语言知识和技能潜移默化地进入个人的认知系统，成为个人知识和经验的有机组成部分。

目前，英语教学中真实有效的语言实践环节比较薄弱，使得很多学生学习了多年的英语，但英语表达能力仅限于在英语课堂上回答问题、撰写命题作文，英语综合运用能力提高较慢。戏剧是帮助学生进行语言实践的有效途径。通过戏剧欣赏及表演可以为学生创设一个真实的语言环境，为学生提供大量鲜活的语言材料，进而提高学生的语言表达能力。此外，戏剧表演可以为学生创造大胆表演的机会，使学生在表演过程中获得丰富多彩的学习体验，培养实践能力与创新能力、团队精神与合作意识，锻炼英语口语表达能力，接触外国文化，丰富自身内涵，领悟人生哲理，这有利于培养生命旺盛、精神高贵、智慧卓越、情感丰满的时代新人。

其实在近年来使用的中学英语教材中，无论是人教版高中英语，还是苏教版牛津高中英语，都收录了经典的文学作品，只是如戏剧表演这种主要由学生自己表演的课程却少得很。虽然有一些文学欣赏课，但其单一的教学内容和教师传统的教学方法很难使学生发展创新思维、表达个人感受，更别说让学生在英语学习的过程中培养合作能力，进行个性展示了。对高中生而言，进行英语戏剧表演更有利于其口语表达能力的提高，有利于其了解戏剧内容。另外，学生普遍对表演类课程感兴趣，所以开设一门这样的课程是非常有必要的，这符合我校学生的兴趣爱好，能满足他们的需求。

2. 课程设计

在英美戏剧表演课程的教学中，我们遇到了一些问题，通过对问题的不断思考与总结，我们调整和改进了课程目标、内容结构和评价方式。

（1）学习方式

英语戏剧表演是一门独特的艺术，刚开始时，由于没有英语戏剧表演的经历，再加上缺乏英语交流，学生都缺乏自信，肢体语言不自然，在进行英语戏剧表演时，效果往往不尽如人意。为解决这一问题，我们依据建构主义理论，以学生为中心，进行情境教学、任务教学、交际教学。我们通过设置丰富的课堂游戏和活动来为学生创设尽可能真实的学习情境，以使学生在轻松的氛围中发掘自己的创造力，从而建立自信。

（2）课程目标

基于《普通高中英语课程标准（实验）》，结合英美戏剧表演课程的特点及学生的实际情况，我们制订了以下课程目标。

1. 能简单介绍一些英美戏剧及舞台表演知识。

2. 使用英语及舞台语言完成各种游戏和活动，锻炼口语表达能力及应变能力，建立自信。

3. 参与戏剧排练和表演，并在此过程中互助合作。

4. 感受中西方文化的差异，了解作品本身所体现的内在精神。

（3）内容结构

自引进外教后英美戏剧表演课程在内容上有了很大的调整。原来我们只是进行传统而单一的剧本研读、背词排练，现在更多的是关注舞台表演所需的各种能力，并引导学生在玩中学、做中学，学生慢慢变得自信、敢于表达、富有想象力、懂得团结合作了。为了达成课程目标，我们将课程分为四个单元，每个单元都有一个主旨，教师带领学生围绕这一主旨展开各类活动，单元之间并不完全独立，前一个单元为后一个单元做铺垫，后一个单元是前一个单元的延伸。第一单元通过经典戏剧介绍，让学生了解英美戏剧的类别、概况等基本知识。通过一些互动游戏，锻炼学生的应变能力，引导学生学习相关词汇。第二单元的主要内容为让学生通过游戏和活动体会并尝试使用舞台上多样的表达方式，如声音、面部表情、肢体语言等。第三单元的主要内容为表演实践，在表演的过程中，学生的想象力和即兴表演能力都得到了锻炼。第四单元的主要内容为学生研读剧本、自主排练、合作表演。实践证明，这一教学内容上的改变从根本上帮助学生解决了表演过程中"放不开"的难题。

3. 课程收获

（1）享受学习的快乐

英美戏剧表演课程受到学生的普遍欢迎。英美戏剧表演课程中的游戏和表演改变了传统英语教学中的单调与沉闷气氛，其活泼的形式、生动的课堂、愉悦的氛围激发了学生参与学习的积极性，提高了学生学习英语的兴趣，同时增强了他们的自信心，锻炼了他们的英语口语表达能力，使学生在轻松、快乐的氛围中学到了知识，提升了能力。

（2）形成合作精神

团队成员只有共同努力才能完成表演任务，在这一过程中学生需要和同学进行交流与合作，共同解决问题，共同表演，这有利于培养他们互勉互助、团结合作的精神。

（3）形成稳定的学习动机

在英语戏剧表演中，学生是主体。教师在指导学生表演戏剧时，大胆放手，给学生自主权，使学生能够根据自己的理解进行表演，演出自己的特色。充分的自主使学生感受到学习的快乐，形成了稳定的学习动机。

（4）提高语言表达能力，了解欧美文化

全英语的课堂教学，英语剧本的研读，按照英语国家的文化、习俗进行的表演等，让学生沉浸在一个英语的环境里，听到的、看到的、说出的，都是英语，这就给学生提供了非常多的使用英语的机会，从而锻炼了学生的语言表达能力，同时，戏剧所呈现的内容将加深学生对世界文化的了解。

4.学生体验

下面是学生对该课程的体验。

怀揣着对英语和表演的喜爱，我选择了英美戏剧表演这门课程，让我感受最深的莫过于课堂上的边玩边学。在课堂上，我们阅读了许多英文剧本，做了许多游戏，还表演了很多戏剧，这提高了我们的英语口语表达能力。在戏剧的排练过程中，我们彼此之间还建立了深厚的友谊。大家都喜欢这门课程，虽然我们没有真正的演员那么专业，但大家表演时都是全身心投入的。我会永远记住在舞台上的那一刻。

在这节课中，我们终于成了莎士比亚戏剧中的人物。通过同学们的演绎，那些华丽而繁多的台词、错综复杂的人物关系不再是我们学习的难题，仿佛此刻他就是麦克白、她就是朱丽叶。平时同学们都忙于学业，有些沉默寡言，但通过这次表演我惊讶地发现，很多同学极富表演天赋。有人过目不忘，台词背得很快；有人情感丰满，举手投足间无不彰显着人物的喜怒哀乐。通过戏剧表演，我们不仅圆了自己的明星梦，而且加深了对这些文学作品的理解。

5.课程反思

英美戏剧表演课程旨在尊重学生主体地位的基础上，引导学生通过阅读、讨论和表演进行英语学习及兴趣的培养。在课堂教学中，我们尊重每一个学生的发展需要，提供给学生不同类型的剧本，关注学生在活动过程中产生的丰富多彩的学习体验，努力培养其实践能力、团队精神及创新能力。

在教学过程中，我们渐渐发现教师对学生的引导是很重要的。最开始我们让学生自己组成表演小组，每组选一名组长，负责本组的剧本研读、讨论、排练、表演。后来我们发现，有些组对文本的理解不够深入，有些组对文本的理解甚至出现了偏差，于是，我们虽仍让学生以小组为单位进行剧本的研读、讨论，但会适时给予各小组指导，以便让他们对剧本有正确、深入地理解。在深入研读剧本之后，各小组在组长的带领下排练、表演，学生的积极性都很高，每个人都积极地投入表演，这很好地培养了学生的合作意识和团队精神。学生们都很喜欢这门课程，因为它不像其他科目那样有繁重的学习任务，学生在学习过程中可以做一些自己喜欢的事情，因此，他们在课上都比较兴奋。在以后的教学中，我们应该在调动学生积极性的基础上更加有序地组织教学。

课程纲要

◇课程名称：英美戏剧表演　　　　◇课程类型：艺术与情感
◇教学材料：自编教材　　　　　　◇授课课时：30课时
◇开发教师：Elise Lammers　朱津楠　◇授课对象：高一学生

课程目标

1. 能简单介绍一些英美戏剧及舞台表演知识。

2. 使用英语及舞台语言完成各种游戏和活动，锻炼口语表达能力及应变能力，建立自信。

3. 参与戏剧排练和表演，并在此过程中互助合作。

4. 感受中西方文化的差异，了解作品本身所体现的内在精神。

课程内容与实施

第一单元　经典戏剧介绍

一、单元目标

1. 能说出英美戏剧的类别，说出莎士比亚的相关知识。

2. 能积极参与各种形式的游戏和活动，锻炼口语表达能力及应变能力。

3. 能记忆并运用与活动内容相关的词汇。

二、内容实施

教师对经典戏剧进行介绍，如莎士比亚的 *A Midsummer Night's Dream*，使学生了解英美戏剧的类别、概况等基本知识。教师对其中的一小段独白进行生动演绎，让学生感受什么是戏剧及舞台表演魅力。设置教学常规环节 Warm-up, Review, Who's the star today，帮助学生热身，鼓励并表扬表现突出的学生。鼓励学生积极参与各种游戏和活动，如 Show a silly face，Simon says stop，I saw you move，让学生在游戏与活动中慢慢放松，释放天性，敢于大声说英语。在这一过程中，学生不仅了解了戏剧的基本知识，还锻炼了应变能力，学习了相关词汇。

三、课时安排

第1、2课时：课程介绍，师生自我介绍，英美戏剧概况介绍，常规活动。

第3、4课时：复习，常规活动，互动游戏，应变游戏。

第5、6课时：复习及词汇学习，常规活动，肢体动作类游戏，总结交流。

第二单元　舞台表达

一、单元目标

1. 能说出戏剧语言的相关知识（如戏剧语言的构成），知道如何提高舞台语言的表现力。

2. 能参与活动，恰当地运用面部表情和肢体语言表达情感。

3. 能够记忆并运用与活动内容相关的词汇。

二、内容实施

首先，通过对戏剧语言构成的介绍（剧作家的"提示语言"；由演员讲出的、付诸表演的语言，包括对话、独白和旁白；潜在的语言，包括面部表情和肢体语言）让学生了解舞台表达的方式是多样的。

其次，利用情绪表演游戏让学生热身，随后让学生两人一组合作通过面部表情、肢体语言的运用使极其简短、表达不完整的台词变得有意义。在这个活动中，要让学生体会并尝试使用多样的舞台表达方式。此外，教师要在发音、停顿、语音、语调等方面给予学生指导，随后带领学生学习一些与发音相关的知识。

最后，让学生接触更多的经典戏剧，帮助学生梳理其中的词汇，并在发音、停顿、语音、语调等方面给予其具体指导，帮助学生排练戏剧片段。在这一阶段，每节课进行10分钟的舞蹈排练，以促进学生肢体语言的自然表达。

三、课时安排

第7、8课时：常规活动，介绍戏剧语言的构成，情绪表演游戏，表演活动。

第9、10课时：常规活动，发声练习，剧本研读，词汇及语音指导，舞蹈排练。

第11、12课时：常规活动，短剧表演，舞蹈排练，总结交流。

第三单元　发挥想象力进行情境表演

一、单元目标

1.能够在各种游戏及活动中充分发挥想象力，自己设计情境或动作，并完成表演任务。

2.能够记忆并运用与活动内容相关的词汇。

二、内容实施

开展表演类游戏和活动：（1）场景假设（如假设在海边，假设遇到大风，假设是连体婴儿等）；（2）主题雕像（两人合作，一人根据主题设计动作，另一人配合展示）；（3）扔球游戏（运用肢体语言和面部表情表演将想象中的球扔给另一个同学）；（4）情绪表演（小组讨论确定一种情绪，然后一起表演，其他同学猜他们表演的是哪种情绪）；（5）机器人游戏；（6）根据故事情节做动作；（7）根据随机抽取的台词即兴表演，等等。

三、课时安排

第13、14课时：常规活动，表演类游戏和活动，舞蹈排练。

第15、16课时：常规活动，表演类游戏和活动，词汇学习，舞蹈排练。

第17、18课时：常规活动，表演类游戏和活动，舞蹈排练，总结交流。

第四单元　戏剧排练及表演

一、单元目标

1.能够根据要求完成戏剧的排练和表演。

2.能够客观地评价他人的表演并完善自己的表演。

二、内容实施

教师介绍四个剧本 Hansel and Gretel，Monty Python and the Holy Grail，The Abbott and Costello Show，The Audition，学生自由分组并选择剧本。教师向学生说明排演要求，并分组进行指导。在排演过程中安排学生轮流到学校道具室寻找所需道具，并鼓励学生自己制作道具。带领学生彩排，并进行最后的表演考核，从中挑选出四个表演得不错的小组参加学校的展演。

三、课时安排

第19、20课时：学生分组，选择剧本，剧本研读，分配角色。

第21、22课时：学生自主排练，教师适时指导。

第23、24课时：学生自主排练，教师辅助指导。

第25、26课时：确定道具，舞台彩排。

第27、28课时：舞台表演考核。

第29、30课时：参加学校展演。

课程评价

1. 课堂评价

（1）给予主动要求参加游戏或活动的学生一颗星作为鼓励。

（2）根据学生的参与度及在活动中的表现，每节课评选出一个"今日之星"，给予其肯定和表扬并计入最后的成绩评定中。

2. 成绩评定（百分制）

（1）出勤率占20%。

（2）课堂表现占20%。主要考查学生活动的参与度及在完成任务过程中所表现出来的自信、想象力、团队合作精神等。

（3）舞台表演占60%。

参考书目

（1）崔允漷，夏雪梅，王中男.校本课程开发：上海经验.上海：华东师范大学出版社，2011.

（2）丰玉芳.建构主义学习设计六要素在英语教学中的应用.外语与外语教学，2006（6）.

领导者演说课程

课程导读

1. 经典传统课程大放异彩

演说类课程是我校的传统课程，早在20世纪90年代，我校校本课程探索起步之时，杨步义老师就开设了演讲与辩论课程，当时有近50名学生选修这门课程，可见这门课程是很受学生欢迎的。当时，学生课程需求问卷调查结果显示："与人交往和相处的能力"占学生需求的第一位，接下来是"承受挫折的心理素质""学习方法""从事专门职业所需要的知识与技能""自然科学和新技术""关于社会的过去、现在和未来"。对照学生的课程需求,就不难发现,为何演讲与辩论课广受欢迎了,因为它符合学生的课程需求,与学生的提升与人交往和相处的能力、提高承受挫折的心理素质,以及了解关于社会的过去、现在和未来等几项需求息息相关。

在 2003—2008 年,即我校校本课程在新课程框架下进行系统重建阶段,基于学生的课程需求,唐江澎校长亲自担起演说类课程的重任,开发了领导者演说课程,我们两位年轻教师在这门课程的开发中,名义上是合作者,实际上是学习者。领导者演说这门课程当时很受学生欢迎,一个年级 800 余人,有百余人选这门课程。该课程之所以作为"经典节目"被保留下来,除了唐江澎校长的名师魅力外,我想还有学生课程需求方面的原因。

我校 2005 年的学生课程需求问卷调查显示,学生最需要校本课程提供帮助的领域是创新能力(63.1%)、特长爱好(59.5%)、学会交往(59.0%)、生活技能(57.3%)、耐挫心理素质(40.2%)、团队领导能力(37.9%)。与刚开设校本课程时相比,学生的课程需求发生了很大的变化,创新能力、团队领导能力是新出现的领域,生活技能原来根本没有多少学生关注,而现在却排在了第四位。演说类课程在帮助新时代学生提升交往能力及耐挫心理素质的同时,更指向了团队领导能力这一全新领域(当今许多团队的领导,都是通过演讲凝聚人心、鼓舞士气的,所以这类课程的受欢迎程度越来越高)。

经过唐江澎校长的改革,领导者演说课程成了学生选课菜单里的经典课程,李茂林、袁晗毅、杨梅、朱晓玲、成惠芳等老师也相继开设了这门课,后继者基本传承了唐校长课程设计的核心理念,只做了细节上的调整,使其更符合个人的讲课风格。

我校校本课程的开发与实践已有二十多年的历史。我校被誉为"大陆校本课程的发源地",有着丰富的课程开发经验与课程资源。在理论方面,以著名课程专家崔允漷教授为首的华东师范大学课程专家团队,通过讲座、学术沙龙、课题研究等方式给予我校校本课程开发有力的理论支持。在硬件方面,学校语文课程基地设有演讲专用教室,学校的报告厅、艺术剧场更是为学生搭建了舞台,提供了更好的演讲平台。领导者演说课程就是在这样肥沃的土壤中生根发芽,茁壮成长的。

2. 支持实践体验的课程设计

在进行课程设计时，唐江澎校长秉承"体悟教学"的教学思想，对原有课程进行了大刀阔斧的改革：积极促进学生的学习方式由被动接受式向主动体验式转变，反复锤炼课程内容，设计多元的评价方式，以使学生在丰富的情境和广泛的体验中实现深度学习。

（1）体验式的学习方式

"体悟教学"是唐江澎校长的核心教学思想，他主张教师通过一定的策略，如调动学习的积极性，鼓励学生参与活动等，使学生在教与学的过程中有所体验、有所感受、有所领悟，从而能够把自己已有的经验与当前的学习活动结合起来，对文本进行深刻的理解。在语文课堂上，我们都会努力创设情境让学生去实践、体验，那么在锻炼实践能力的演讲课上，我们更需要为学生提供体验的机会。

我们设计了即兴演讲、撰写演讲稿、模拟演讲、脱稿演讲、讲故事、绕口令等多种形式的体验式学习环节。几节课下来，我们感觉到，在以活动体验为主的课堂上，学生的学习积极性更高，参与性更强，学习的效率更高。

我们的校本课程强调以实践、体验作为学生的主要学习方式，尽管这在考试当中可能体现不出来，但是对学生的成长来说却意义重大。

（2）切实可行的课程目标

课程目标是教学设计的指导思想，是评价课堂效率、学生学习情况的标准。我们在制订领导者演说课程的目标时，进一步凸显了实践、体验的学习方式。在制订知识与技能目标时，我们强调引导学生在各类演讲实践中掌握知识、锻炼技能。在制订过程与方法目标时，我们将演讲综合能力划分为态势语、控场与应变、美化声音、语言表达等模块，每一个模块都制订了相应的过程与方法目标，细化后的目标更加具体可行。在制订情感态度与价值观目标时，我们注重引导学生关注社会、关注生活，注重培养学生的社会责任意识。基于以上考虑，制订了以下课程目标。

1.每两次课至少有一次演讲机会，在演讲实践中锻炼心理素质及演讲能力。

2.通过实际训练及教师指导，能够优雅地出场、入场，演讲时能恰当地运用面部表情、手势、姿态等态势语。

3.通过说绕口令、朗诵诗歌等进行声音技巧训练，能用恰当的语言表达情感、发表观点。

4.能够关注社会、关注生活，能在公共场合理性地表达自己的观点，面对主客观情况变化时，能积极应变。

5.设计演讲稿，发表一次较为吸引人的演讲。

（3）开放性的课程内容

课程的内容是在我们和学生商量以后，根据学生的学习需求和课程目标设定的，保留了较大的弹性空间。我们先将设计的课程内容拿给学生看，请学生提出修改意见。学生提出要增加演讲实践的机会，以帮助他们克服演讲时的紧张心理。于是我们强化了每节课的实践内容，增加了控场与应变练习。

我们将课程分为态势语训练、控场与应变训练、美化声音、语言表达等模块，内容由易到难，循序渐进。先从简单的登台、退场开始，再到手势、表情等态势语的训练，再到较难的情绪控制、声音训练、语言表达。简单的内容能激发学生的学习兴趣，为整个课程内容的学习打好基础。学生有了兴趣，就有信心和毅力去攻克后面的演讲难题。所有的技能都是为思想服务的，演讲说到底是思想的表达，没有思想，口才再好也难以令人信服，而思想是需要慢慢积累的，所以我们通过最后的语言表达模块，将该课程无限延伸，延伸到日常学习生活中，让学生在社会实践中，形成正确的人生观、价值观，增加思想的深度，并学会理性地表达。

我们采用模块练习和综合练习相结合的方式进行教学：有时是专门的模块练习，如登台与退场、呼吸与发音等；有时是在综合练习中突出某个环节，如要求学生在发表即兴演讲时，突出演讲中手势语的运用。我们在每节课上，只花10分钟左右的时间进行讲解和示范，留给学生35分钟的时间来准备、讨论和实践。在课堂上，我们保证每两次课每位学生至少有一次演讲机会，而且这样的练习还可以延伸到课后，和学生的学习生活结合起来，如和学生会的竞选演讲、社团的招贤纳新演讲等结合起来，增加课程的广度。

3.学习环境设计与评价方式设计

（1）学习环境设计

学习环境包括学习材料、帮助学习者学习的认知工具、学习空间等。我们为学生提供的学习材料有教材、名人演讲视频、优秀演讲稿等。帮助学习者学习的认知工具包括各类演讲情境练习题、计算机、录像工具等。在这里要重点说一下学习空间。我校语文课程基地设有演讲厅，这是我们上课的主阵地。演讲厅看起来很简单，由一个演讲台和五十几个观众席组成，但其中却大有讲究。演讲台位于弧形演讲厅的上中位置，被观众席紧紧环绕，演讲者与观众可谓零距离接触，可以清晰地观察到观众的面部表情，听到观众的回应，这有利于增加演讲者与观众的互动，也便于演讲者根据观众的反映对演讲内容及时做出调整，机智地控场和应变。演讲台的上方，设有镁光灯，演讲者一登台，镁光灯随即打开，形成了强烈的视觉冲击，演讲者仿佛置身于巨大的舞台上，这有助于演讲者增强自信心。

演讲厅内没有黑板，没有讲台，只有一个演讲台。教师站在演讲台上，就变成了一个演讲者，周围的环境提醒着教师要少讲演讲知识，多做演讲示范，所以教师很少会霸占演讲台讲个不停。此外，教室内还有多媒体教学设备，在此不再一一赘述。

除了语文课程基地的演讲专用教室，学校还有艺术剧场、报告厅、阶梯教室，这些舞台更大，而且随时欢迎学生到这里进行演讲，这为学生的演讲实践提供了更大的学习空间。

（2）评价方式设计

我们运用过程性评价、结果性评价、表现性评价等多种评价方式对学生进行评价，以便更多元、客观地评价学生的学习，帮助其反思、检查自己的学习过程，促进其学习与发展。

美国著名教育评价专家斯蒂金斯在《促进学习的学生参与式课堂评价》一书中这样表述表现性评价：表现性评价就是让学生参与一些活动，要求他们实际表现出某种特定的表现性技能，或者创建出某种特定标准的成果或作品。简而言之，就是我们在学生进行具体的操作时直接观察和评价他们的表现。如何通过表现性评价来提高学生的演讲能力？我们按照以下三个步骤进行：明确课程目标，制订评价标准，设置表现性任务。这其中的重点和难点是如何界定教师所认为的学业成功。对此，我们设计了具体可操作的评价标准，以使学生清楚什么样的演讲表现才是优秀的，什么样的演讲表现只能说是良好的。有了评价标准，学生才能有依据地进行自评和互评。下面以演讲时眼神和声调的评价标准为例进行介绍。

A 等：声调控制得很好，演讲能够引发听众的兴趣，音量和语速适中，保持了与听众的眼神接触。

B 等：声调控制得较好，听众能够听到并理解演讲内容；音量和语速适中；基本保持了与听众的眼神接触。

C 等：声调失真；音量太低，语速太快，时不时有停顿；有非语言行为干扰信息的传达。

选择这门课程的学生，演讲基础不同：有的基础很好，选择这门课程是基于浓厚的兴趣；有的基础一般，选择这门课程是希望提高演讲能力。面对基础不同的学生，我们不能只对学生最后的演讲进行评价，还要将结果性评价和过程性评价结合起来，以获得不同基础的学生学习进步的信息。如果只对学生最后的演讲进行评价，那么对许多学生并不公平，而不公平的评价容易打击学生学习的积极性。因为起点不一样，即使努力程度一样，最后的结果还是不一样。所以，在评价时，我们综合学生每一次练习的情况和最后一次的演讲情况，并与学生原先的演讲能力相对照，客观地去评价学生演讲水平和演讲能力的提升程度，以使每个学生都获得公平、客观的评价。

4. 在演讲体验中成长

（1）表达能力的提升

通过该课程的学习，学生在书面表达能力及口头表达能力方面都获得了不同程度的提高。一些学生通过课内外的反复演讲练习，克服了紧张心理，能够当众清晰地表达自己的观点了；一些演讲基础较好的学生，懂得了怎样才能更好地说服别人、增强演讲的吸引力；一些学生甚至逐渐形成了自己的演讲风格，颇具个人魅力。学生的收获让我们再次感受到体验式学习的重要性。

（2）社会责任意识的提升

我们在给学生创设演讲情境时，注重引导学生关注社会热点问题，令其置身于社会矛盾之中，去观察社会，思考问题，找出解决方案。比如，"近期由于学校北面安置房建筑工地屡屡发出噪音，影响了师生的正常休息，区政府有关部门将就此事举行一场听证会，由政府有关部门、施工方、校方领导及学生代表与会。届时作为学生代表的你将代表同学就此事发表 2～3 分钟的演讲，表达你的立场"。再如，"从 2013 年 3 月 1 日开始，香港地区开始实施奶粉禁令，任何人除非有出口许可证，否则每24小时不可带多于1.8公斤也就是两罐婴儿奶粉出境，违例者最高会被罚款50万元及监禁2年。据了解，香港地区的奶粉比英国和美国的奶粉便宜得多。但香港才700多万人口，内地13亿多人口，只要有1%的内地人到香港买奶粉，香港的婴儿就没有奶粉吃了，难怪要出台如此严厉的禁奶措施。3月3日，全国政协十二届一次会议在北京召开，政协发言人称'内地的奶粉99%达到安全标准'。对近年来闹得沸沸扬扬的奶粉问题乃至食品安全问题，你是如何看待的？请说明"。在思考如何解决社会问题的过程中，学生定会思考要解决这个问题，大家能做什么，自己能做什么，在这一过程中，学生的责任意识、担当意识都会有所增强，学生不再只关心自我，还懂得了关心他人，积极肩负起社会责任。

（3）领导能力的提升

一段时间后，选择这门课程的学生，不少成长为社团领袖。他们说无论是竞选还是招聘社团成员，出色的演讲总能使他们得到更多人的拥护，能号召更多的人跟他们走，演讲确实很重要。

5. 课程反思

（1）学习演讲，重要的不在于掌握多少关于演讲的理论知识，而在于通过反复的练习提升演讲能力，所以教师引导学生转变学习方式至关重要。学生的学习方式由被动接受式转变为实践体验式之后，学习效率提高了，学习主动性增强了，而且会在其他学科的学习中尝试新的学习方式了。

（2）对演讲的评价就像对作文的评价一样容易主观化，所以我们要努力给学生一个客观、可操作的评价标准，让学生在自评和互评中走向优秀。

（3）教师必须具备一定的演讲水平，才能更好地引导学生。就像教学生写作一样，笔耕不辍、写作能力强的教师，能更好地提升学生的写作水平。演讲也是如此，自己演讲水平一般，难以领悟演讲要旨，又怎能教好学生呢？

（4）可以尝试与辩论课合并成"演讲与辩论"，并将授课课时延长为36课时。演讲与辩论是相辅相成的，也是青少年必备的能力，学生通过演讲与辩论能提升逻辑思维能力。

课程纲要

◇课程名称：领导者演说　　　◇课程类型：社会纵横

◇开设教师：袁晗毅　杨梅　　◇授课课时：16课时

◇上课人数：30人左右

◇开课地点：高一教室（能播放视频）、演讲厅

课程目标

1. 每两次课至少有一次演讲机会，在演讲实践中锻炼心理素质及演讲能力。

2. 通过实际训练及教师指导，能够优雅地出场、入场，演讲时能恰当地运用面部表情、手势、姿态等态势语。

3. 通过说绕口令、朗诵诗歌等进行声音技巧训练，能用恰当的语言表达情感、发表观点。

4. 能够关注社会、关注生活，能在公共场合理性地表达自己的观点，面对主客观情况变化时能积极应变。

5. 设计演讲稿，发表一次较为吸引人的演讲。

课程内容及实施过程

单元名称	单元目标	具体内容	课时安排
演讲概述	1. 讨论《课程纲要》，并提出修改意见。 2. 能认识自身在演讲方面的优势与不足。	论述演讲能力的重要性，讲述决定演说能力的条件以及演讲的要求。学生修改《课程纲要》，根据给定材料发表自己的看法。	第1课时：学生以即兴演讲的形式进行自我介绍，修改《课程纲要》。 第2课时：根据给定材料进行即兴演讲，观看视频《白岩松在理想国文化沙龙上的精彩演讲》。
态势语训练	1. 能大方、礼貌地出场、入场，能通过眼神、表情、手势等辅助演讲。 2. 选择适合自己年龄、身份，能体现场合及个人风格的着装；演讲时做到头端、肩平、胸挺、腰直、腹收、手垂，亲切自然。	登台退场训练；面部表情、手势语讲解与训练；姿态（头部、身躯、站姿的具体要求）、仪表礼节（男士、女士衣着搭配原则与实践，着装的特点和禁忌）、态势语之不良动作提醒（在公开场合，哪些表现是不得体的）。	第3课时：登台退场讲解与训练。 第4课时：面部表情，手势语讲解与训练，观看习近平参观"复兴之路"展览时演讲的视频。 第5课时：体态训练，《不自由，毋宁死》演讲训练。 第6课时：仪表礼节、态势语不良动作提醒，观看视频《马云励志演讲》。

(续表)

单元名称	单元目标	具体内容	课时安排
控场和应变训练	1.灵活运用控场方法，达到亮相得体、脱离讲稿、临乱不惊等控场要求。 2.能在演讲中巧妙应对突发情况，增强自信心。	控场方法与要求讲解，控场训练，应付主观之变、客观之变的方法讲解，应变训练。	第7课时：诵读胡适的《毕业赠言》进行控场训练。 第8课时：演讲者，请理性表达立场。 观看关于温家宝先生演讲遭遇扔鞋冷静应对的视频。
美化你的声音	1.能够运用发音技巧美化声音。 2.在说绕口令、朗诵诗歌等训练中，调节语音、语气、语速、语调、节奏。	疯狂绕口令《老六放牛》《棚和瓶》《白老八》等；朗诵诗歌《相信未来》《再别康桥》等；演讲时，语音、语气、语速、语调、节奏等的讲解与训练。	第9课时：呼吸、发音技巧训练，观看视频《记者柴静动人演讲》。 第10课时：疯狂绕口令，诗歌朗诵训练。
超级模仿秀	对名人演讲时的声音、表情等进行模仿。	学生观看自己喜欢的一段名人演讲视频并模仿。	第11课时：播放名人演讲视频，学生模仿。 第12课时：学生模仿名人演讲并进行互评。
演讲稿的撰写	根据不同的演讲对象撰写演讲稿，能灵活运用比喻、排比、反问等修辞手法增强演讲稿的吸引力。	学生根据给定材料，撰写演讲稿，教师提出修改意见，学生互改互评。	第13课时：介绍演讲中的幽默，观看视频《俞敏洪在北京大学2008年开学典礼上的演讲》，观看周国平谈读书的相关视频。 第14课时：演讲稿撰写注意事项讲解，学生撰写演讲稿，学生修改、完善演讲稿。 观看视频《莫言瑞典文学院诺贝尔奖演讲》。
演讲与评价	能够进行脱稿演讲，对照录像自评，并能对同学的演讲进行客观的评价。	根据自己独立撰写的演讲稿进行脱稿演讲，对同学的演讲进行评价。	第15课时：独立演讲，设计评价表，学生互评。 第16课时：独立演讲，学生互评。

课程评价

1.评价活动

（1）通过课堂观察评价学生的课堂表现，尤其是学生的演讲态度和演讲效果。

（2）对学生撰写的演讲稿进行评价。

（3）通过录像自评、学生设计评价表互评、教师点评等方式，对学生的现场演说进行评价。

2. 成绩评定（百分制）

（1）课堂表现占20%，包括出勤率和参与演讲的积极性。

（2）期末现场演讲占50%。

（3）演讲稿的撰写占30%。

参考书目

（1）林素韵，胡敏编. 朗诵 主持 演讲. 长沙：湖南师范大学出版社，2002.

（2）吕钦文. 演讲论辩技巧. 长春：东北师范大学出版社，1993.

（3）崔允漷. 有效教学. 上海：华东师范大学出版社，2009.

（4）[日]佐藤学著. 学习的快乐——走向对话. 钟启泉译. 北京：教育科学出版社，2005.

交互式网站设计与制作课程

课程导读

随着科学技术的发展，人们对网络功能的运用越来越多，且覆盖面越来越广，从而促使网络从以往单一的新闻功能、信息功能应用拓展为通信功能、资讯功能、综合服务功能和其他社会功能的全面应用。云计算、博客、播客、维基百科、网摘、SNS、即时通讯（IM）、网页定制等各种应用如雨后春笋般在网络上铺展开来，很多学生无师自通，成了这方面的高手。从发展人、成全人、培养人的角度考虑，我们培养的学生不仅是消费者，更应该是创造者，发展、创新将是他们的人生要务，到时，他们需要提炼问题模型，并将模型转换为可在计算机中运行的程序，而通过模拟验证假设将是他们的一项日常工作。这种技能的形成不是一蹴而就的，是需要在学习和实践过程中积累和培养的。

1. 课程开发背景

在计算机被广泛应用的今天，程序设计已不再是计算机专业人员的专利，熟练运用一门以上编程语言解决现实中的问题是衡量高端技术人才的一项重要标志。学生今后将成为各行各业的精英、骨干，如果高中阶段对计算机方面的知识没有涉及，则是学校课程安排的严重缺失。基于这样的认识，1998年，我校在高二年级开设了C语言程序设计入门课程。当时，采用的教学方法较传统，只是把大学C语言教学内容及方法照搬过来，先介绍C语言的基本元素（C语言的常量、变量、运算符、表达式等），紧接着介绍程序设计的三种基本结构（顺序结构、分支结构、循环结构），辅之以适当的练习。因缺乏经验，教师没有设计适当的教学情境，也没有照顾学生的学习兴趣，加上学生基本是零基础，导致教学效果很不好。正式开设校本课程后，学校又进行了多次编程语言教学尝试。教学经验的不断积累、教学理论水平的不断提高，使教师注意到，校本课程实施更需要综合考虑教学对象、教学课时、教学目标、教学内容、教学过程、教学评价等课程元素。虽然多年的C语言教学实践，使课程教学结构从形式上来说日臻完善，但教师们在进行教学反思时，总觉得课程还有所欠缺：没有达到教学的最高境界，没有激发学生的学习兴趣，在课堂教学过程中还有学生出现分心现象；学生学习的自主性没有得到充分发挥，课堂教学形式仍然以讲授为主，没有达到知识、技能和能力的互相贯通。归纳为一点就是，我校校本课程所倡导的探究、合作学习方式在前期编程语言教学方面还没有得到有效落实。

交互式网站设计与制作课程开设的灵感来源于高中信息技术课程。在高中信息技术必修课中，网站是学生学习信息表达的载体，但受课时限制，编程能力培养、网站高级制作技术不在教学要求范围内，可是很多学生在接触这部分内容时，表现出浓厚的兴趣，有深入学习的愿望。

综合上述因素，我们开设了交互式网站设计与制作课程。

2. 课程实施特点

交互式网站设计与制作课程的教学是一次全新的尝试。承载学生学习内容的载体——网站具有开放性，在保证内容积极向上的前提下，学生从个人兴趣出发，独立确定网站主题，选择网站架构，收集和筛选网站素材，这真正体现了学生的主体地位。在课程学习过程中，学生相互合作、自主探究。在网站制作过程中，学生自由组合成若干学习小组，小组的网站主题由小组成员通过讨论共同确定。在新知识的学习中，教师尽量少讲、精讲，而让学生多讲、多做、多讨论，从而使学生学会学习，学会交往，学会表达。体悟技术发展客观规律是本课程的一个重要教学目标，为实现这一目标，在教学过程中我们始终秉承我校"成全人"的最高价值追求，使学生对网站制作技术的学习经历网页制作从静态到动态、程序设计从面向过程到面向对象、制作方式从单个手工作坊式到批量加工的过程。另外，美轮美奂的网页设计需要学生学会将统一与变化、变化与反复、动与静、形式与内容、视觉与听觉等内容综合在一起考虑问题，以使制作的网站从视觉、听觉等多方面满足受众的需要。

3. 课程内容及目标

学习交互式网站设计与制作课程的学生只需要具备基本的电子小报编辑基础和简单的图像处理能力。学生先根据网站的特点，从各自的兴趣出发，选择若干主题；之后，学生依据主题，分成不同的学习小组，各小组围绕自己的主题，运用平时浏览网站获得的经验充分讨论协商，确定小组网站架构；然后分工收集网页制作素材，制作静态网页；在静态网页完善之后，在网页中加入动态元素则成为学生下一步要学习的内容。经典案例示范，脚本语言学习走进课堂。根据教师推荐，学生通过专题网站自主学习脚本语言，尝试为自己的网页加入动态元素。为实现高水平的网站交互，面向对象编程的有关知识向学生敞开了大门。网站交互产生的信息需要采用合适的方式存储，至此，数据库技术走进学生的视野。在教师引导之下，学生将有机会达成如下课程目标。

1. 体验复杂网站制作过程，理解通过互联网实现信息交流的基本原理。

2. 能够分析任务需求，规范地画出问题解决流程图。

3. 规划网站架构，能列举网页制作需要考虑的基本要素，能根据网页内容使用表格规划网页布局。

4. 正确选择和运用三种程序结构编制程序，制作交互式网页。

5. 知道一种以上面向对象编程的方法。

6. 能够根据不同需要，使用数据库管理软件建立数据库，并学会将网站同数据库建立关联的技术，实时存储数据，实现网站信息动态交互。

4. 课程开发的理论依据

发展性教学理论先驱赞科夫认为，学生在毕业以后总会或多或少碰到他们不熟悉的科学上的新发现和新技术，在这种情况下，只有具备相应的智慧、意志和精神品质的人，才能在他不熟悉的环境中迅速识别方向，及时准确地采取对策。他强调，学生在学习过程中不仅要学习知识和技能，还要把学习过程作为掌握的对象。在交互式网站设计与制作的教学过程中，脚本语言、面向过程、面向对象、数据库等知识，对学生而言是一个崭新的领域，学生受到的冲击是震撼的，有些学生课后给我留言："该课程给我们带来的知识可以用惊喜来形容。"学生浓厚的学习兴趣，使得"高难度"都无法阻挡他们探究的脚步。

建构主义理论对本课程的开发有着重大影响。本课程中始终有两条主线对课程的展开起支撑作用：一是网站制作过程中，网站制作知识在学生头脑中的自我构建；二是学生能力构建。在进行课程内容安排时，我们将课程内容进行了从简单到复杂、从低级逐步过渡到高级的安排，学生的学习思路会在这个过程中慢慢被打开。

5. 课程实施

第一单元，学生根据兴趣爱好，分成若干小组，通过讨论确定网站主题，收集素材，制作静态网页，该单元教学的主要目的是让学生在学习网页制作的基本知识时，充分感受制作网页和编辑电子小报的异同，并在知识迁移过程中学习新知识；第二单元，学习面向过程编程。为了调动学生参与的积极性，教师可以先为学生提供若干现成的程序片段，让学生将其插入自己制作的网页中，体验动态网页效果，之后，让学生在专题网站的支持下，学习脚本语言基础知识，并将学习所得用于自己制作的网页；第三单元，学习面向对象编程。让学生把教师提供的材料和通过网络收集的材料相结合，动手动脑，为自己制作的网页增加新功能，体验网页交互的真正内涵；第四单元，学生在教师提供的程序框架上，根据自己制作网站的需要，修改和编写程序；第五单元，小组间交流学习成果，进行学习评价。上述五个单元，第四单元的内容可以根据教学课时和学生学习能力有选择地进行教学，第二单元和第三单元也可以根据教学课时适当降低学习要求，只要学生能够读懂和修改他人的程序即可。

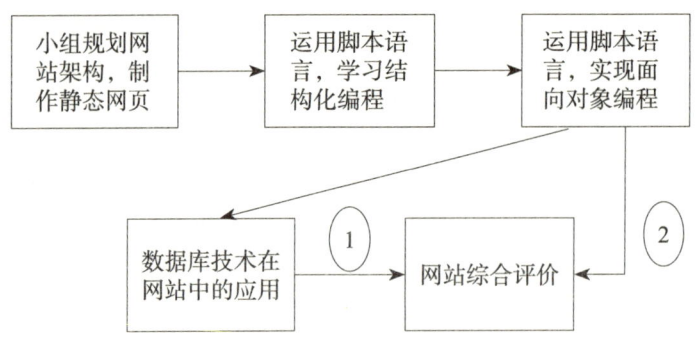

6. 课程评价

作为校本课程，重在拓展学生视野，培养学生的合作能力和探究能力，促使学生树立正确的知识观和学习观。在不影响后续学习的基础上，本课程将知识的掌握排在了次要位置，在静态网页制作阶段重在引导学生建立合适的网站架构，使学生学会编辑网页；在学习面向过程编程阶段，只需学生能借助专题学习网站，理解三种结构化编程思想，能够读懂和修改他人编制的程序；对面向对象编程，只需学生了解对象及对象属性、方法、事件的具体含义，知道在程序设计过程中，事件编程实现的基本规则；在评价阶段，我们把小组合作态度作为评价的重点，要求学生必须把各自负责制作的网站内容，同其他小组成员的内容整合在一起，以整体形式展示，旨在培养学生的合作精神。

课程纲要

◇课程名称：交互式网站设计与制作　　◇课程类型：科技前沿

◇教学材料：自编教材　　　　　　　　◇授课课时：32课时

◇开发教师：郑兴航　　　　　　　　　◇授课对象：高一学生

课程说明

开设本课程旨在引领学生学会使用交互技术设计网站，实现基于网站的双向信息交流。

在合作学习模式下，2～3名学生组成一个学习小组，在小组学习中相互促进，共同提高。在本课程学习过程中，学生需要围绕一个感兴趣的问题，通过小组讨论确定网站主题，然后在教师引领下，规划网站架构，确定网页元素，设计网页布局。为了掌握交互式网站制作技术，学生将通过探究，了解向用户端输出数据和得到客户端数据的实现方法，并学会运用脚本编程及数据库存储技术制作动态网页。经过学习，学生将有幸成为真正的网站制作高手。当然，参与学习的学生，最终需要以小组为单位提交一份专业的、含金量较高的、美轮美奂的主题网站。学生的作品将择优在学校网站上展示。

课程目标

1. 体验复杂网站制作过程，理解通过互联网实现信息交流的基本原理。

2. 能够分析任务需求，规范地画出问题解决流程图。

3. 规划网站架构，能列举网页制作需要考虑的基本要素，能根据网页内容使用表格规划网页布局。

4. 正确选择和运用三种程序结构编制程序，制作交互式网页。

5. 知道一种以上面向对象编程的方法。

6. 能够根据不同需要，使用数据库管理软件建立数据库，并学会将网站同数据库建立关联的技术，实时存储数据，实现网站信息动态交互。

课程内容与实施

第一单元　网站规划及静态网页制作

一、单元目标

1. 通过浏览网站样例，能归纳总结构建网站需要考虑的基本要素，并通过合作，构建网站架构。

2. 通过类比，学会静态网页制作的基本方法。

3. 提高问题解决能力。

二、单元内容

学生浏览网站样例，教师引导学生分析其架构；学生根据爱好2～3人组成一个小组，通过讨论确定本组的网站主题；围绕主题，列出网站需要包含的具体栏目，并规划网页布局，完成静态网页制作；分析交互式网页需要设置的具体内容。

三、课时安排

第1、2课时：确定网站主题，完成网站规划，确定网站架构，学习静态网页制作的基本方法。

第3、4、5、6课时：学习静态网页制作的基本方法，完成多张静态网页的设计。

第二单元　脚本语言及结构化编程

一、单元目标

1. 知道在网页中使用脚本语言编程应该遵守的基本规则。

2. 了解脚本语言组成的基本元素。

3. 通过实践，培养程序化思考问题的能力。

二、单元内容

介绍流程图，制作表单网页，介绍交互式网页的工作原理，脚本语言简介，介绍常量、变量、表达式、运算符、函数，介绍程序设计的三种基本结构。

三、课时安排

第 7 课时：学生学习表单网页的制作方法，教师介绍交互式网页运行的工作原理。

第 8 课时：学生网上查询资料，了解流程图，学习流程图的制作方法。

第 9 课时：样例程序引领，借助专题学习网站，了解脚本语言的基本元素。

第 10 课时：程序设计的顺序、分支与循环结构的学习。

第 11、12 课时：通过探究和合作，解决网页交互中遇到的实际问题。

第三单元　面向对象编程

一、单元目标

1. 能够正确说出 HTML 语言中具体对象的含义，理解对象的属性、方法和事件。

2. 知道网页中设计事件程序的基本规则，能够正确设置对象的属性，掌握引用对象的方法，并能在编写程序时正确使用。

3. 知道 Request 和 Response 对象的作用和用法。

4. 知道 Cookie 及 Session 的功能和用法。

5. 借助专题网站，深刻理解对象，通过实战，培养学生面向对象编程的能力。

二、单元内容

学习 HTML 语言中的对象及对象属性、方法和事件的含义，学习在网页中实现面向对象编程的基本规则和编程方法，能够运用 Request 和 Response

对象在客户端和服务器之间进行信息交换，能够使用 Cookie 及 Session 分别在客户端和服务器端存储中间信息。

三、课时安排

第 13、14 课时：学生自我探究，借助专题网站学习在一般网页中面向对象编程的有关内容。

第 15、16 课时：在表单中，使用面向对象编程方法，处理数据，验证问题。

第 17、18 课时：学习交互式网页中信息获取（Request）及反馈（Response）技术。

第 19、20 课时：动态网页之间的中间信息交换技术学习（Cookie 及 Session 的学习）。

第四单元　数据库技术在网站制作中的应用

一、单元目标

1. 通过建立数据库，体验使用数据库技术管理数据的优势。

2. 在小组制作的网站中，能将网站和数据库正确建立关联。

3. 说出数据库查询语句 Select 使用的基本规范。

4. 知道数据库中记录增加和修改的基本方法。

二、单元内容

建立数据库，探究网站和数据库关联的方法，学习数据库数据查询技术，实现网站和数据库之间的实时交互。

三、课时安排

第 21 课时：根据表单网页内容，构建数据库和数据表。

第 22 课时：借助专题网站，学习网站和数据库关联技术。

第 23、24 课时：探究、学习数据库中数据的查询方法。

第 25、26 课时：将网站和数据库建立关联。

第 27、28 课时：通过表单网页，学习数据库中有关"记录"的操作技术。

第五单元　网站合成

一、单元目标

能综合评价其他小组的网站。

二、单元内容

合成网站，并对网站进行润饰和完善；全班交流学习成果。

三、课时安排

第29、30课时：网站合成。

第31、32课时：网站展示及评价。

课程评价

评价内容包括以下几个方面（百分制）。

1. 学生的出勤率（10%）。

2. 学生学习和参与的积极性（15%）。

3. 小组合作情况（15%）。

4. 静态网页的制作效果（15%）。

5. 能否运用脚本语言实现结构化编程（10%）。

6. 面向对象编程的掌握程度（10%）。

7. 运用数据库技术实现交互的效果（10%）。

8. 网站的整体效果（15%）。

参考书目

（1）施良方.课程理论：课程的基础、原理与问题.北京：教育科学出版社，1996.

（2）崔允漷，夏雪梅，王中男.校本课程开发：上海经验.上海：华东师范大学出版社，2011.

（3）徐辉.现代西方教育理论.重庆：重庆出版社，2006.

（4）任长松.探究式学习：学生知识的自主建构.北京：教育科学出版社，2005.

（5）[日]佐藤学著.学校的挑战：创建学习共同体.钟启泉译.上海：华东师范大学出版社，2010.

（6）张大均，王映学.教学心理学新视点.北京：人民教育出版社，2005.

（7）林风.动态网站设计捷径：ASP.西安：西安电子科技大学出版社，2000.

我们的校本课程故事

◉ 经典话剧体验课程班的同学在排练《雷雨》

◉ 悬臂梁结构设计课程里同学们在动手实践

◉ 油画初探课程里专注作画的学生

◉ 同学们在巅峰体育课程基地学习游泳

小细节推动下的校本课程

陈慧洁

我开设的校本课程是"导游知识和导游英语"。在教学过程中,因条件所限,学生的参与性与互动性没有其他校本课程那么强,所以也没有典型生动的事例,有的只是教学过程中的一些小片段,但是这些小小的片段足以让我感动,让我欣喜。

曾有学生对我说:"老师,××很佩服你。因为他选修了你开设的导游知识和导游英语课程,虽然你是历史老师,但你却能用英语上课,而且了解那么多知识,他现在上你的历史课可认真了。"确实,校本课程的开设,使我的学生从另一个侧面了解了我——原来历史老师也可以讲英语,也可以讲建筑、饮食。这门课程让××认识到,一个人不应该只学好某一门或几门功课,而应该全面发展。××以前很讨厌上历史课,只觉得理科重要,现在他却成了班里学历史最认真的学生,这个小小的变化让我很激动。

还记得在讲苏州寒山寺时,读到《枫桥夜泊》这首诗,我想让学生来翻译一下,以考查学生运用英语的水平。于是,我先让学生自己翻译,他们实在翻译不出的地方,我适当进行指引,结果学生发现,在这首诗的翻译中,所有的英语单词他们都学过,只是不能学以致用。还有个学生对我说,有一次他们英语考试考了一篇有很多佛教用语的文章,由于术语太多,所以很多学生都理解不了,但是他却看懂了,因为前天他上校本课程的时候,我刚好教了他们英语中有关佛教的知识,所以他很轻松地看懂了这篇文章。

我开设的是导游知识和导游英语课,却未曾完全脱离理论的教授只让学生去实践,对此我一直很遗憾。可是带学生到园林上课并不现实,后来我尝试让学生借助多媒体来当小导游。我首先给每个学生发了一张写满苏州虎丘导游词的纸,导游词没有分段也没有重点,然后在黑板上将虎丘整个景区划分为七个景点,再写上一些专业名词,如断梁殿、千人石;之后我将学生分成七个小组,每个小组负责介绍一个景点,每组十五分钟的准备时间,高一的学生用中文介绍,高二的学生用英文介绍。当时我是忐忑不安的,虽然这门课上了将近半个学期了,导游讲解技巧也讲了不少,但是学生是否能在这么短的时间内将要介绍的景点的特色提炼出来并且流利地讲出来,特别是高二的学生,还要将其翻译成英语,对此我没有把握,真担心到时会冷场。如果冷场的话,说明我这种教学方式不合适。

事实证明我的担心是多余的,高二的学生完全可以用英语讲出来,而高一的学生语言风趣幽默。记得有一组的三个男生讲解虎丘的试剑石,关于试剑石有两个传说,前面两个男生一人讲了一个,到第三个男生介绍的时候我想他该没有内容可讲了,没想到那个男生说道:"下面请各位游客跟我一起参观试剑石。"接着他介绍了试剑石的一些基本情况。

其实教学中还有很多小细节值得我细细品味。虽然说校本课程的备课容量很大,对工作繁忙的我来说压力很大,但是我会一直坚持下去,因为我已经在这里找到了我存在的价值。

从课程消费者到课程开发者

胡敏洁

2002年,我第一次在锡山高中听到"校本课程",如今我已在锡山高中执教校本课程,中间隔了十几个年头。在这十几年里,我完成了高中学业、大学学业,而后踏出了大学校门,跨进了母校的校门,当起了一名高中数学教师。在这十几年里,我不断学习新知识,视野开阔了、阅历丰富了,人生随着年龄的增长而更加绚丽多彩。与此同时,伴随我一起成长的还有校本课程。我从校本课程的消费者到开发者经历了以下三个阶段。

一、课程的消费者

2002年9月,我升入高一,在锡山高中开始了3年的高中生活。在此之前,我对高中生活没有丝毫的向往——高中无非就是成堆的试卷和频繁的考试。记得发课程表那天,大家都特别紧张。一拿到课程表,我就开始数一周有几节数学课、几节英语课、几节物理课、几节化学课,数完后我松了一口气,并没看到超负荷的课程安排。怎么会呢?高中课程怎么可能这么轻松?于是我好好研究了课程表。这下我又紧张了,课程表上的两门课程引起了我的注意,一是校本课程,一是研究性学习课程,当时的我们对这两门课程非常陌生,不知道它们究竟是两门新课还是变相的数学课或英语课。在忐忑不安中，我们迎来了第一次研究性学习课程，在老师介绍了研究性学习课程是从自身生活和社会生活中发现问题，然后将其变成课题进行研究的一门课程后，我感到很兴奋，心中的顾虑与不安马上消失了，我想校本课程肯定也是一门有意思的课程。

第一次校本课程在期待中姗姗而来，一上课，进来的居然是班主任，我心想：完了，这下肯定是数学课了（班主任教我们数学）。结果班主任给我们每个人发了一张纸，简单地介绍了一下校本课程。当时我的理解是校本课程类似于兴趣课，每个人可以根据自己的特长、爱好选择课程。当时开设的校本课程也比较多，学校发了一张校本课程表，上面有所开设课程的名称、上课时间及上课教师，印象比较深刻的有走遍美国、印章篆刻、健美操等课程。那时的我对自己的兴趣不是很了解，所以就选择了一个我认为最好玩的课程——影视欣赏。我想这个肯定就是看电影，等上了课我发现的确是看电影，但不光是看电影，看完电影还要分析情节、人物心理，然后写影评。现在想来，当时的影视欣赏课颇有大学课程的"风范"，老师在课堂中只进行适当的指导，更多的是让我们自己去感悟、体会，而影评也没有标准答案。在校本课程中，我们是课堂的主人。

在接下来的高中学习中，我选修了好几门校本课程，其中印象最深的就是是明艳老师的走进异域风情课程。那时我已经升入高二，我最感兴趣的学科是地理，所以当地理老师是老师开设这门校本课程的时候，我毫不犹豫地报了名。当时学校考虑到个别课程可能会人数过多，个别课程可能会人数比较少，所以要大家填报三个志愿，然后根据志愿进行调剂。由于选是老师开设的课程的人太多，所以我被调剂为选修中国民居之面面观课程。其实，当时学校的调剂还是比较人性化的，两门课程都是地理类的，但当时我很不愿意。在我得知可以改课后，我与两名开课教师进行了沟通，最后向课程教学处提交申请，最终调到了是老师的班。现在想想真佩服自己当年的勇气，敢于争取自己想要的东西。课程的内容如今想来已经很模糊了，有印象的是当年每次上课是老师总会做一个PPT，加之是老师上课生动形象，所以课堂上总是充满乐趣。课程结束时，我们还分组做了PPT展示自己的学习成果。那是我们第一次做PPT，只能在课间和午间休息的时候借班主任的电脑做。当时我们操作电脑还不熟练，摸索了好几天才完成了PPT的制作。当时的PPT

制作为我现在制作课件打下了一定基础。

在锡山高中学习的三年是充实而有趣的,而这是由校本课程带来的。高中的学习非常紧张,更多时间我们是在为升学而努力,长期挣扎在题海中会让大家缺乏青少年应有的朝气。校本课程的开设让我们在繁重的学习中放松,这有利于我们的身心发展。

同时,校本课程的开设也对学生兴趣的培养起到了促进作用。高中的课堂教学主要以教科书为主,内容固定、枯燥,特别是分了文理科后,课程的内容就更单薄了,而且大多课程是围绕考试科目开设的,关注学生兴趣的课程几乎没有,在这种情况下学生如果想培养自己的兴趣、特长是非常困难的。很庆幸学校开设了校本课程,校本课程涉及的范围较广,学生可以自主选课,这样一来,学生就有时间与空间来培养自己的兴趣和特长了,这使学生学习的积极性与主动性得以发挥,同时体现了个性化教育。

二、课程的受益者

2005年9月,我在南京师范大学开始了大学生活,由于我的专业是师范类的,所以经常会学习教育类课程。记得在一次实用教育技术课上,老师在讲学习资源的开发与管理时,提到了校本课程,然后展示了锡山高中开设的一个校本课程案例。我当时特别激动,拉着同学说锡山高中是我的母校。当时同学们一脸茫然,根本不知道校本课程是什么,听完老师介绍后,直对我说"你们真幸福"。我一直以为校本课程是所有高中都开设的,但经过那次课后我才发现,校本课程是锡山高中的特色。

2006年暑假,学校要求我们以小组为单位进行暑期社会实践。由于高中我选的大部分校本课程都与地理有关,这在一定程度上培养了我对地理的兴趣,所以在刚得知要进行暑期社会实践的时候,我就选定了方向——与地理有关的实践。经过一周的资料查找,在许多同学还很茫然的时候,我与其他几个同学一起组队研究了苏州的古建筑保护。人员分工、前期资料准备、社会实践计划,我想在锡山高中选修过研究性学习课程的同学都不会觉得这是难事。当时我特别感激锡山高中开设了校本课程和研究性学习课程,校本课程培养了我对地理的兴趣,使我对这方面的知识有了一定的了解;研究性学习课程教会了我进行课题研究的基本方法与手段,所以在进行暑期社会实践时,我们小组的计划周密、材料全面,最后我们的论文获得了学校一等奖。

三、课程的开发者

2009年9月，我进入母校锡山高中工作。刚开学，课程教学处就向全体教师发出了开设校本课程的通知。作为一名新教师，我的教学任务不是很重，同时作为一名锡山高中毕业的学生，我知道校本课程对学生的发展有着积极的影响，所以非常希望自己也能开设一门很好的校本课程以培养学生的兴趣、特长。

2009年，我母亲生病住院，在此期间我看了许多中医养生类的书籍，这让我深刻地认识到养生要从小做起。现在的高中生学习压力大，坐着学习的时间多，运动的时间少；虽然生活比较规律，但由于学生寄宿在校，很多生活细节都注意不到，一遇到天气变化，就有许多学生生病。身体是学习的本钱，我希望学生能够健健康康地成长，如果我开设一门养生类的校本课程，一定会对培养学生健康的身体起到积极的作用。于是我申报开设了"不生病的智慧"这门校本课程。

申报后没几天，唐江澎校长就校本课程的开设开了一次会，他简述了我校校本课程的发展历程，然后指出了我们在开设校本课程中做得不足的地方，强调了校本课程开发的规范性，最后他又就如何开好一门校本课程对我们进行了指导。

接下来，我对这门课程的内容进行了安排。要在短短几天内完成一学期教学内容的安排，时间实在太紧迫了。养生类书籍繁杂，虽然内容大多一致，但没有权威的版本，而且书上的说法也不一定是正确的，学生是很信任老师的，所以我不确定的内容一定不可以教给学生。最后，经过整理，我将课程内容分为三章：第一章介绍中医的基本知识，第二章介绍如何培养良好的生活习惯与饮食习惯，第三章介绍如何应对疾病。

课间与学生交流的时候，许多女同学说经常头痛，于是在课上，我和学生们一起探讨了为什么会头痛的问题。大部分学生认为是由于我们长期坐在教室而坐姿又不正确，导致了颈椎不好，进而引起了头痛。有学生提出颈椎不好会引起脑供血不足，应该是引起头晕而不是头痛，大家都觉得挺有道理。在分析了各种原因后，有一名学生说："为什么头痛的都是女同学呢，是不是和生理期有关？"这显然是一个大部分女同学不好意思讨论的问题，但

从校本课程走向学校课程 锡山高中课程探索之路

我觉得应该让女孩子知道如何在生理期照顾自己,让男孩子知道平时应该多体谅女同学,于是我向学生讲解了生理期的注意事项,在讲到女孩子特别要注意冬天洗头尽量要等头发干了再出门或者睡觉时,许多女同学表示自己从来不注意这个问题,经常是晚自习结束后洗头,头发没干就睡觉了。我又讲了这样做对身体的危害,以使她们改正这一习惯。在接下来的交流中,我还发现许多学生都不爱吃绿叶蔬菜,还有许多学生喜欢一吃完饭马上吃水果……这些都是不好的习惯,我一一向他们介绍了危害,学生也都表示以后一定改正。在这个学期里,我和学生一起纠正了许多不良的生活习惯,我看到了开设这门校本课程给学生带来的帮助。作为一名教师,在关注学生学习情况的同时,也要关心他们的生活状况,帮助他们培养良好的生活习惯,让他们拥有健康的身体和快乐的人生。

在开设了不生病的智慧课程之后,我感到我对这方面的知识只能说是了解,所以在讲解的时候范围比较窄,有时候也显得底气不足,于是我决定开设和自己专业有关的校本课程。2010 年 9 月,我和刘鹏老师一起开设了数学时空课程,主要讲授数学史方面的知识,教学内容主要参照数学选修 3-1 "数学史选讲"制订。由于多名教师曾开设过此课程,所以教学资料很丰富。数学时空课程开设初期,我和刘鹏老师一起研究了教科书和相关资料,制订了教学内容,但在备课的过程中,我们感觉信息量过大,无法在规定的课时内完成教学任务,同时感到了知识的枯燥。为此,我们与去年开设过此课程的刘烨烨老师进行了交流,她也认为我们设置的课程内容过多,知识点较为分散、枯燥。和刘烨烨老师交谈之后,我和刘鹏老师将内容进行了调整,为了使学生认识到数学的价值,同时为了吸引学生的学习兴趣,我们决定在第一节课先介绍与数学有关的名人。在课堂上,我们介绍了微软公司的前首席执行官史蒂夫·鲍尔默和 Google 公司的创始人之一谢尔盖·布林。当学生听了他们的经历和成就之后,都深感震撼。第一次上课我们就取得了成功。

第二次备课,我们先制作了 PPT,后来觉得学生如果只看 PPT 就会过目即忘,达不到我们想要的效果,于是刘鹏老师提出"先让学生查资料再上课"的想法。经过讨论,我们决定将学生分成几个小组,让学生先用一节课的时间上网查资料,第二节课每组派一名代表汇报小组的成果。我们惊讶地发现，学生汇报的内容很多是连我们都没有查到的资料。同时，由于要求各组汇报的内容不能相同，所以所有小组汇报的内容加起来基本涵盖了教科书中的相关内容。特别是因为要汇报，学生都十分认真，准备了很多材料。经过这次课，我们确定了我们的课程教学模式：学生查找资料—学生汇报—教师总结。

　　在教学过程中，我们看到了学生收集的厚厚的资料，看到了学生辛苦查阅资料、做笔记、整理资料的忙碌，看到了学生一次比一次自信地上台演说。

　　在教学过程中我们发现，学生有着很强的钻研能力和求知欲。在一次研究高斯的课上，有一个男生查到了高斯曾经发明了正十七边形尺规作图法，于是他通过查阅资料找到了正十七边形尺规作图法的步骤，但他按照那个步骤却怎么也画不出正十七边形，于是他找到我说："老师，正十七边形怎么画？"我心想这个不是我上数学课的班上的学生啊，而且问的问题和最近的学习内容并不相关啊，更重要的是，他的这个问题我从来都没有想过。我顿时紧张起来。我问他："你怎么想到画正十七边形了？"他解释说他是在查高斯的资料时偶然发现的，所以就想画一画。原来是选修"数学时空"的学生，不过这个问题我真没有想过，只能告诉他让我先画画，画好了再告诉他。等他走后，我开始查阅资料，我发现网上介绍的过程并不详细，很多地方说得不清楚，我画的时候也很吃力，而且由于手绘作图，精确度不高，画到后来许多点都重合了，根本看不清楚。画了几次都不成功，我觉得这个太麻烦了，心想这个内容与学习也不相关，要不就别画了吧，但想到学生的钻研精神，我怎么忍心拒绝他呢。于是，我向办公室的老师求助，我们一起研究如何绘制正十七边形，几个老师试了几次后，也遇到了和我一样的问题——绘制不出来。最后，我的一个朋友在网上查到了一个展示绘制正十七边形全过程的 Flash，整个绘制过程清楚、精确，我长长地松了口气，终于解决了这个问题。我把那个男生叫到办公室，给他展示了这个 Flash，看完后他兴致勃勃地走了。没想到第二天他又来了，他说："老师，我就照他这样画的，怎么从这一步开始就不一样了呢？"真是个执着的孩子啊！面对他，我很惭愧，我看完 Flash 的演示后竟没有好好想想为什么我画不出来。后来我和他一起分析了画不出来的原因——手绘作图不精确，导致两个点之间的位置取错了。这下他终于开心地离开了办公室。看着他离去的背影,我思潮澎湃。他来问我问题后,我曾向他的数学老师了解他的情况,这个学生数学成绩一般,平时不爱发言,但他却因为校本课程对数学有了如此执着的热情。他的这分热情、这种钻研精神让我深深感到惭愧。虽然是我在为学生讲课,但他们也教给了我很多东西,因为一门校本课程,我第一次深刻认识到自己是和学生一起成长的。

从 2002 年到 2012 年,我从校本课程的消费者变成了校本课程的开发者。在这 10 年里,我体会到校本课程给我的学习、生活和工作带来的益处。今后,我希望自己能开设出让学生一生受益的校本课程。

我校的校本课程越来越丰富,也越来越规范了,愿我们的校本课程建设越来越好!

让学生学得精彩——"时事沙龙"十年

贾军

一

十几年前,我校倡导各学科组为学生开设校本课程,作为政治教研组组长的我当时就在思考该为学生提供怎样的课程,我们能为学生提供怎样的课程。

当时,在国际上,"9·11"事件已发生,阿富汗战争正酣,巴以冲突正紧,美国宣布退出《限制反弹道导弹系统条约》,科学家首次公布人类基因组图谱……

在国内,中国加入世界贸易组织,北京申奥成功,首届国家最高科学技术奖颁奖、西电东送、西气东输等一批重点工程相继开工……

在这样的时代里,发生了许多关乎国家命运、影响国际关系和人类进程的大事件,这些大事件展示了当时国内、国际事务的概貌。

这些大事件都是课程资源,我们应该让学生知道发生了什么,为什么会发生,更重要的是,我们要让学生知道该怎样去看待这个急剧变化的时代。

这个时期,我们对校本课程的理解并不深入,"课程民主"之类的词语距离我们尚远,我们还不懂得学生的课程需求。

于是，以"时事"为课程资源，以高中政治学科的专业知识为理论支撑，给学生讲"时事"，带着学生看"时事"，成为当时时事沙龙课程的主要内容。

刚开设时事沙龙课程时，每学期选报该课程的学生多达200人，最终只能以教室的容量为限，通过志愿调剂录取学生。学生的热情给了我很大的压力：每周一次时事讲座，工作量可想而知；面对学生，如何选择话题，选择怎样的切入点等都是我必须面对的难题。

那时候，我经常看电视、读报纸……只要是时事资源我都会关注。我会经常想最近发生了什么事，能不能讲给学生听，怎么讲。在教学中，我开始使用多媒体技术，图片、动画、视频，只要是能服务于"时事沙龙"的我都学，都用。现在想来，当时我还真做了不少成功的时事讲座："'9·11'后的世界……""国家导弹防御系统能在多大程度上改变世界""世界杯与中国""西部开发，开发什么？""入世，我们准备好了吗？"……

二

随着校本课程的不断开发，选择这门课程的学生越来越少，课上认真听讲的学生也越来越少，最初蜂拥而至的盛况消失了。

校本课程是由教师提供、学生自主选择的，学生对课程的抛弃就是对教师的否定，再不改变，"时事沙龙"必然彻底消失。

"我是不是该……"成了我一直思考的问题。我是不是该备课再充分一点儿，讲得再生动一些？我是不是该把话题选择得更贴近学生生活一点儿，多从身边的事说起？我是不是该找一些更权威的影像资料，让学生获得更权威的观点？这些想法多多少少改进了我的教学，但没能从根本上改变局面。

偏偏在这个时候，我接到了开设"时事沙龙"市公开课的通知，准备时间为两个星期。如今的课程状况肯定是无法让人满意的，怎么面对同行开课？

有时候，绝处确能逢生。万般无奈之下，我把班长叫来，告诉他，这次公开课老师"技穷"了，要把这次任务交给他们。班长有点惊讶，但没说什么，领了任务就走了。周末过后，班长带着几个学习骨干来了："我们选好话题了——伊朗核危机。我们分了几个组，从不同的国家立场来看伊朗核危机，有伊朗、美国、俄罗斯、中国。课分三个环节进行：现场还原、立场表达、针锋相对。课以'沙龙'的形式组织，到时请老师您来主持……"

我决定让他们试试。在接下来的几天，我和学生一起细化话题，一起查阅资料，一起制作PPT，一起推敲观点的表达……

课，没有试上，直接进行了公开观摩。课，基本按计划进行着，只是在"针锋相对"环节，几位不同立场的同学"激动"起来，把话题引向了没能预见到的深度。课，在大家意犹未尽中结束了。但有一点我不明白：以后的课还要这样上吗？

一位参加观摩的家长提醒了我："老师，你们这个'沙龙'的形式真好！"是啊，"时事沙龙"，教师注重的是"时事"内容，可学生们真正需要的却是"沙龙"这种形式，他们真正需要的是参与权与表达权，需要的是能平等地参与、平等地表达自己的观点。

事后，我进行了反思。第一，计算机网络的发展使学生不需要老师的帮助就能获得大量的时事信息，对他们来说，老师的时事告知是多余的；第二，学生的主体意识增强了，他们需要的不再是"知道"，而是"参与"与"表达"。

于是，我对"时事沙龙"重新进行了界定，并重新制订了教学流程。

"时事沙龙"不是政治课，它是高中思想政治课课堂教学的延伸，它是以"时事热点"为内容，以"沙龙"为形式，依托高中思想政治课开设的一门活动课程。

该课程以时事热点为主题划分为若干学习单元，在每个单元的学习中，学生都会用若干课时来自主查阅、了解、学习相关知识，并在单元的最后一个课时中，以"沙龙"的形式相互交流，最终达到了解时事、运用知识、提升能力的目的（简单流程图如下）。

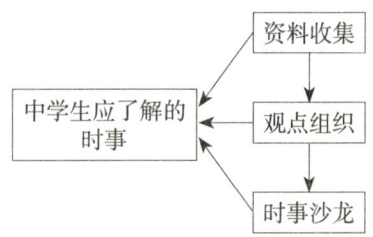

时事沙龙课程规范化之路告诉我：在校本课程的开发中，我们需要重建

课程，真正做到以学生为本，为学生提供多样化、可选择、开放的课程。

三

2010年，时事沙龙课程又有了新的变化：设计多样化、可供学生选择的活动，为学生提供更多、更深入的开放式课堂，成为时事沙龙课程的主要目标。为此，我做了一些有益的尝试。

我把讲台让给学生，学生成为时事讲座的主讲人。当然不是一个学生一讲到底，大家都有机会成为主讲人。

例如，2012年春季学期，我就采用这种方法开设了时事沙龙课程。下面以第一单元的教学为例进行介绍。

第一周（两课时）：熟悉课程，了解学习方法。全班32人，自由组合为7个学习小组；熟悉电脑、网络；进行小组分工。

第二周（两课时）：完成学习任务。以小组为单位，自选时事热点，准备一个5分钟左右的时事讲座。

第三周（两课时）：各小组展示学习成果，做时事热点讲座。

这样的形式虽然已经不是"沙龙"了，但它保留了"沙龙"形式的精髓：平等、参与、表达，并在此基础上增加了新的内容，对学生提出了更高的要求。虽然学生拥有了这样的平台，但通过这个平台用自己的思想影响别人却不是一件容易的事，7个学习小组中，成功表达自己的思想并引起他人共鸣的只有1个小组。该组选题较好，关注了时事热点话题——活熊取胆，并能从自己的视角分析这一复杂的社会现象，且观点明确、语言犀利、分析到位。在进行讲座时，该组还设计了一个互动环节，效果很好；最后一位总结发言的学生，用简单朴实的语言总结了讲座的主旨和意义。

各组展示结束后，我引导学生总结出，一个好的时事讲座应达到以下三种效果：听众听完后能知道讲的是什么事；听众听完后能知道讲座者对这件事的态度；听众听完后能产生自己的观点和态度。

这样的尝试让我越发觉得课程应该为学生服务，为学生的成长服务；学生应该成为学习的主人，成为课程的主人，应该更深入地参与到课程设计中来。

2012年下半年，根据学生的要求，我们的时事沙龙课程让学生参与了评价。如关于"杜甫很忙"与"皮鞋很忙"的讨论,在讨论过程中,学生可以对任一发言人的发言内容进行记录与评价(记录与评价如下)。

记录人、评价人:朱晨韵	评价对象:金晓磊
金晓磊发言:"杜甫很忙"这种恶搞不该被批评,这是一种释放压力的方式。有些博物馆以商业目的恶搞杜甫,则是对中华传统文化的不尊重。"皮鞋很忙"也是一种恶搞,主要源于人们对某些无道德的商家的不满。此种恶搞只能宣泄不满,要想改变中国食品安全的现状,还需要严格的法律。	
评价:同意金晓磊同学的观点。现在的学生学习压力很大,恶搞是一种放松的方式,至少表明重大压力下的学生还拥有超凡的想象力。况且,诗人最珍贵的是诗作与精神,没必要纠结于涂鸦诗人人像的正误。但以商业目的恶搞杜甫,宣传产品是不对的。在利益与道德面前,我们应该选择后者。官与商的勾结,是因官的不够自制、商的利益诱惑,这种情况历代都有。当今社会是一个法治社会,可是有些问题(如食品、药品安全问题)仍层出不穷,所以,要有严格的法律规范、惩罚不法行为,以换回人民的信任。	

评价是深层参与,评价的过程包含倾听、理解、沟通、表达、交流等诸多因素。学生评价行为的好坏与否,评价结论的准确、全面与否并不是关键所在,其关键是参与评价使学生一步步成为主动学习者。

开设时事沙龙课程的这十年,是我对校本课程理解逐步深入的十年,从最初的课程提供者到最后的课程参与者,这表面上看似不大的变化实际折射出的是一位教师对课程的认识。

泪眼婆娑中聆听家族往事——"我的口述史"课程故事

刘强

平时到了晚上8点就犯困的奶奶这回一直和我聊到了凌晨2点。终于决定睡了,可没过几分钟奶奶又突然笑了起来。我问她怎么了,她说就是想笑了。我想,一定是我们的聊天内容让她的思绪又回到了过去。另外,可能很多东西她很久以前就想讲给我们听,但老人是敏感的、胆小的、自尊心强的,她可能担心老一辈的过去,今天的少年未必感兴趣、愿意听,所以一直未讲。她大约不知道,可能也不会完全懂得,我从她的口述中获得了什么。

上面这段话是2010级高二(4)班张冰心同学在我的口述史课程中进行总结时有感而发的。管中窥豹,我的口述史课程对学生情感的丰富和发展产生了潜移默化的影响。

美国作家唐纳德·里奇在他的名著《大家来做口述历史：实务指南》一书中，对中学生做口述史有过分析，他指出，对中学生而言，口述历史多半被应用于"情感领域"，即与情感和感受有关联的事务。由于青少年正处于个人认同的挣扎时期，口述历史可协助他们把注意力从自身转移到家庭和社群之上。这段论述与我们开设我的口述史课程的初衷十分契合。

情感缺失已成为当下的严重问题，《读书》2012年第一期刊发了朱小蔓、朱永新教授的访谈录《中国教育：情感缺失》，朱永新教授指出："我们的教育有点'忘情负义'，情感、价值观方面的关怀在我们的教育中缺位了。"我们引领高中生做口述史很大程度上就是为了填补情感教育的缺位。《普通高中历史课程标准（实验）》指出："普通高中历史课程的设置，体现多样性、多视角、多层次、多类型、多形式地为学生学习历史提供更多的选择空间，有助于学生个性的健康发展。"

中学生口述史以"发现身边的历史"为主题，让学生和长辈聊家族故事，勾勒大时代背景下的个人命运，书写自己家族的历史。我们要求学生寻找一个独特的视角，即"小切口，大纵深"，从最打动人的地方入手。我们引导学生回味：家族史中，哪些事最让你感动？在那些往事中，让你流泪、让你震撼、让你陷于沉思、让你久久不能平静的是什么，让你愤怒、让你遗憾、让你觉得不可思议的又是什么。总有些故事能触动你柔软的心，那么就从你情感的港湾出发，去发现瑰丽的风景。

下面三位同学的口述史创作心路历程，正是我们在校本课程上收获的情感故事。

故事一　陆梦婷：和奶奶聊"知青"故事

陆梦婷同学就读于文科强化班，胖乎乎的，戴着黑框宽边眼镜，齐耳短发，一看就知道是一个活泼开朗的女孩。她爱唱歌，喜欢阅读，有很强的组织能力，担任过学校青春无忧心理社团主席一职，做过"2012年锡山高中全省高考理科第一名访谈"电视节目，担任过学校心理剧表演社团的社长。

她做的口述史是从爷爷奶奶当年做知青时的工作、爱情入手的，主题是"爷爷奶奶的知青事"。

台风过后的一个夜晚，家里停电了，闲来无事，一家老小围坐在自家搭建的庭院中，点着蜡烛，讲述起各自的故事。以前也断断续续听到过一些奶奶支援边疆的故事，每每勾起我的兴趣后，奶奶却欲言又止。我总觉得有故事可挖，于是这次就刨根问底了。在我们的强烈要求下，奶奶原原本本地讲述了他们的故事。

陆梦婷同学叙述的这种场景，在当今快节奏的信息时代，几乎要消失了。由于停电，一家人才有了这样的大团聚。我们的口述史课程也给学生创造了一个家庭集会、亲人聊天的机会。

知青，指知识青年，一般指受过高等教育的年轻人，特指20世纪六七十年代到农村或边疆参加农业生产的城市知识青年。陆梦婷的爷爷奶奶是"文革"前支援边疆的青年，这期间正好遭遇了"文革"，显然两位年轻人都受到了影响。陆梦婷访谈时，爷爷已经去世，所有的故事都是奶奶讲述的。

陆梦婷把奶奶当年的笔记本、结婚证及上山下乡知识青年证带给我看。这些东西无不烙着那个时代的印记。其中有个"江苏省参加新疆农业建设知识青年"袖章，布质袖章已有些斑驳，略微生锈的别针还插挂在袖章上。结婚证摊开，左侧的上方是闪着光芒的毛主席像，下方是毛主席语录"领导我们事业的核心力量是中国共产党，指导我们思想的理论基础是马克思列宁主义"，右侧是结婚证正本，印有"无锡市崇安区革命委员会"印章，落款日期是"一九七一年六月七日"。

而爷爷奶奶的这段历史也是我们家族历史的一部分，从中我了解了他们做知青时的故事，了解了他们的爱情与困惑、工作与生活、变化与发展。"知青"的这段历史或许会随着时间的流逝、一辈一辈人的离去而渐渐被人们淡忘，然而，我希望我能记录下这些记忆，这些记忆是我们家族的历史印痕。通过这个活动，我与祖辈的关系更亲近了，奶奶也愿意在闲暇时给我讲讲他们在新疆时的故事。我第一次觉得，一个家族的盛衰与国家命运息息相关。我很愿意倾听他们那一代人的经历，那将成为我"不劳而获"的财富。

陆梦婷同学的叙述正是我们中学生创作口述史活动的常态，和自己的长辈聊天，听长辈讲述家族往事，从某一个角度切入，用心感受自己的家族、亲人在历史洪流中的命运沉浮。缺失的情感得以升华，久违的亲情重又回暖，在沉思、回味、"带入"中，心灵得到净化。

我们的校本课程故事

类似的记述在王祎玥同学的《南洋情，中国心——追寻外公的足迹》中也有体现："外公年事已高，耳朵失聪，交流起来颇多困难，只能通过笔谈。当外公得悉我的用意后，浑浊的眼睛顿时亮了，忙不迭地拉开抽屉，取出层层包裹的相册、信件、证件，带着浓重的闽南音向我讲述了他的故事。"

其实，陆梦婷奶奶的笔记本中还有很多信息需要解读，我告诉她，有机会和奶奶多谈谈，她的认识会更深刻。

故事二　何思：别样的忆苦思甜

何思是高一（15）班的学生，性格文静，言语不多。我曾在班里开玩笑道："高中学习要像'何思'，'何'就是为何，要勤学好问；'思'就是善于思考，养成深入思考的习惯。"教了她一年，直到口述史写作，我才知道她和我是老乡。据她说，她三岁时，父亲便把她带到了无锡，后来全家落户在这里。

陆梦婷爷爷奶奶的故事充满温情，何思的家族故事却浸润着苦难。她做的口述史主题是"大饥荒·大洪水·大迁徙"。读完她的文章，我禁不住落泪了。

我们的民族多灾多难，历史教科书上很少有灾荒、苦难的记述，民间的口耳相传则成为抵抗记忆迷失的重要途径。

何思同学的籍贯是河南省汝南县，在和爷爷的交谈中，她得知了自己家族在1959年的大饥荒和1975年的河南水灾中的遭遇。为此，她暑假特意回到河南老家向爷爷奶奶、外公外婆了解这段往事。

外公年纪大了，耳朵不好，一定要大声说话他才能听得清。外公的手像松树皮一样，又皱又粗糙，这是岁月在他身上留下的印记。外公的手臂上还有一条狰狞的伤疤，是在那场洪水中留下的。与外公交谈时，他看着这条伤疤，想起在那场洪水中失去的亲友，幽幽一声叹息。

她观察细致，从外公手上的一条伤疤，带出历史的沧桑。

她在文中真实形象地描述了那场洪水：

洪水终于还是来了，来得很快，来得很猛，"呼"的一下就冲了过来，咆哮声里，巨浪翻起，很快整个村庄就被淹没了。很多还在睡梦中的人浑然不觉地被洪水卷走了，木头家具漂浮一片，平时人们惜若珍宝的玉米等庄稼被成片成片地摧毁，绿油油的玉米叶顺着洪水而下，快得让人们只能看到一点儿绿意划过，"嗖"的一下就不见了，只听到不绝于耳的浪涛声。妇女、孩子们没见过如此大、快、猛的洪水阵势，吓得哭天喊地，凄惨绝望的哭声痛彻人心。

洪水来得快，去得却不快。家里倒是没有人员伤亡，因为外公比较警醒，在房屋倒塌时已经将家人全部叫醒，出屋，上树。之后就一直"住"在树上，饿了就吃提前做的大饼。可是大饼数量有限，而洪水却不知何时才能退去。于是把一张饼掰成几十小份，饿极了才吃一小块，就这样一直坚持了七天七夜。不能下树，因为树下是一片汪洋，并伴随着阵阵恶臭；不敢睡觉，生怕洪水会再来一次。当时小姨只有五岁，忍受不了这样的磨难，哭着闹着要喝水，而洪水污浊又散发着臭味，不能饮用，外公就游到"幸存"的地方砍柴烧水，因为身上无力，再加上蹲得太久，手脚就没那么利索了，结果把手背砍出了一条大口子，到现在还留有一条很长的伤疤。

我高中的语文老师赵老师老家是河南省西平县的，据说，他的父母、兄妹都死于那场洪水，而且连尸首也没有找到。他从不提老家的事，那是他心中无法磨灭的痛。

何思说，她一直都很喜欢听老人讲故事，不同的人有不同的生活经历，他们的经历是我们这些享受和谐安逸生活的晚辈所不能体会的，虽然这些往事已渐渐被人淡忘，但却是不能忽略的真实又珍贵的历史。

何思在总结中道出了我的口述史课程的宗旨："忘记历史就意味着背叛。我尽力把家族经历过的事还原出来，书写出来，让往事重现，使之不会像烟一样飘散。可是现在很多'历史'都被人'涂抹'过，而真正的历史是严肃的，不容人涂改的。历史已经成为过去，谁是谁非很多都无从考证了，为了不让这种事情重演，我们需要了解历史，熟记历史。"

其实，我校的许多学生都出生于普通人家，他们所做的口述史主题多是苦难的记忆、战争的摧残、自然灾害的破坏、政治运动的冲击。苦难也是一种财富，不忘家族苦难，就是为了更好地活在当下。

故事三　刘湛珂：和爷爷的精神交流

刘湛珂同学决定书写家族历史时，他的爷爷已经去世半年了。爷爷留下了日记本、记账本和各种证件、文件。爷爷生前就喜欢讲自己的故事，这些

我们的校本课程故事

故事如同种子播撒在刘湛珂心里,在这个适宜的环境里,正待发芽、生长。他反复阅读爷爷的书信,查看爷爷留下的账本,一段文字打动了他。

(一生大事记载,1963年11月9日)

12月5日起新的家庭:一家三口人,用临时搭的一个小灶做饭,分家的情况是很微薄的,现金1.20元,本月口粮仅剩3斤大米,食油约有一两,盐菜约100斤,外债欠款160元,春天喂的一头小猪还需分给振环一半。非人的生活过了一段,虽说内外相逼,但从今天起,总算有个清静的家了,虽说贫困,但能够安舒。对前一段的生活,我们长长地舒了一口气,结束吧,旧的生活!让新的家建成,让新的生活幸福。为慰!为祷!

1963年12月9日雪夜

这是刘湛珂爷爷记账本中的内容,这显然是记账的开始,但并没有写在笔记本的第一页,而写在了笔记本的一幅插图上。插图画面是"武夷山玉女峰",而这一天恰恰是"12.9"。(前后日期有误,从"雪夜"看显然落款日期是准确的)他觉得爷爷写在这一页肯定有特别的用意:从这一天开始自己新的人生。于是他询问了奶奶和爸爸,在和奶奶、爸爸的交谈中得知,这记录的是当时的分家情况,是有历史背景的。那时,爷爷被划为"右派",送去劳改,期间爷爷的父亲因病去世,当时的妻子也忧愤而死(没有留下子女),可谓家破人亡。劳改结束后,爷爷被迫自愿退职。这之后,爷爷和奶奶结婚了,重新开始了自己的家庭生活,并生下一个儿子,就是刘湛珂的大伯。爷爷是"地富反坏右"五类分子,爷爷的亲人都看不起爷爷,和爷爷划清了界限,爷爷说的"内外相逼",就是那时的情况。

刘湛珂的口述史写作就从爷爷的记账本切入。爷爷从1963年持续不断记账到生命的尽头——2011年元月。刘湛珂根据记账本中的内容将爷爷的人生分为三个重要阶段:1957—1968年,被划为"右派"、劳改、"自愿退职";1969—1979年,下放农村生活的十年;1979—2011年,平反、回城、安排工作、安度晚年。每一个阶段,刘湛珂都选取了一些内容进行解读,挖掘背后的故事,了解爷爷的心路历程。透过记账本,还可以折射出国家的经济发展状况、老百姓的物质生活和精神生活,尤其能感受到生命个体在时代风云变幻中的坎坷命运和人格坚守。

在整理记账本时，最令他感动的是爷爷最后的记账。

2011年元月

1～2号：燃气8元，板栗20元，糍粑15元，珂50元，冲20元，桂圆20元，面20元。

元旦放假，我和爸爸妈妈特地从无锡赶回来看望病重的爷爷。爷爷看到我们，抬着瘦小的脸，抑制不住自己的激动，低声啜泣。账本上的板栗、糍粑就是奶奶买来让我们带到无锡去的。临别，爷爷颤巍巍的手从棉衣口袋里掏出50元钱，非要给我，我不忍心接受，却又拗不过爷爷。含着泪告别了爷爷，没想到这次见面竟然成为永别。

刘湛珂在文中写道："最大的收获，就是我从爷爷他们那辈人的苦难经历中感受到了坚强、坚韧、乐观、豁达、勤俭、廉洁和无私的爱心。这些精神会被代代传承，发扬光大。"尽管和爷爷阴阳两隔，刘湛珂同学却用一种特殊的方式和爷爷进行了精神交流。为了佐证和释疑，刘湛珂还经常和远在千里之外的奶奶电话交谈。

刘湛珂同学长达七千字的口述史写作《爷爷的记账本》被收录在由中信出版社出版的《课本上不说的历史：中学生笔下的百年家国记忆》一书中。2012年暑假，刘湛珂同学还应邀参加了《看历史》杂志社举办的"中学生写史夏令营暨非虚构写作"活动。

朱永新教授说："'忘情负义'的结果，自然会导致教育的低效、无效，甚至负效和扭曲。"朱小蔓教授把情感教育比喻为儿童教育之根。她尤其强调："人类在长期演化中，有两种记忆被保存下来，一种是'语义记忆'，一种是'场景记忆'，后者给人'时间'的感受，把人带到'过去'，更贴近人们的私己经验。"我们开设我的口述史校本课程，并非追求美国历史学家卡尔·贝克尔所说的"人人都是他自己的历史学家"，我们只是想通过口述史，给学生提供一种"场景记忆"，让学生在时间的坐标中，去体验父辈、祖辈的情感，以此去感悟家人的情怀，从而发展学生健全的人格，激活学生丰富的情感，如歌德所说的那样："我们从历史那里得到的最好的东西是它所兴发的激情。"

校本课程本质上是"生"本课程

宋喜霞

"我如果选这门课程,同学们会以为我有心理问题。"——关于课程说明

我一直记得自己在最初开设校本课程时的一些趣事。

我大学时学的是教育学专业,心理学课程是我大学时的专业必修课程。工作后,我发现学生的心理学知识非常欠缺,在心理咨询室与学生面对面交流的过程中,我发现学生对心理健康教育非常渴求,平时来心理咨询室咨询心理问题的人也比较多。所以,当学校号召教师开设校本课程时,我认为面向中学生开设的心理课,对他们来说是非常有诱惑力的。我的这种自信不仅来自工作中与学生的接触、对学生的观察,还来自学校的一次问卷调查。当时,学校为使校本课程的开设更具针对性、更能满足学生的需要,对学生进行了问卷调查,要求学生就哪些是自己最欠缺的或最需要学校提供帮助的领域做出选择。

调查数据表明,学生对"与人交往和相处的能力""承受挫折的心理素质"这些有关心理健康教育的需求是最集中的。这一调查结果为我开设心理学校本课程提供了依据,使我更加有底气。于是,我踌躇满志地申报了心理辅导这门在当时来说非常前卫的课程。

我精心准备了课程说明,自我感觉非常好,认为一定会受学生欢迎,于是自信满满地等待学生的选课结果。然而学生选课的结果给了我当头一棒,居然只有十几个人选择了这门课程。怎么会这样呢?

受到打击后,我开始思考:学生的需求在平时的咨询工作中是看得到的,况且关于学生需求的问卷调查也刚刚完成统计分析,学生需要这类课程,可为什么选课结果是这样的呢?这就像市场经济中的"商品"生产一样,产品的供应、学生的需求量都没有问题,正常情况下,这个"商品"应该是很容易实现其价值得到社会认可的,可是现在这个"商品"却滞销了,"供""求"之间到底出了什么问题?

于是,我找了几个曾经找我进行心理咨询的学生进行询问。他们的答案是不好意思选这门课,因为如果选了这门课,同学们会以为他有心理问题。终于找到了症结所在:我申报的课程名称叫"心理辅导",而心理辅导就意味着要发挥心理健康教育的矫治性功能,而当它发挥矫治性功能时,它所面

对的就是需要进行心理调节的人。正处于心灵敏感期的中学生，特别在乎同龄人对自己的评价，他们肯定不愿意自己以"需要辅导的人"的角色出现在同学面前，所以他们就会回避这一课程。

那么，我开设这门课程的最终目的是什么？是仅仅对他们进行心理辅导吗？需要心理辅导的人有那么多吗？这门课程到底应该面向谁？当我厘清这些问题后，豁然开朗了。如果仅仅将心理健康教育的对象局限在需要心理辅导的人的身上，就从根本上弱化了心理健康教育的功能。马斯洛曾说过，真正的心理学应该研究健康、正常的人的心理，研究人的价值、人的尊严、人的创造性、人的积极情感、人的自我实现（即人的所有潜能的充分发挥与人的不断成长）。当我把心理健康教育的对象调整为健康的、发展的、成长的人的时候，我们能提供给学生的是让学生能够积极且健康成长的课程。于是，我及时调整了课程说明，将课程名称改为"成功与心理学"。当我把"成功与心理学"呈现在学生面前时，学生们再也抵挡不住课程的诱惑，于是这门课程成了受学生欢迎的课程之一，曾经连续几个学期都有100多人同时选修这门课程。

原来越是细节处越要关注学生的内心体验！

"老师，我想退出这门课程。"——关于课程内容与形式

成功突破学生选课的瓶颈后，看着课程教学处发来的印着100多名学生名字的选课名单，我感到很满足。怀着备受学生认可的喜悦，我开始了课程内容的开发之旅。因为没有现成的教材供我使用，所以我一头扎进书堆中去挖掘、收集、整理、归纳相关内容。在大学里学到的各种心理学专业知识，可算有了用武之地。《教育心理学》《普通心理学》《发展心理学》……什么是性格、什么是气质、什么是记忆……我迫不及待地把这些知识传授给学生。

因为急于把知识一股脑地传授给学生，所以最初我总是滔滔不绝地在讲，因此备课量极大，为此我感到非常辛苦，但我又觉得很充实，虽然很忙碌，但学生喜欢就行。

当忙碌而充实的我沉浸在喜悦中时，一件意想不到的事情发生了。有一天上课前，我兴冲冲地走进教室，一个女生慢慢走到我面前，我以为她有什么困惑要与我探讨，于是热情地对她说："怎么啦，有什么事吗？"她迟疑了一下说道："老师，我想退出这门课程，可以吗？"我一听，顿时觉得像被浇

了一盆冷水。我一时无措，不知道该怎么处理，只是本能地问道："为什么要退出啊？"她红着脸轻声地说："老师，我觉得这门课程没有想象中那么有用，太理论化了，有点无聊。"当时我觉得自己的脸一阵阵发烫，只好对她说："关于退课，可能有正规的程序，我问问再答复你。"这一节课我不知道是怎么上下来的，只觉得一节课的时间像一个世纪那么长，终于熬到下课了，回到办公室，我开始反思自己的教学。好像最近一段时间学生确实没有了开始时的兴趣：原来一脸新奇、兴致颇浓的学生，开始漠然地走进教室，提前到教室等着上课的学生也越来越少，完全没有了开始时的兴奋劲儿。

怎么了？

为什么兴致勃勃选了这门课程的学生会变得兴趣索然了呢？我把目光再一次投向学生，他们在想什么，他们到底需要什么？

其实学生并不知道心理学中的气质是怎么回事，不知道自己的性格类型……但是，他们确实需要知道自己的气质类型、性格中的优点和缺点呀，尤其需要知道自己如何与不同类型的同学和谐相处。怎样将这些知识传授给他们呢？看来我仅仅将心理学理论平淡地呈现给学生是不行的，学生难以将这些理论性的内容与自己的心理困惑产生联系。不仅如此，从实际情况看，太过理论化的内容已使学生失去了对心理学的兴趣。

学生怎么可能愿意听枯燥的理论呢？是该改变了，而且必须改变。怎样让这些枯燥的内容鲜活起来？如何让课堂焕发活力？几经思考，我决定通过讲故事、搞活动，让他们进行体验式学习，我认为这样才符合他们的年龄特点。于是，我改变了课堂教学形式，将大部分的备课时间用在把这些理论知识与学生的实际情况相结合上，从而使学生找到看似高深的心理学知识与自身的心理特质的切合点，这样，我传授给学生的知识才有意义，有生命力。有时，我先将学生可能遇到的心理困惑抛出来，如"我是内向的人吗""我怎样和不同性格的人建立友谊"；有时，我先讲一个发生在学生身上的令他们困扰的故事，然后抛出问题；有时，我将学生在成长中遇到的问题设置成相关的情境，然后让学生表演……这些手段让学生产生了必要的心理冲突，使学生对即将听到的内容产生了强烈的心理需求，这样我就牢牢地抓住了学生的注意力，也无形中抓住了学生的心。一段时间后，学生兴趣盎然的样子又出现在我的课堂上。有时，学生也会偷偷递一张纸条给我，告诉我下次他们希望听到关于哪方面的内容。看着这些变化，我才知道什么才是学生真正需要的东西。没有需求就没有动力，缺少体验的学习，不可能产生真正的意义，很庆幸我找准了方向。在上了"生涯拍卖会"这节课后，钱星同学写道："这节课不是枯燥的人生道理讲述，而是老师精心设计的游戏。开始我以为只要开心地玩游戏就好，但游戏结束后，老师居然把我们在游戏中的表现一一列举并归纳成人生选择中的几种态度，并且把我们的状态分析得极其到位；之后让我们思考，如果重新开始，我们将如何选择？在这节课中，我第一次意识到自己内心深处最为在意和最想追求的东西。在这节课中，我还明白了一个道理：目标一旦确立，就值得自己为之付出艰苦的努力去不懈追求，在沮丧和失意中浪费自己宝贵的青春是没有意义的。"

学生能有这样的感想，我非常高兴。我想，如果只讲授枯燥的心理学知识，学生肯定都会选择退出这门课程，幸亏学生及时提醒了我，我也及时调整了方向。在校本课程的教学中，我渐渐学会了研究学生，学会了满足学生的心理需求，学会了尊重学生的课程需要，学会了根据学生的实际需要设计课程内容与教学形式。我很感激我的学生，没有他们，就不会有我的专业成长。

成功与心理学课程因为学生得以在学校众多的校本课程中存活，这门课程因太受学生欢迎而进入了行政班教学。

因学生而生的网络新闻与报纸新闻的编写课程

杨梅

校本课程给了教师、学生很大的民主权利。教师可以根据自己的兴趣、爱好自主申报、开发校本课程，学生可以从几十门校本课程中选择自己喜欢的课程，与国家课程相比，校本课程是配餐之后可供自主选择的饮料。在校本课程中，学生的民主权利得到进一步强化，不仅能自主选择课程，一些课程的内容框架还会因学生而生，因学生而变化。

当我给学生上网络新闻与报纸新闻的编写这门课程的第一节课时，我想，既然校本课程开发之初都要评估学生的课程需求，每一门校本课程都要经过学生的筛选才能正式开设，何不让学生继续参与到课程建设中来，让他们来帮我诊断《课程纲要》呢？于是，我把《课程纲要》印发给每位学生，让学生对该课程的整体内容设置及教学方法进行评估，并提出意见及建议。该课程一学期安排18课时，起初，我打算利用这18课时讲中国新闻发展简史，什么是消息、通讯，怎么写消息、通讯等内容。学生看了《课程纲要》后，提出了不少建议："老师，你的课新闻理论太多，实践太少了。""我们连报纸是怎样印出来的都不知道，老师，你能不能带我们去报社实地考察一下？""老师，我们想知道如何拍摄新闻图片，我们想去现场进行信息采集。""老师，我们想进行采访实践，可以采访我校的领导，也可以采访来我校做讲座的学者，等等。""老师，可不可以不写新闻稿，我最怕写东西了。"

总的来说，学生对我制订的课程内容框架很不满意。是接纳学生的建议对课程内容框架进行修改，还是保持原貌？我采取的方式是批判式接纳，将学生的建议对照课程目标一一审核。其实，学生有些建议是与课程目标相吻合的，而且能提高学习效率，更快地达成目标。比如，学生提出的采访实践、新闻现场信息采集等，都是指向"合作进行一次采访"这一目标的，而学生的实践法比我原先设计的理论讲授法更有效。

——梳理学生的建议后我发现：学生的愿望和学习需求相对集中——少一些新闻理论讲解，多一些实践活动。他们需要提升采访、宣传能力，希望通过该课程的学习成为一个出色的小记者，而不是死记硬背一些理论知识。我想我应该尽量满足学生的学习需求。比如，去报社实地考察这一要求，去报社实地考察需要和校外的媒体联系，还要安排好考察时间、交通工具等，这是一个复杂的工程，但是这样的考察对教学目标的达成很有帮助，对学生很有帮助，于是我将此作为重要的实践体验活动纳入课程内容之中。至于学生提出的"不写新闻稿"这一要求，与我们的课程目标"独立完成一篇新闻稿的写作"相悖，故不能采纳。有关新闻写作的知识——消息、特写、通讯的种类和写作要求等，学生还是有必要了解的。但是我也不能生硬地回绝学生，还需要与他们沟通，让他们认识到新闻稿写作在整个课程中的重要性，进而使之主动接受。于是，我与学生进行了沟通，我告诉他们，新闻稿的撰写是必不可少的，无论是利用图片还是视频进行报道，不配上文字报道就会显得很空洞；而且新闻稿的写作与一般的作文不一样，写作文有时会感到无话可说，写新闻稿不但不会无话可说，还会想赶紧说出来与其他人分享。

基于以上分析，我将《课程纲要》进行了修改，将新闻理论与新闻实践的课时对调——新闻理论课由15课时变为3课时，新闻实践课由3课时变为

从校本课程走向学校课程 锡山高中课程探索之路

15课时。"工欲善其事，必先利其器"，在进行实践之前，怎样进行采访，怎样美化网页、报纸版面等基础理论的讲解还是有必要的，我准备在学生进行实践之前用3课时来讲解理论知识。新闻实践部分，由原来的3课时写作实践拓展为新闻摄影，新闻采访，新闻写作，网页、报纸排版，报社考察五大实践环节，共15课时。这样一来，学生不再只坐在教室听我讲了，而是全员动了起来，而我只需要对他们的实践加以指导，解答他们在实践中遇到的问题即可。

后来，曹文轩教授到我校做讲座，班上的学生成功采访了曹教授，且提的问题质量很高："许多家长在孩子小学时便让他们阅读您的作品，但有些初中生却说读不懂您的作品，请问您是怎样定位您的作品的？""在您的很多作品中贯穿着一个主题——成长，但是我们不生活在您作品所描述的环境中，要怎样完成这种历经风雨后的成长呢？""您刚刚提到了中学生的读书问题，在我身边，有许多人都在读'80后'作家的书，如韩寒、郭敬明、张悦然的作品。我读过您给郭敬明的《幻城》写的序，也知道您担任'文学之新全国新人选拔赛'的评委，不知道您是如何看待这些新生代作家的？"除此之外，他们还对班级举行的以"选秀活动的利与弊"为主题的辩论赛进行了报道，其新闻报道图文并茂，刊载在我校报纸和《无锡日报》上。

让学生参与《课程纲要》的讨论、制订，不仅能使学生的意愿表达成为学校进行课程规划的依据，而且能使学生成为课程实施方案的修订者，增加了学生的学习兴趣，使课程更适合学生。可以说，这样的课程从规划到内容框架的制订到课程评价，都渗透了学生的意愿，是因学生而生的课程。

随着校本课程开发的不断完善，如今课程方案都由学生来制订了，甚至还有学生成为校本课程开发者。从开始对学生意愿的尊重，到后来学生深度参与课程开发，到现在学生直接成为课程开发者，民主程度越来越高。我把校本课程中的这一做法引入语文教学中，使我们的必修课也走向了民主。让学生预习课文，我只要他们做一件事，每人针对课文内容提两个问题。中国的学生向来擅长回答问题，让他们提问是比较困难的。让他们在预习时提出问题，是在培养他们良好的思考和提问习惯，让他们和我一起备课。我将学生提出的问题进行整理，梳理出典型的问题作为第二天课堂讨论的重点内容，在这一过程中我发现，很多问题是我忽略了的一些细节。

未来的路在哪里

◉ 合唱课上的声音表达

◉ 舞蹈课上的形体练习

◉ 陶艺课上学生对作品进行评价

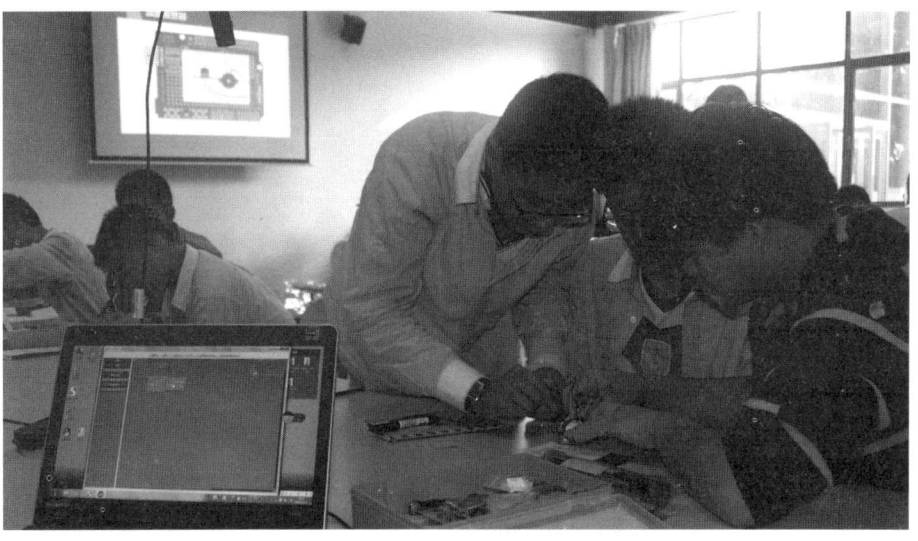

◉ 创客课程中的创意制作

一、反思校本课程探索之路

在二十余年的探索过程中,我们不仅解决了校本课程开发的无序问题,形成了科学的课程方案,而且很好地解决了校本课程开发的流程、管理规范、技术路径、课程评价等问题,成为基础教育界校本课程开发的范式。我们还解决了校本课程开发中诸如校本课程教材的编写、以领导意志开发课程等一系列问题,很好地保证了课程开发的科学性,取得了良好的效果。梳理、反思校本课程的开发历程,我们想用关键词的形式与大家分享我们的经验。

关键词一:自主选择

选择性学习对人的成长所具有的独特价值是不可替代的。学生在选择中学会了负责,在选择中明确了兴趣,在选择中发展了个性。选择教育使得教育俯下身来为学生的生命成长服务,这是世界课程改革的基本趋向。所以我们在开设校本课程时,特别尊重学生的选择权。但为什么我们要强调限定选修类课程为6门,学生必须选修3门呢?因为在教育的经典论述中,有选择就可能带来失去引导的问题,失去引导就会滑向兴趣主义。校本课程是在学生配餐之后给学生提供的饮料,如大家都喜欢喝可乐,但是喝可乐对身体不好,怎么办呢?可乐将不列入菜单,而是给学生提供6种学生相对喜欢的其他饮料,但学生如果每天只喝一种也不利于健康,所以我们给出了限定,学生今天喝这种,明天就要喝另外一种。这就是选择的方式,保证了既尊重学生的课程选择,又防止学生滑向兴趣主义。

关键词二:课程民主

从学生在校本课程"超市"里自主选课,到学生参与《课程纲要》的讨论,到学生自主开发课程,始终体现着民主。在校本课程中,我们把选择权、自主权、发展权更多地还给了学生。校本课程是学生自由发展的乐土,这样的课程民主保护了学生的个性发展。

关键词三:学习方式

在校本课程领域,学生的学习方式从被动接受式成功地转变为体验式、探究式、实践式。学生在校本课程中的学习方式的转变,影响到了学术类课程的学习,并引起了学校整体课程教学方式的变革,使开放的、平等对话式的民主课堂成为主流。

关键词四：课程资源

任何一所学校的课程开发都会受到课程资源的制约，如我校就不具备位于大都市高校的课程资源优势。于是，我们不断开发、整合资源，不断丰富课程形态，我们基于媒体资源、网络资源开发了许多精品校本课程。我们还"走出去"争取，与中国人民大学合作共建"江南国学教育实验基地"，探索国学教育进入高中选修课程的途径，中国人民大学校长对此全力支持，冯其庸教授倾力相助，沈卫荣教授等人多次莅临本校研讨课程、研发教材、开坛讲课。为了给中国学子"看世界"打开门窗，我们请来了耶鲁大学、哈佛大学、剑桥大学、新南威尔士大学等世界一流高校的教授，开发大学先修课程，并与卓越国际交流教育基金会联合开发了"国际一流高校人才标准与培养模式"课程，使我校学生的生涯规划从此具有了国际视野。

关键词五：管理变革

我校已经形成了一套较为成熟的课程管理模式，在近几年的探索中，我们又做了以下几方面的改进。（1）增强管理的实效性。例如，在原来的"课程审议"环节中，我们规定由家长代表、学生代表组成评审委员会，投票决定教师申报的课程能否通过，这种模式基本流于形式。现在由教师组成学术委员会进行审议，而学生的意愿则主要通过课程选择来表达。此外，我们还开发、启用网络化管理平台，共享资源，减去烦琐的统计、调剂工作，提高了选课、分班、评价的效率。（2）增强管理的灵活性。以前，校本课程每次只有一课时（40分钟），有时学生还没有进入学习状态就下课了。现在，我们安排了两节连排的长课时，以确保学生能深入学习。（3）增强管理的服务性。如生活技能类校本课程"美食美刻"深受学生喜爱，但课上原材料的购置成了难题，于是我们让学校食堂提供课程材料，又聘请食堂大厨为校本课程辅导老师，这大大提升了课程实施效果与课程服务水平。

关键词六：评价体系

校本课程强调体验、实践、活动，所以学生的学业成绩难以用纸笔进行测验，于是我们积极探索表现性评价方式，设计多样的评价方案，在展示学生校本课程学业成绩的同时激励学生的后续学习。例如，陶艺课程以"作品展示，学生评价"为主要评价方式，为此，学校专门为学生建了一个小型的陶艺作品展览馆，用来展示学生的作品，同时教师制订陶艺作品的评分规则帮助学生进行作品评价。又如，在每年艺术节期间，学校都会组织心理剧专场演出，以此对选修心理剧表演课程的学生的学习效果进行评价。

关键词七：团队开发

在最初开发校本课程时，一门校本课程往往是由一位教师独立开发的，教师间缺少合作与交流，这既影响了课程质量，也限制了教师专业水平的提升。在新一轮校本课程开发中，我校鼓励教师合作开发校本课程，进而形成校本课程开发共同体。如创业设计之第一桶金课程就来自三位教师的共同创意，从《课程纲要》的撰写到课堂教学的实施，三位教师群策群力，共同打造了受学生欢迎的精品课程。

关键词八：持续发展

校本课程开发并不是一蹴而就的，它是一个不断自我更新的科学探索过程。随着时代的变迁，学生的发展，教育的发展，我校在校本课程开发的道路中不断探索、创新，在学生的检验中不断改进，在否定之否定中不断攀登新的高峰，使得校本课程体系更符合学生的需要、地方的期待，更好地体现了学校的教育哲学。

二、展望校本课程的美好未来

一路走来，从与专家的艰难对话中认识校本课程，到探索、构建校本课程开发的整体框架，到新课程改革后重新进行校本课程开发，到课程整合走向学校本位的课程，我们始终在摸索中前行，其间遇到过无数难以想象的困难和问题。依托与专家的合作及锡山高中团队的合力共创，所有的困难与问题在具体实践探索中一一得以解决。我们获得了校本课程开发经验，影响了基础教育课程体系，对完善基础教育三级课程的管理体系发挥了积极作用；我们推进了课程民主，让民主意识在学生心中生根发芽；我们转变了学生的学习方式，使学生的学习从被动接受式转变为体验式、探究式、实践式；我们改变了评价范式，从关注学习结果到关注学习过程，从纸笔测验到运用表现性评价，我们将多种评价方式相结合对学生的学习进行综合评价。如今回眸，我们觉得在现实教育背景下，锡山高中不愧为一所被称作学校的地方。

从校本课程走向学校课程 锡山高中课程探索之路

现在，我们的校本课程开发仍然在摸索中不断前行，我们仍然面临着诸多问题：校本课程的科技、人文、审美含量仍然需要提高；校本课程的课程资源与学生的需求相比仍显匮乏，我们的教师更需要走出去，我们更需要与大学、社区合作；在课程整合方面，我们的思想需要再解放一点儿，步子再迈大一点儿，如尝试将校本课程与社团活动进行整合等；在学习方式变革、评价方式转变等方面，我们仍然需要进行更深入的探索……

展望未来，我们坚信自己可以在更多的学科领域做更深层次的国家课程校本化实践探索，形成更具锡山高中特色的学校课程体系，期待所有的志同道合者与我们一起为国家基础教育建设做出学校应有的实践贡献。

后　记

　　江苏省锡山高级中学探索校本课程已二十余载，在不断探索的过程中有停开的曲折，也有丰收的喜悦；有理论的困惑，也有实践的成功；有选课的尴尬，也有上课的自得。二十余载的探索，且行且思，但迟迟不敢动笔呈现经验，因为总觉得还有太多需要改善的地方，还有太多需要解决的问题。直到近几年，国家级教学成果奖的获得、六大省级课程基地及其课程群的建设，我们这才有了些言说的底气。真正坚定我们信心的是崔允漷教授的建议：你们何不将困惑与收获、经验与教训一起呈现出来，让更多的基础教育界同行在阅读中受到鼓舞，加入课程探索的队伍？我们这才拿起笔梳理、记录、修改……于是便有了这本书。

　　二十余载，在课程改革这条路上，我们从未停下探索、变革的步伐，我们以讲故事的形式原生态地呈现我们的探索历程，期望有更多的教育界同仁与我们同行，让我们共同担当起教育改革的大任，让今天的教育发生哪怕看起来微不足道但却足以影响一代人素质的一点点改变。

　　本书框架由唐江澎拟定，各部分撰写分工如下：前言、导语、第一章"从选修课和活动课走向校本课程（1996—2003年）"、第三章"从校本课程走向学校课程（2008年至今）"、第六章"未来的路在哪里"由唐江澎完成。第二章"新课程背景下的校本课程重建（2003—2008年）"由杨梅完成。第四章"精品校本课程展示"由佟柠统稿和修改，由黄宏、戴君、张雪亚、陈慧洁、Elise Lammers、朱津楠、袁晗毅、杨梅、郑兴航撰写。第五章"我们的校本课程故事"由张克中统稿和修改，由陈慧洁、胡敏洁、贾军、宋喜霞、杨梅撰写。感谢华东师范大学崔允漷教授课程团队的专业指导。

　　限于编者水平，本书定有错漏不足之处，恳请读者批评指正。

唐江澎

2017年7月10日于江苏省锡山高级中学

江苏凤凰教育出版社
《行知工程》系列丛书目录

系列	序号	书　名	主编	定价
名校系列	1	《从校本课程走向学校课程——锡山高中课程探索之路》	唐江澎等	35.00
	2	《让每个孩子都成志——清华附小主题阅读课程的实施探索》	窦桂梅	30.00
	3	《让每个孩子都成志——清华附小主题实践课程的实施探索》	窦桂梅	35.00
	4	《向着朝阳走去——清华附小合作办学实践探索》	窦桂梅	30.00
教育求索系列	5	《学科建设与教师发展——中学数学》	杨志文	30.00
	6	《欣说教育那"一亩三分地"——一位一线教师的教育微思考》	王庆欣	30.00
	7	《爱的守望——一位一线教师对教育的坚守》	林卫红	30.00
	8	《思政教学的人文力量》	戴晓华	30.00
	9	《师道新说——给教育者的30条箴言》	徐　卫	30.00
创新教学探索系列	10	《把古文教活——激活文言文课堂的教学策略》	刘小华	35.00
	11	《做童年面前最合适的人——我和孩子们的"童化语文"》	曹丽秋	30.00
	12	《品世界名画，学精彩作文——特级教师的"名画"作文教学法》	李日芳	36.00
	13	《玩出精彩作文——张化万活动作文教学经典策略》	张化万	35.00
	14	《〈红楼梦〉里的语文课》	李日芳	30.00
	15	《让学生把母语用精彩——"语用课堂"的探索与实践》	佘小红	30.00
	16	《"备"出课堂精彩——备学式教学的课堂实践与思考》	张旭兰	30.00
	17	《神奇的阅读教室——带学生踏上美妙的阅读之旅》	李祖文	30.00
	18	《打造有生命力的课堂——"两步八环节"教学模式探索与实践》	查联智	30.00
	19	《最能培养学生探究能力的课堂——小学科学与信息技术单元整体课程实施与评价》	李怀源	30.00
	20	《最能激发学生运动天赋的课堂——小学体育单元整体课程实施与评价》	李怀源	30.00
	21	《最能提升学生艺术素养的课堂——小学艺术单元整体课程实施与评价》	李怀源	30.00
	22	《"生命语文"探索——焕发语文生命力的思考与实践》	王自成	30.00
	23	《粘连作文教学：让习作成为有个性的自我建构》	黄瑞夷	30.00
	24	《备学式教学——在体验中建构数学思维》	单广红　范雪梅	30.00
	25	《向着自主进发——自主教育的创新实施智慧》	朱亚红	30.00

系列	序号	书名	主编	定价
创新教学探索系列	26	《写中学——让学习更有效的学科写作教学》	钟传祎	30.00
	27	《小学科学实验总动员——大科学课堂有效提升学生创新力》	江美华	30.00
	28	《小学语文单元整体课程实施与评价》	李怀源	30.00
	29	《小学英语单元整体课程实施与评价》	李怀源	30.00
	30	《小学数学单元整体课程实施与评价》	李怀源	30.00
	31	《让教学更能激发智慧——"思维碰撞"课堂的建构与实施》	程和方	30.00
精彩课堂系列	32	《中学生核心写作能力培养》	陶波	36.00
	33	《给孩子更好的数学课堂》	易增加	30.00
	34	《小学生阅读素养的提升策略》	邵巧治	35.00
	35	《从语文素养走向生命成长——小学语文读写课堂教学密码》	曾海玲	30.00
	36	《真实的品德课》	朱淑秀	30.00
	37	《英语课堂学习共同体——新型的师生交互学习场》	杨延从	30.00
	38	《指导自主学习——初中数学学与教的研究与实践》	刘其武	30.00
	39	《玩出精彩的课堂——小学低年级教与学方式转变研究》	陶红松	30.00
	40	《让生命之花自主绽放——语文个性化教学建构策略》	商德远	30.00
	41	《让学生亲历知识——主体参与下体验式学习的实施策略》	何世祥	30.00
教育思想者系列	42	《为什么而出发——一位研究者对教育本质的沉思》	齐健	35.00
	43	《高效教学的道与术——陶继新教育讲演录》	陶继新	30.00
	44	《铸造一流教育品质——陶继新区域教育巡礼》	陶继新	35.00
	45	《名校之道——陶继新对话名校长(1)》	陶继新	30.00
	46	《名校之道——陶继新对话名校长(2)》	陶继新	35.00
	47	《教育,一切从孩子出发》	黄俭	30.00
名师成长系列	48	《情怀·智慧·境界——教育名家演讲录(1)》	钟惠河 李韫琬	30.00
校长领导力系列	49	《学校细节管理的执行力》	林文明 王林发	30.00
	50	《校长智慧统筹的领导力》	谢耀丰 蔡丽姗 王林发	30.00
	51	《学校持续发展的研究力》	林文智 宋佳敏 王林发	30.00
	52	《学校和谐融洽的协作力》	陈一平 郭雪莹 王林发	30.00
	53	《学校教育提升的引领力》	谢文东 关敏华 王林发	30.00
	54	《学校团队成长的学习力》	黄纪 蔡美静 王林发	30.00
	55	《学校高效管理的创新力》	张旭	30.00
	56	《学校成功管理的决策力》	邱黎明	30.00

系列	序号	书　　名	主编	定价
校长领导力系列	57	《高品质学校生长要素》	王益民	30.00
	58	《校长高效教学领导力提升策略》	徐世贵　郭文奇	30.00
新思维系列	59	《让后进生学习有后劲之36计》	严育洪	30.00
	60	《教育中的"不一定"——打破教育的19种思维惯式》	严育洪	30.00
教师修炼系列	61	《如何炼就课堂好声音——教师美嗓保健实用宝典》	薛建洲	30.00
	62	《与学生一起成长——90后教师的心路反思》	王晗	30.00
	63	《教育，爱与宽容——教师心灵礼仪修炼》	许力争	30.00
教育家核心思想系列	64	《叶圣陶论写作》	叶圣陶 著 李怀源 选编	30.00
	65	《叶圣陶谈阅读》	叶圣陶 著 李怀源 选编	30.00
	66	《多元智能理论的本土化应用》	刘治富	30.00
	67	《大教育家最具施教力的教学思想》	白刚勋	30.00
解码学生心理系列	68	《在人生的春天播种——十四岁，写给青春的一封信》	白宏宽	30.00
	69	《孩子问题行为一点通 　　　——只有好老师才知道的学生心理谜底》	严育洪	30.00
校本研修系列	70	《徜徉语文教研》	肖俊宇	35.00
	71	《校本研修资源的开发与利用》	陈朝林	30.00
	72	《校本研修与教师专业成长》	吴积军	30.00
	73	《卓越教师经典研修成长策略》	刘天宝等	30.00
	74	《特色校本课程开发范例解读》	刘永平　李秀伟 张雪梅	30.00
	75	《高效校本研修模型构建艺术》	刘素雁	30.00
	76	《走向实践的教研——中小学教育科研引领与应用》	江敏	30.00
教育管理力系列	77	《缔造唯美教育——延奎小学素质教育实施策略》	易增加	30.00
	78	《让普通学校崛起的20个细节——"生命为本"教育团队成长密码》	李其玉	30.00
	79	《"走"出教育的精彩：走动式学校管理文化构建》	罗军	30.00
	80	《校长兵法：学校管理四十六计》	皮大鹏	30.00
班级文化系列	81	《活力班级的文化建设》	胡珏	30.00
	82	《做幸福的班主任》	吕丽	26.00

系列	序号	书　名	主编	定价
高效能教学系列	83	《高效能教师的10个好习惯（中学卷）》	张 瑾	30.00
	84	《让作文落地生根——提高写作实效的教学策略》	黄桂林	30.00
	85	《高效能作文教学5项修炼》	陈步华	30.00
	86	《高效能校长的10个好习惯》	张 勤	30.00
	87	《高效能教师的10个好习惯（小学卷）》	谢 英	30.00
	88	《高效能语文教学5项修炼》	王其华	30.00
新课程探索系列	89	《语文新课程的批判与重建》	葛桂斌	30.00
美国名师教学译丛	90	《美国名师游戏教学本土化应用：幼儿园》	（美）玛西娅 L. 泰特著　胡珍　瞿菁　编译	30.00
	91	《美国名师游戏教学本土化应用：小学英语》	（美）玛西娅 L. 泰特著　杨永华　张心影　编译	30.00
	92	《美国名师游戏教学本土化应用：小学数学》	（美）玛西娅 L. 泰特著　谢艳红　编译	30.00
	93	《美国名师游戏教学本土化应用：小学科学》	（美）玛西娅 L. 泰特著　刘丽萍　编译	30.00
	94	《美国名师游戏教学本土化应用：小学社会》	（美）玛西娅 L. 泰特著　姜梅芳　编译	30.00
	95	《美国名师游戏教学本土化应用：小学音体美》	（美）玛西娅 L. 泰特著　尹立志　编译	30.00
鲁派名师名校·教育探索者系列	96	《悦读立人——校园阅读文化体系构建策略》	杨世臣	30.00
	97	《教育智慧何处来——一位特级教师的思考手记》	付立金	30.00
	98	《和雅文化——校本课程的创新构建》	汤善香	30.00
	99	《让个性绽放精彩——学校课程体系整合与创生》	谢建伟　徐淑萍	30.00
	100	《让每个学生都幸福——最能润泽生命的学校文化建设》	谢建伟　张新喜	30.00
生态化校园系列	101	《文化管理——构建生态和谐校园的必由之路》	付全新	30.00
	102	《点燃学习的激情——构建校园生态化学习型组织》	杨树岳	30.00
	103	《课改突围——构建学校生态化教学体系》	杨树岳	30.00
教育新思考系列	104	《语文教育向何处去》	王 丛	26.00
	105	《教育，就是做好普通的事》	孙志毅	27.00
	106	《走出语文的偏见——让学生体悟文本的原义》	丛智芳	30.00
	107	《让语文教学更高效——批注式阅读教学探索》	韩中凌	30.00
	108	《读写互促——探寻学以致用的语文教学》	曹 龙	30.00
	109	《跳出数学教数学——用文化融通数学教学》	马建秀	27.00

系列	序号	书　　名	主编	定价
名师感悟系列	110	《让心灵伴着歌声成长——22位音乐名师的教育智慧》	陈 璞	30.00
	111	《超越自我的教师——32位名师的成长感悟》	李卫东　李秀伟	35.00
	112	《心灵的守护者——19位名班主任的教育智慧》	王晓松　曲文弘	30.00
	113	《名师感悟班主任有效工作艺术90例》	符礼科	30.00
	114	《名师感悟有效教学90例》	林高明　徐玉烟	30.00
教学信息化系列	115	《巧用白板教语文——信息技术与语文教学操作指南》	蒋丽清	30.00
	116	《跨越式实现高效课堂——信息技术与课程整合高效教学方案评析》	陈 玲　刘 禹	30.00
教师必读系列	117	《教师必学的16堂修养课》	武宏伟	30.00
	118	《教师不可不知的教学心理效应》	叶勇军	30.00
	119	《班主任不可不知的管理效应》	奚一琴	30.00
	120	《教师不可不知的教育心理效应》	孙 媛	30.00
	121	《校长不可不知的管理效应》	谢申刚　张金豹	30.00
	122	《成为好教师的7项修炼》	王福强　李维华	30.00
	123	《如何让学生会学习》	龙 冰	30.00
	124	《如何让学生爱学习》	周震宇　许小燕	30.00
核心教学主张系列	125	《新生代语文名师核心教学主张》	许友兰	30.00
行思讲坛系列	126	《灵动而朴素地教语文——潘文彬的微格教育生活》	潘文彬	30.00
	127	《师爱无疆——润泽学生心灵的教育故事》	侯忠彦	30.00
	128	《怎样反思更有效——促进教师专业发展的反思策略》	诸贝贝	30.00
	129	《成为高度自觉的教育者——写给后课标时代的数学教师》	许卫兵	30.00
	130	《哲思数学课》	刘全祥	30.00
	131	《智慧数学课——黄爱华教学思维的实践策略》	黄爱华	30.00
	132	《童趣数学课》	徐 芳	30.00
	133	《把学生教聪明》	严育洪	30.00
	134	《教师最应该规避的教育误区》	杨坤道	30.00
	135	《用语文的方式教语文——潘文彬教学主张与实践智慧》	潘文彬	30.00
	136	《怎样让阅读教学更有效——提升教学能力的十种读诵模式》	汪秀梅	28.00

系列	序号	书　　名	主编	定价
行思讲坛系列	137	《让生命在润泽中起舞——当代小学生最需要的主题班会》	吴联星　罗琳　冯卫东	30.00
	138	《让生命欢快拔节——当代中学生最需要的主题班会》	冯卫东　吴联星	30.00
	139	《课堂因生成而精彩——高效教学的生成智慧》	张文质	30.00
	140	《回到每一个人的生命化教育——张文质二甲中学教育行动录》	张文质	30.00
中国教育变革之路丛书	141	《百年树人师何为——教师队伍建设困顿与出路》	将丽珠　李玉向	30.00
	142	《入园何时不再难——学前教育困惑与抉择》	曾晓东　范昕　周慧	30.00
	143	《三尺书桌何处寻——流动人口子女教育困难与破解》	范先佐	30.00
	144	《苦旅何以得纾解——高考改革困境与突破》	郑若玲	30.00
	145	《择校纠结何时了——择校问题困局与治理》	曾晓东　周文海　曾娅琴	30.00
创新教学思想系列	146	《"大问题"教学的形与神》	黄爱华　张文质	30.00
教育漫笔系列	147	《课堂，诗意地栖居》	吴书华	30.00
教学提升系列	148	《有思想地教阅读——让学生学会品读文字真意》	王学东	30.00
教育艺术提升系列	149	《藏在师生体态语言里的教学智慧》	张宇　廖生波	30.00
教学全手册系列	150	《小学习作教学全手册》	郭家海	30.00
	151	《中学写作教学全手册》	郭家海	30.00
	152	《情境教学操作全手册》	冯卫东	35.00
	153	《合作教学操作全手册》	李春华	35.00
	154	《探究教学操作全手册》	周新桂	35.00
	155	《自主教学操作全手册》	诸葛彪	35.00
	156	《创新教学操作全手册》	王玮	35.00

系列	序号	书　　名	主编	定价
教学全手册系列	157	《班主任工作全手册》	刘沛华	35.00
	158	《新教师工作全手册》	周震宇	35.00
	159	《学生心理健康教育全手册》	刘海莉　刘春杰	35.00
	160	《高效教学操作全手册》	马友平	35.00
创新人才培养系列	161	《创新人才培养校园科普精品课程开发与指导——人大附中创新人才培养》	罗　滨	30.00
	162	《创新人才培养特色校本课程开发与创新人才培养——清华附中"国际安全下的科学技术"课程构建与实施》	王殿军　方　研　赵宏雁	30.00
	163	《创新人才培养：学校实验室建设与管理》	刘克文　杨发丽　杨平	30.00
	164	《创新人才培养：数学探究活动开发与指导》	马云朋　韩继伟	30.00
	165	《创新人才培养：化学研究活动开发与指导》	王　磊	30.00
	166	《创新人才培养：物理探究活动开发与指导》	廖伯琴	30.00
	167	《创新人才培养：地理探究活动开发与指导》	张建珍　陈　澄	30.00
	168	《创新人才培养：生物探究活动开发与指导》	张迎春	30.00
	169	《创新人才培养：理念探索与思维突破》	王晶莹	30.00
新生代通派名师系列	170	《简约数学教学》	许卫兵	30.00
	171	《语文教学的本真——情意课堂展现母语之美》	吴建英	30.00
	172	《语文课堂的理想追求——欢快达成三维目标》	董一红	30.00
	173	《阅读教学的真髓——意象构建读出文学的真美》	祝　禧	30.00
	174	《美术教育的真谛——审美人生教育让生命绚丽成长》	陈铁梅	30.00
	175	《语文教学的理想境界——无痕教学润泽生命》	李　凤	30.00
	176	《儿童作文的本义——嬉乐作文让儿童乐并成长着》	王笑梅	30.00
	177	《名师是怎样炼成的》	王建明　王笑君	35.00
幼师成长系列	178	《幼儿行为背后——教师如何读懂幼儿的心思》	吴亚英	30.00
	179	《最具教育力的22种幼儿教育思想》	杨　达	30.00
	180	《幼儿教师必知的安全应急措施》	杨　达	30.00
	181	《幼儿教师必备的教育技能》	李　玲	30.00
	182	《卓越园长21条幼儿园管理策略》	周　丹　江东秋	30.00